廖平全集

主编 舒大剛 楊世文

10

雜著類

地球新義（戊戌本）

地球新義（丙子本）

六書舊義

文字源流考

莊子經説叙意

莊子新解

墨辯解故序

楚詞講義

楚詞新解

會試硃卷

雜著類

雜著類目録

地球新義

戊戌本

廖平 撰
楊世文 校點

校點説明

《地球新義》共有三本：光緒二十四年戊戌（一八九八）資州藝風書院排印本、光緒二十五年己亥（一八九九）新繁羅秀峰刻本、民國二十五年丙子（一九三六）廖氏家刻本。該書是廖平經學二變（尊今抑古）向三變（小統大統）過渡時期的代表作之一。全書主旨在於闡述《王制》所述爲王伯疆域，幅員小，爲「小統」；《周禮》所述爲皇帝疆域，幅員大，爲「大統」。爲證成其説，廣引儒家經典、諸子百家、《山海經》甚至西書之説，超出儒家範圍。此本爲光緒二十四年戊戌（一八九八）資州藝風書院排印本，只印首卷十題，合《孟荀列傳》及《薛京卿出使四國日記》則爲十二題，實爲未完之書。但此排印本次序由淺及深，使人易得其蹤跡。每題下署撰述人名，實爲廖平自著，托名他人以自晦。此本刊行之後，適值戊戌政變，外間盛傳康有爲學説始於廖平，請速焚有關各書，於是新成之《地球新義》亦付之一炬。此次整理以資州排印本爲底本。此本焚餘幸存，極爲珍貴。原書「州」、「洲」「亞」、「啞」地名音譯混用，此次整理酌情作了統一。其餘行文訛誤，因後收《地球新義》（丙子本）凡例有「間爲校改」語，故存其原貌，以資比較。

目録

地球新義序①

地球之説三百年矣，以新言之，何也？曰：言海舶廣輪則爲舊，引歸六藝則爲新。戊戌游學珠江，與二三群從論瀛海之廣，述舟車之力，歸而求之經傳，若有合焉，因分題論撰，各成一藝，共得百餘紙，合列傳、日記，用聚珍本排印。苦於貲，排印者得若干藝，五十餘葉，裝爲一册，名以《地球新義》。如續行合刊，則以此爲初編。竊積疑雖久，撰録不過旬月，知必缺略，不能盡發其藴，然嚆矢開前，後來踵事臻華，爲力甚易，海内通人知必有引而申之者矣。若以其無關經義，難歸實用，則鄒子瀛海之譚，昔人固早譏之。光緒二十四年孟冬月，四益主人序。

史記孟子荀卿列傳

薛京卿出使四國日記一則

釋球　任嶧

樂記禮運帝王論　廖承銘

①「序」字原無，據文例補。

《史記·孟子荀卿列傳》

齊有三騶子，其次騶衍，後孟子。衍蓋覩有國者益驕奢，不能尚德若大雅整之於身，施及黎庶矣。乃深觀陰陽消息，而作怪迂之變，《終始》、《大聖》之編十餘萬言。其語宏大不經，必先驗小物，推而大之，至于無垠。先序今以上至黄帝，學者所共術，大並世盛衰，因載其機祥度制，推而遠之，至天地未生，窈冥不可考而原也。先引中國名山大川、通谷禽獸、水土所植、物類所珍，因而推之及海外人之所不能睹。稱天地剖判以來，五德轉移，治各有宜，而符應若兹。以爲儒者所言中國者，于天下乃八十一分居其一分耳。中國名曰赤縣神州。赤縣神州内自有九州，禹之序九州是也，不得爲州數。中國外如赤縣神州者九，乃所言九州也。於是有裨海環之，人民禽獸莫能相通者，如一區中者，乃爲一州。如此者九①，乃有大瀛海環其外，天地之際焉。其術皆此類也。然要其歸，必止乎仁義節儉、君臣上下六親之施，始也濫耳。

① 九：原無，據《史記·孟子荀卿列傳》補。

薛京卿《出使四國日記》一則

偶閱《瀛環志略》地圖，念昔鄒衍談天，司馬子長謂其語閎大不經，桓寬、王充並譏其迂怪虛妄。余少時亦頗疑六合雖大，何至若斯遼闊，騶子乃推之至於無垠，以聳人聞聽耳。今則環遊地球一周者不乏其人，其形勢方里皆可覈實測算，余始知古人之説，非盡無稽。或者古人本有此學，騶子從而推闡之，未可知也。蓋論地球之形，凡爲大洲者五，曰亞細亞洲，曰歐邏巴洲，曰阿非利加洲，曰亞美理駕洲，曰澳大利亞洲，此因其自然之勢而名之者也。亞美理駕州分南北，中間地頸相連之處曰巴拏馬，寬不過數十里，皆有大海環其外，固截然兩洲也。而舊説亦有分爲二洲者，即以方里計之，實足當二洲之地。是大地共得六大洲矣。惟亞細亞州最大，大於歐洲幾及五倍。余嘗就其山水自然之勢觀之，實分爲三大洲。蓋中國之地，東南皆濱大海，由雲南徼外之緬甸海口考大金沙江，直貫雪山之北，而得其源，於是循雪山、葱嶺、天山、大戈壁以接戈壁，又由此而東以接於嫩江、黑龍江之源，至混同江入海之口，則有十八行省。盛京、吉林、朝鮮、日本及黑龍江之南境，内蒙古四十九旂，西盡回疆八城暨前後藏，剖緬之東境，括暹羅、越南、南掌、柬埔寨諸國，此一大洲也。由黑龍江之北壤訖戈壁以北、外蒙古八十六旂及烏梁海諸部，西軼伊犂、科布多、塔爾巴哈臺，環浩罕、布合爾、哈薩克、布魯特諸種，自鹹海逾裏海以趨黑海，折而東北，依烏拉嶺劃分歐亞兩洲之界，直薄冰海，奄有俄羅斯之東半國，此又一大洲也。雪山以南合五印度及緬甸之西壤，兼得阿富汗、波斯、亞剌伯諸國、土耳之中東兩土，此又一大洲也。夫亞細亞既判爲三洲，余又觀阿非利加洲，撒哈爾大漠之南，有大山起於大西洋海濱，亘塞内、岡比亞之南境、幾内亞之北境、尼給里西亞及達耳夫耳之南界，延袤萬餘里，直接於尼羅江之源。此其形勢殆與亞洲之雪山、葱嶺界劃中外者無異。尼羅江又曲折而北，以入於地中洋，是阿非利加一洲，顯有南北之分矣。今余以《志略》所稱北土、中土者謂之北阿非利加洲，《志略》所稱東土、西土者謂之南阿非利加洲，此又多一大洲也。而南洋中之葛落巴、婆落洲、巴布亞諸大島，則當附於澳大利亞一洲。夫然，則大九州之説，可得而實指其地矣。雖其地之博隘險易不同，人民物産之旺衰不同，然實測全地之方里，謂八十倍於昔日之中國，自覺有盈無縮。所謂裨海者，若紅海、地中海皆是矣。即有沙無水之戈壁，亦可謂之裨海，即中國東隅之黄海、渤海有日本三島障其外，亦可謂之瀚海。是翰海與大瀛海殆一而二、二而一者也。而彼所謂大九州者，在騶衍時豈非人民禽獸莫能相通者乎？至于禹迹之九州，要不出今之十八行省。若福建、廣東、廣西、貴州諸省，則《禹貢》並無其山川，今以置余以上所序一州之中，約略計其方里，要亦不過得九分之一。然則禹迹之九州，實不過得大地八十一分之一，而《禹貢》所詳之一州，又不過得大地七百二十九分之一，其事殆信而有徵也。舟中無事，覩大洋之浩蕩，念坤輿之廣遠，意有所觸，因信筆書之。

釋球

華陽　任嶧

球字古無定解。《説文》訓玉，徐鉉謂爲玉磬，段氏云「磬以球爲之，故名球，非球之本訓爲玉磬」，專爲鳴球立説，實非通解。《書》鳴球外有球琳、天球，《詩》有小球、大球，諸家箋注，大抵皆望文生義，未得其實。考天形本無方體，而繪圖者皆作圓形，自來談天家所同也。《顧命》天球與河圖相連，河圖中有圖形，非宋以後九宫之説，則天球亦必有圖形。今人得玉石，往往中有詩字圖畫，天然巧妙。蓋古有天球之圖，玉中割得其形，因而珍之。若但云色似天也，《書》天球之義已明，則《詩》之小球、大球更可借證。明末西人入中國，刊《職方外紀》，有地球之説。至今環遊地球一週之人甚多，圖更詳備。蓋地與天相對實義。《商頌》言小大，《商頌》五帝之遺法，大一統之詩也。《商頌》之大一統，非實指殷商之版土，廼謂百世以後法地主商而王，合九大州而大一統之商言也。天地之圖皆作圓形，球、毬皆有圓義。言天之書，如圓天圖説是也。西人又謂地形橢圓。案《春秋命曆序》云：「神農始立地形，甄度四海遠近山川林藪所至，東西九十萬里，南北八十一萬里」，不相合乎！《尚書》稱靈耀四游之説，尤爲切合。鄒衍所言九九八十一州者，薛京卿《日記》就今五大州剖分爲九以配隸之，可見西人之說，中國古實有之。後王不能及遠，乃僅就禹州言之，耳目心思之所窮，故其說遂絶，非地球之圖出，終不知大球、小球之爲何語也。考全《詩》之例，凡言小大者，皆以小爲中國，大爲海邦，小東、大東其明證也。他如小大稽首、小大近喪、小雅大雅、小明大明、小國大國、小共大共，莫不先言小以及大。行遠必自邇，登高必自卑，治天下者必先治國，治其國者必先齊家，齊其家者必先修身。聖人設教，先諸夏然後夷狄，此其例也。蓋言小球者，言中國禹貢之小九州也；言大球者，合九大州言之，全地球也。然則地球之名雖出自晚近，而實古義，早已垂明文于《商頌》，而孔疏乃解爲小玉大玉，輔廣以爲小國大國所執之玉，申其論者乃以小係子穀璧，男蒲璧，大爲公桓圭，侯信圭，伯躬圭。夫五玉五瑞，經傳有明文，禮制典章所在，何忽以小球大球名之乎？又或以爲貢物，不唯與下小共大共重出。《禹貢》貢篚多矣，球爲球①、琳、琅、玕四者之一，以小名而包異類，絶無此例。況諸家以大者屬尊，小者屬卑，則大小有序，若冠履之不可倒置，經何遂以小加大乎？或曰：地球言球、言大球，證以天球，考諸圖册可也。中國小九州在球東面偏北，去赤道尚遠，何得以球名之乎？曰：地形凡一山一水皆有圓義。大既曰球，小不得不曰球。亦如雅、明、東、共等字，小大相配。又西人言人目圓，凡遠物皆有圓象，大而日月，小而星宿、燈火，遠望皆成圓形是也。夫小大九州之説，後人不察，乃

---

① 球：原無，據《尚書·禹貢》補。

反斥其荒唐。不知其言實本於經大一統之義，與《商頌》九有、九圍。蓋共，貢也，共即所謂赤縣神州内之九州，禹貢是也。大貢，全地球九州也。中國外如赤縣神州者九，乃所謂九州，由大共而推言之也。有王者起，以中國作留京，如周之西京，《乾》之「潛龍」是也。以阿富汗地作行京，如周之東都，所謂《坤》之「黄裳」也。由孔子起數，前之遠者帝，近者王，由後而推，近者王，遠者帝，即《論語》「其或繼周，百世可知」之説也。今時與古折算，正當帝運，正當大九州。將來以阿富汗爲行京，就亞洲分兩京，如周東西通畿之故事，中國爲居，爲上，爲天，爲衣，爲玄，阿富汗爲行，爲下，爲地，爲裳，爲黄，俄部爲北，爲黑，爲恒，歐、北美爲西，爲白，爲華，非與南美爲南，爲赤，爲衡，奥與中國爲東，爲青，爲泰。覲禮：王者朝諸侯，設方明，上玄下黄，東青南赤，西白北黑，合兩京四嶽爲六合，方明之制即地球也。截長補短，移步换形，小有變通耳。方明以方爲名，與圓球相反。然刓方爲圓，削去廉隅，故仍是一球形。全球中以開方計，未嘗不可言方。即準繩以御規矩，圓者可方，方者可圓，則方明與全球名異而實同，是方明又一地球之切證也。且以地球考之，中國在赤道之北二十餘度，地球之幽明取決於日，向南而治者，向日也。至於南半球，《爾雅》謂之北户，赤道在其北，則又將嚮北而治。禮：生者南鄉，死者北首。中國嚮南，南球嚮北，則中國之人道鬼道與南半球相反。然則《易》、《詩》之鬼方，實指南半球之奥利等地言之。南北相反，人鬼異向。自中國言之，非所謂鬼方乎？是又言地球之所當知者也。《中庸》「舟車所至」一節，固地球之説也。今爲分别其義：天在上，地在下，日在東，月在西，露居北，霜居南，與《易》之天地定位、震東兑西、坎北離南者又合爲六合。又一方明之義，即又一地球之證也。作用之功，全在「舟車」、「人力」二句，與《堯典》之所言「光於四表，格於上下」者不有合乎？輪船、輪車、電線三者，爲開通地球之首功，光格六合之要務，自有今日以來，莫之或廢也矣。

案：六藝《尚書》、《禮》、《春秋》爲王道，《詩》、《易》、《孝經》爲帝道。帝大王小，《詩》則小雅與周、魯二頌爲小，大雅、商頌爲大。經傳敘尊卑者皆先大，言内外者皆先小。然如《論語》之「小大由之」，《詩》之「小大稽首」，而亦以小加大，蓋内外例也。家言小，國言大；國言小，天下言大。如《春秋》内其國而外諸夏，内諸夏而外夷狄，始則國小而諸夏大，終則諸夏小而夷狄大也。故不必大九州，而亦有以小加大者耳。自記。

《樂記》《禮運》帝王論

資州　廖承銘

《樂記》曰：「商者五帝之遺聲也，商人志之，故謂之商。齊者三代之遺聲也，齊人志之，故謂之齊。」而後世之説經者紛紛歧出，皆未有何爲識五帝三王之明證者。夫禮之所謂商者，即《詩·商頌》也；齊者，即《詩·齊風》也。而言者猶以爲無可稽考，則曷即《商頌》、《齊風》所載者以明之，而後商、齊識帝王，明證可見。何也？以音論，則商音剛決而齊音柔緩；以統論，則商大一統，而齊小一統。夫帝大一統者也，王小一統者也。《禮運》：「大道之行也，天下爲公，選賢與能，如堯舜禪讓，不必用世及之法。講信修睦，故人不獨親其親，天下一家。不獨子其子，中國一人。使老有所終，壯有所用，幼有所長，矜寡孤獨廢疾者皆有所養，男有分，女有歸。貨惡其棄於地也，不必藏於己；力惡其不出於身也，不必爲己。是故謀閉而不興，盜竊亂賊而不作，故外户而不閉，是謂大同。」西人所著《百年一覺》屢觀大同，頗具此見。蓋五帝道大，授受相承，爲大同之世，是即《商頌》大一統之源也。又曰：「今大道既隱，天下爲家，各親其親，各子其子，貨利爲己，大人世及以爲禮，城郭溝池以爲固，禮義以爲紀，以正君臣，以篤父子，以睦兄弟，以和夫婦，以設制度，以立田里，以賢勇知，以功爲己，故謀用是作，而兵由此起。禹、湯、文、武、成王、周公由此其選也。此六君子者，未有不謹於禮者也。以著其義，考其信，著有過，刑仁講讓，使民有常。如有不由此者，在埶者去，衆以爲殃，是謂小康。」蓋三王德盛，父子相傳，而成小康之治。是即《齊風》小一統之源也。《商詩》曰：「上帝是祗」、「古帝命武湯」、「帝立子生商」、「帝命不違」、「帝命式于九圍」，《商頌》帝字凡五見。諸解皆以爲天，非也。凡《詩》之稱天者，皆言天，非稱帝即所以稱天也。不然，如《商頌》所載之「普將自天」、「天命玄鳥」、「何天之休」、「何天之寵」、「天命多辟」、「天命降監」、「自天降康」等句，亦既數稱乎天矣，而復稱帝以名天，不相混乎？其所稱之上帝、古帝者，蓋指古之五帝，嚳與堯舜是也。「帝立子生商」，商指嚳言之。《禮・祭法》：「殷人禘嚳而郊冥，祖契而宗湯。」商爲帝嚳之後，故曰「帝立子生商」也。二「帝命」指堯舜言。昔堯舜皆令契爲司徒，故兩言帝命也。《商頌》五稱帝，非商五言帝之明證乎？《齊風》曰：「俟我於著乎而，充耳以素乎而」，「俟我於堂乎而，充耳以黄乎而」，「俟我於庭乎而，充耳以青乎而」。《禮器》曰：「或素或青，夏造殷因。」《繁露》説昏禮夏人迎於户，殷人迎於堂，周人迎於庭，《著》三章分屬三王，非齊識三王之明證乎？又青、素、黄者，東、西、中之色也。周京東都居中，魯用夏道居東，商以金王居西，與青、黄、白之色位符合。《論語》「緇衣羔裘」三句，又説《詩》三統京師之異制也。第《商頌》之所載者，如「小球大球」、「小共大共」、「設都于禹之績」、「外大國是疆」、「商邑①翼翼，四方之極」等句，已見於胡君少端之《騶衍傳書後》矣。今更於胡君所未言者論之，如所載「正域彼四方」、「肇域彼四海」，四方、四海而曰彼者，蓋非中國内之四方、四海，而實海外之五大洲大洋海也。帝大一統，無畛域之分，而以四外爲域，是即守在四夷之義也。又曰「九有有截」，有指中國之土，已爲所有者也。九有者，即海外之大九州也。奄，同也。蓋帝大一統，謂既撫有此中國小九州之土地，而外洋大九州之各國亦莫不賓服，而同爲其所有也。是即「溥天之下，莫非王土，率土之濱，莫非王臣」，而撫中國以治萬邦之義也。又曰②「四海來假」、「海外有截」。四海者，中國外之大洋海也，海外即裨海外之各國也。假，格也，謂帝大一統，故雖只撫有中國，而四外各邦亦莫不感格而來也。截，齊也，謂海外九州皆爲德化，而均有截然整齊之教也。又曰「受小國是達」、「受大國是達」。受，承也。小國、大國者，諸洋之大小各國也。達言達其政教，以敷布於外也。五帝道大，無中外之分，凡四海之來假者，皆以中國之政教敷布之，使海外各國皆知中國之制也。《齊風》又曰：「雞既鳴矣，朝既盈矣，東方明矣，朝既昌矣。」雞鳴、東方明者，王者出治之時也。朝盈、朝昌者，云群臣已集於朝也。三王勤求治理，孜孜不惰，

① 邑：原作「色」，據《詩・商頌・殷武》改。

② 曰：原作「白」，據文意改。

遠人，勞心忉怛。」遠人，指外洋各國之人也。「無思遠人」者，王者德不及遠，雖勞心於遠洋，不能如五帝時之四海來假，故曰無思也。而或曰此云商知五帝，齊如三王，固似，而於《樂記》所云五帝之遺聲、三代之遺聲，無乃不相合乎？不知商承國於夏，夏承國於舜，夏之樂實帝之樂也。自成湯因夏之樂而損益之而言，《商頌》非五帝之遺聲乎？周公思兼三王，功成作樂，周公既没，成王命魯公祀周公以天子之禮樂，而三王之樂傳於魯。魯自太師摯適齊，而三王之聲又傳於齊，而言《齊風》非三代之遺聲乎？第此語古無明解，今特表而出之，俾聖賢之義以明，而論經者亦可恍然矣。

《大雅・民勞》篇解

資中　王肇光

或曰：中國内外二十一州之制，《禹貢》詳矣，海外之洲不見於經，何也？曰：《大雅・民勞》，即海外之《禹貢》也。聖人立經作制，託諸空言，不如見之實事，故先就中國内外二十一州詳其制度，著之《尚書》，由《尚書》以推之全球，以《尚書》立其本，以《民勞》盡其變。《禹貢》詳而《民勞》略者，蓋《書》之言其節目，故詳，《民勞》言其綱領，以世事皆見之《書》，故從略也。考《詩》例，以《大雅》分應三《頌》，《文王》以下《周頌》，《生民》以下《魯頌》，《卷阿》以下《商頌》。其《商頌》所言「景員」、「輻隕」，即《卷阿》之「土宇昄章，亦孔之厚」也。故《民勞》與《商頌》互相表裏，《禹貢》爲實事，據目見之制，《民勞》爲空言，百世以後乃能見諸實行也。或曰：《禹貢》言九州，騶衍云八十一。今地球之説則爲五大洲，其不相合，何也？曰：以五較《禹貢》、騶子之説，其實雖同，數目不無多寡之異，而以五洲之説證之《詩》，則又曲折相合者也。考《民勞》五章，以一章爲一州，一、二、四、五章爲四嶽，中章言京師，王者居中而治，即地球之中。《荀子》曰：「欲近四旁，莫如中央。故王者必居天下之中，禮也。」其言四國，指四嶽，總括一、二、四、五四章言之也。首章爲東岳兩伯，次爲南岳兩伯，四爲西岳兩伯，五章爲北岳兩伯。《白虎通》：「《王制》曰：八伯各以其屬屬於天子之老，曰二伯」是也。且以《禹貢》較之，首章如青、徐，次如荆、揚，四如梁、雍，五如冀、兖，中如豫州。蓋《民勞》①詩五章，就八伯解之，則合京師爲九，與《禹貢》合；就四嶽解之，則合京師爲五，與地球五洲之説合。五與九固名異而實同者也。又《禮運》以王爲小康，帝爲大同，則小康、大同爲帝道、王道之標目，殆已昭然若揭矣。《民勞》五小，首以小康著之爲小統，爲王道，爲中國。於「惠此中國」之後，再言「以綏四方」，與「内奰於中國，覃及鬼方」相同。由小以推大，則所云大諫、宏大當與小康對文，則其爲帝道，爲大統，爲海外可知。因或疑海外九州版土不見于經，西人五洲之説與《禹貢》異，故著其説於此。

「民亦勞止，汔②可小康。惠此中國，以綏四方。無縱詭隨，以謹無良。式遏寇虐，憯不畏明。柔遠能邇，以定我王。」

「文王曰咨」篇：「内奰於中國。」

《堯典》③：咨十有二牧，曰：「食哉惟時，柔遠能邇。」

---

① 民勞：原作「民」，據《詩・大雅・民勞》補。

② 汔：原作「汽」，據《詩・大雅・民勞》改。下文同。

③ 堯典：當作「舜典」，以下各「堯典」同。

《禮運》：「禹、湯、文、武、成王、周公，由此其選也。此六君子者，未有不謹於禮者也。以著其義，以考其信，著有過，刑仁講讓，示民有常。如有不由此者，在勢者去，衆以爲殃，是謂小康。」

按：首章爲東，出《堯典》「歲二月東巡狩」，指澳洲而言，如《詩·谷風》。「惠中國」以上指小康之制，「綏四方」以下爲大一統，「詭隨」五指海外之教，「寇虐」五指海外之政。此四方與三章京師四國相同，即指四嶽，於章首後言之。

「民亦勞止，汔可小休。惠此中國，以爲民逑。無縱詭隨，以謹惛怓。式遏寇虐，無俾民憂。無棄爾勞，以爲王休。」

按：此章爲南岳，指非州、南美而言，如《詩·凱風》。《堯典》：「五月南巡守，至於南岳。」

「民亦勞止，汔可小息。惠此京師，以綏四國。無縱詭隨，以謹罔極。式遏寇虐，無俾作慝。敬慎威儀，以近有德。」

《公羊》：京，大也；師，衆也。天子之居，故以「衆大」言之。

《月令》：季夏之月，日在柳，昏火中，旦奎中。

按：京師指行京而言，四國即四嶽。

「民①亦勞止，汔可小愒。惠此中國，俾民憂泄。無縱詭隨，以謹醜厲。式遏寇虐，無俾正敗。戎雖小子，而式宏大。」

按：此爲西嶽，指歐與北美而言。《堯典》：「八月西巡守，至於西岳。」

「民亦勞止，汔可小安。惠此中國，國無有殘。無縱詭隨，以謹繾綣②。式遏寇虐，無俾正反。王欲玉女，是用大諫。」

按：此爲北岳，指今俄羅斯而言。《堯典》：「十有一月北巡守，至于北嶽。」《禮運》：「大道之行也，天下爲公，選賢與能，講信修睦。故人不獨親其親，不獨子其子，使老有所終，壯有所用，幼有所長，矜寡孤獨廢疾者皆有所養，男有分，女有歸。貨惡其棄於地也，不必藏於己；力惡其不出於身也，不必爲己。是故謀閉而不興，盜竊亂賊而不作，故外户而不閉，是謂③大同。」

又：《民勞》五章所言四國、四方，即四嶽，合京師爲大州共五。小曰小康，小休、小息、小愒、小安，文異義同，爲《禮運》之小康，《商頌》之小共、小球。所言宏大、大諫，即《禮運》之大

---

① 民：原作「氐」，據《詩·大雅·民勞》改。
② 綣：原作「綫」，據《詩·大雅·民勞》改。
③ 謂：原作「語」，據《禮記·禮運》改。

同，《商頌》之大共、大球。考全《詩》皆不稱中國，惟《大雅》應《商頌》之篇，七見中國字。《鄒衍傳》「儒者所稱中國」云云，美中國即包《禹貢》内外二十一州、從横五千里而言，非泛語也。又「柔遠能邇」見《堯典》，乃爲十二牧之事。《説苑》：「故牧者所以辟四門，明四目，達四聰也。是以近者親之，遠者安之。」而下文云「蠻夷率服」，與《民勞》「惠此中國，以綏四方」吻合，即篇内所言五「詭隨」、五「寇虐」、五「小」，指夷狄之政教言之也。

又二、四、五三章不言四方、四國，惟首章言四方，與三章言四國相同。且言小康、言定王，蓋首章與三章兼言東西通畿之意。首章爲東、爲中國、爲居、爲留守，三章爲西、爲行、爲行京。考《春秋》，京師爲王行營之别名，諸侯稱師，天子稱京師。故《公羊》、《穀梁》皆以「衆大」釋此二字。故天王狩於河陽，則河陽爲京師。自《爾雅》以京師爲周王都定名，説者多誤解其義。三章既言京師，則必有留守可知。鄒衍九九八十一州，《孟子》「天下惡乎定？定于一」，一者，即中國王圻之一州，九圍八十一分之一。

堯與三代九州無改革論

井研　廖師政

《李氏五種》言歷代疆域變革，以《禹貢》爲夏制，《爾雅》爲殷制，《職方》爲周制，固爲漢以來先師之誤説。然李氏繪圖流傳庠序，童蒙誦習，老死不悟，其非經術之不明者，其一端也。按孔子采取四朝，定爲六藝，使其中典章錯雜，自相矛盾，不能畫一。後來學者各遵所聞，各行所知，不惟六藝各立異同，即以《尚書》一家而論，議禮制作，言夏者用夏，言殷者用殷，言周者用周，一國三公，何所適從？故六經決黑白而定一尊，不惟《尚書》四朝無變革之例，即合之群經，所有宏綱巨領，莫不相同。所以《尚書大傳》用執一之説，以偏解四代之書，無有不合。《詩》、《禮》、《樂》、《易》、《春秋》、《孝經》各家博士與《尚書大傳》共執一定之説，偏解群經，亦無不合。明文具在，可附按也。西漢以上各家先師所有争執之條，半多經無明文，及支節小事，所有綱領明條，絶無立異。故解經必先破去改革一例，乃能貫通。李圖以三代九州有紛更，學者心有一改革之例以讀經，于後學爲患甚巨①，不得不辭而辯之。按《禹貢》五服，侯、

① 巨：原作「叵」，據文意改。

綏千里，要、荒千里。在侯、綏者爲四嶽，爲八伯，在要、荒者爲十二州、十二牧。内爲州十二，外方亦爲州。八州有伯，十二州亦有伯。同時並建，一内一外，兩不相妨，此經傳之明文也。八州有名山大川，十二州亦有名山大川。《堯典》曰「肇十有二州，封十有二山，濬川」者，謂十二牧内各有一名山、一大川以爲鎮也。考《書》之四嶽，本指巡狩之岱、衡、華、恒四山而言。經云「乃覲四嶽，頒瑞於群后、群牧」，是四嶽爲四山，后、牧乃爲諸侯，即《尚書大傳》所稱之八伯也。故《禹貢》於正方嶽皆以四山爲目，如海岱、衡陽、華陽及「恒衛既從」是也。四后即八伯，在侯綏二服之内，與要、荒各自立長。《帝典》「詢於四嶽」之後，即言「咨十二牧」，四嶽、十二牧同時並見，比肩一堂。《皋陶謨》既言「予決九川，距四海」，下文云「弼成五服，至於五千，州十有二師，外薄四海，咸建五長」。於水土既平之後，再言乎十有二師，是八伯、十二師三代同建，堯時有十二牧，别有四嶽，是非無九，但有十二明矣。禹既有九州，又曰十有二師，此禹改帝之十有二州以爲九也，明矣。蓋説者不即經文細考，乃曰堯制本十二州，天地平成，所出之地甚多，禹乃改帝之十二以爲九，地既廣於前，服反少於後，揆之情理，殊屬難安。考《大戴·五帝德》言，帝封四凶以化四夷，《史記·五帝紀》畢録其文，所言流共工於幽州以化北狄，放驩兜於崇山以化南蠻，殺三苗於三危以化西戎，殛鯀於羽山以化東夷。《堯典》有合數二十六人之文。蓋四凶與十六族合爲二十二人，所謂大功二十也。《左傳》舜「舉八人，使主后土，以揆百事」，所謂以八人爲八伯，主后土即主四嶽。又言使八元「布五教於四方」，内外平成，則爲外十二州之長。又言「納於百揆」，時序、無廢事，蓋指舉才子八人爲八伯。「賓於四門，四門穆穆，無凶人」，蓋以八人合四罪數之，以元愷合四罪爲二十人，再加二伯爲二十二人矣。八人賢，四族惡，何以同爲諸侯？八族徵封之國，共工等以朝貴屏之遠方，功過相抵也。按，放流四罪，即《大學》、《王制》「屏諸四夷，不與同中國」之意，則幽①州與三山皆不在中國可知。蓋幽州者即《堯典》外十有二州之一也。崇、羽、三危，《帝典》外服十有二山之三也。《尚書》經傳之明文者，無待繁説矣。考直隸廼《禹貢》濟河之故地，自説《周禮》者以爲其制割分兖以改建幽并，後來之襲其誤者皆目直爲幽，《職方氏》誠確，則周是時之幽與堯時之幽同名而異實，亦不得因周制之在内服之中，而亦遂並連堯制之并亦以爲在内地也。此堯與禹内服之要、荒，爲九有建十二，夏無改堯制之事，唐與夏二代無改革之説也。西漢以上説九州者無異同，至《王莽傳》乃有周制去徐、梁，加幽、并之文，蓋本《周禮·職方》立説，以《職方》考之，殊多異同。按孟津之會，見於《誓》者，有庸、髳、蜀、羌、微、盧、彭、僕等國。梁所屬較別州爲詳，自以二州相連，德化尤篤，開國龍興，争先效命，何以泰平定邦，乃取古昔之名邦？先王之鄰國割而棄之，使不得與被髮文身、蔽路藍婁之荆、揚比數，可乎？即以春秋論，梁州之國，若梁亡之以州舉，鄀、蜀之須考定者，姑無具論，至若巴、庸、夔、麇，固有萬不能移之別屬

① 幽：原作「豳」，據文意改。

者，是周禮之有華陽明矣。至於徐，見於《詩》、《書》、《春秋》及各經傳尤爲明著，何爲而棄之乎？且建州之法，本於畫井。王畿建中，如公田，八家各得百畝。西方本應立三，夏禹貢因雲貴山多磽薄，截長補短，西南不置州，乃於青、揚、豫、荆四州之中特設徐，以四州之内地平土膏腴，别有取義，周乃廢去。素有二處，析冀爲并，析兖①爲幽，八家各百畝，乃使二家共耕一家之田，則並居者可其苦，浸漁者可其樂也。考周東西通畿，西雍之地以方八百里者爲王圻，洛陽之地又取方六百里，合爲千里。若棄而不置，則西面僅雍方八百里，尚餘方六百里。今華陽之一圻爲方千里者一，爲方六百里者一，隙地如此之多，究將何屬？按揚子雲著書，有蜀自古不通中國及五丁②開山等語。子雲生長蜀都，鄉邦典故宜所熟習，何得爲此不經之言？子雲著述，身後多爲劉歆所亂，即藉此以助其周廢梁、徐之僞説，若子雲必不爲此語。今考《職方》原文，實無梁、徐，而有幽、并。若欲求通其説，則《職方》於九州但舉七州，而梁、徐從略，於要、荒之十二州又舉幽、并，而於十州從略。蓋内外二十州，合爲九數，以互文見例之法考之經傳，證之時事，不得以爲廢徐、梁加豳、并之古制明矣。兩利相形則取其重，兩害相較則取其輕。經傳互文見例之條最多，不敢舍經傳明文，而信《周禮》一家之言也。或曰：今

---

① 兖：原作「充」，據文意改。

② 五丁：原作「武丁」，據《揚子雲集》卷六《蜀王記》改。

《周禮》與《逸周書・職方》所舉山水皆在内地，何得以幽、并改屬要、荒？曰：鄭注《周禮》，於職方山水不合輿圖者每多改字。蓋歆徵天下能識古文者至京，繙譯古文。《王莽傳》既明以爲周制去徐、梁加幽、并，上有所好，下必從之，則其點竄古書，不可究詰矣。《爾雅》本無殷制之文，後人因其《禹貢》、《周禮》小異，《禹貢》既爲夏制，《職①方》又爲周制，故以《爾雅》文居其中，以成三統之制，事由心造，與鄭注以周制爲《周禮》，凡與《周禮》不合者，多指爲殷制，其事正同。今欲去誤而求是，疑《爾雅》非錯舉外州以見例，則必由後人改竄，決非明文。按《爾雅》原文，兩河間曰冀州，河南曰豫州，河西曰雝州，漢南曰荆州，江南曰楊州，濟河間曰兖州，濟東②曰徐州。考九曰爲經傳定例，初不以國爲目，以國爲目，皆讖③家分野之説。以上七州，皆以山水爲目，與《禹貢》、《王制》名目悉合，與西漢以上之説皆同。乃獨於末二州異其文，曰燕曰幽州，齊曰營州，與上七州文義絶不相同。殷時尚無燕、齊，何舉以定州界？今仍以互文説之。考古制要、荒十二州，每當天子巡守，四嶽皆從，見于方伯之國。《堯典》之覲四嶽，班瑞於群后，群牧。群后爲八伯，群牧爲十二牧。《明堂位》四夷在四門之外。考明制，東

---

① 職：原作「聯」，據文意改。
② 東：原作「柬」，據文意改。
③ 讖：原作「纖」，據文意改。

北一帶外藩與直隸相近，乃不就近隸於京師，而航海附山東。按山東爲方岳東界，海無外服，分配外牧，必以北南之外服附屬東伯。《尚書》以四嶽統十二州之制，古無明説，明制尚能得其遺意。外州當爲十六，東邊近海四州不置，故僅十二。每方得三，故合之爲十二。營當爲外牧，齊曰營州者，謂營附齊之方伯。燕曰幽州者，謂幽附於燕方伯。當正北、東北二州直屬於東岳，燕與幽正當其位。幽即《堯典》之幽州，營與太公所居營丘同名異實。内之以水地計者七州，亦如《職方》之七州。外州以國言，亦如《職方》之幽、并，此一説也。東漢以後，舊聞多經改訂，《爾雅》營、幽之文即與上文七州不同。王肅變古書以證成己説，明證甚多。總之，説經當以經傳爲主。《職方》晚出，昔人早有異同。《爾雅》爲漢儒附益之書，與尸子所見之本迥然不合，二書可通則通之，不可通則姑闕疑，不能因其文字偶異，遂變經傳明文確鑿之條而從之也。學者必先知六經九州並無沿革，經制爲百世不變之道，即使推廣擴充，如鄒衍之海外九州可云奇辯，而於中國猶確守成法，以爲根本之據，故其説由九州以推於八十一，以一生三，以三生九，小大雖殊，而面目不改。若衍者，可謂善於推廣經説，尤可謂能謹守師説。使四代六經之文已先紛更變革，如後世史書改置郡縣，是自先亂，何以傳示百世，流法無窮？《易》改邑①不改井，可知四代建京雖不同，九州不可改也。夫治經者貴通其意，帝王不相沿

①　邑：原作「易」，據《易・井卦》改。

襲，制度典章在於潤色，固不必過拘成文，特其中有當隨時損益者，有百世不變者。今各行省分畫疆界，無一不與《禹貢》符同，或乃惡其相似，必於經傳中多立異同，謂帝王古制必不能與今巧合，此以後世讀史之法讀經，而不明百世以俟聖人而不惑之義者也。因地球大九州之制度，將來必取法於經傳，恐議者以改革致誤，特因爲之説如此。傳曰：「正其本而萬事理。」非敢好爲辯論，以與先儒爲難。謂予不信，可細讀鄒衍之傳。

八行星繞日説

資州　隆鳳翔

説《尚書》者曰四嶽四門八伯賡歌，説《詩》者曰周召分陜而治，《左傳》云天子合諸侯，則伯帥侯牧以見於王；伯會諸侯，則侯帥伯子男以見于伯。説《禮》者曰，天子大國同姓謂之伯父，異姓謂之伯舅，次國同姓謂之叔父，異姓謂之叔舅。《周禮》云立牧設監，《公羊》云下無方伯，又于大國言伯討，《易》云公用享於天子。然則天子居王畿，八伯各主一州，群經之所同，非獨《王制》一篇之私言矣。傳云黄帝畫井建九州，九州亦如田制，一夫百畝，公田居中，八家同養公田，即拱衛神京之意也。經師相傳者多《禹貢》之制。騶衍大九州之義本於《詩》、《易》，推之全球，由一化九，由九以至於八十一，實考之，仍一九州之制，乃經學之常言，非海客之異録。又案博士之義，凡事推本於天，聖人法天而行，不敢以私意制作。然則大九州之義，果何法乎？曰：是亦法天爲之。《禮》云大報天而主日。按大無方體，以日主之，又日爲君象，孟子所謂「天無二日，民無二王」者是也。又以列宿比諸侯，所謂十二諸侯聚于王庭，此皆自古相傳，日爲天子，星比列辟之舊解也。案西人新著《八行星之一論》，大致先當以太陽爲泰空之心，而八行星繞之。行星有六：一曰金，二曰水，三曰地，四曰火，五曰木，六曰土。

月爲地球之小星，週圍地球，隨地而繞太陽。此皆古人所早知，不易之理也。今人又添覓出二星，曰天王，曰海王。各行星之月，共計有二十。地星有一，海王有一，火星有二，木宿有四，土宿有八，天王宿之有四。此外各處小空星共計有二百七十壹可查考等語。是日爲天子，八行星如八伯，各占一方隅，向日繞行，即四正四隅，分布八方以衛帝座也。其有升降、伏留、遲速，即巡狩、朝覲、往來之禮也。各行星又皆有小星圍繞，自爲一部屬。一州二百一十國，州牧統之，各有疆域也。行星尚有多星，不能計數，此四嶽統四方要荒，蠻夷各附方州，王者不治夷狄之説。以大一統言之，將來中分天下，必以赤道爲界，赤道以北，如《易》之乾、坎、艮、震四陽卦之地，於《春秋》爲中國焉；赤道以南，如《易》巽、離、坤、兑四陰卦，於《春秋》爲夷狄焉。北極爲坎，南極爲離，仍王者向南而治，開服南服，《詩》首二南之義也。以今實地考之，則北廣而南狹，如南美、非與澳州，不過僅得三州之地，而主六州焉。此即所謂三分天下有其二，北六而南三。《詩》云「淮有三洲」，《禹貢》荆州云「三邦底定」，亦此意也。考《易》雖以四陰卦屬南，周西南不建州，調坤居中，爲黄裳。徐與魯同度，其所言狄者，實只得荆、揚、梁三州，仍是北六而南三也。當日以周召分治，周占東南，召占西北，而合徐與荆、揚爲一内三外，召獨領梁，爲三内一外，聖賢勞逸之説所由起。將來分陝，以非、澳屬周，美屬召，又一定之勢也。所有未連五洲零星各島，則《尚書》外十二州各屬於方嶽下，以備柴望，可知也。蓋畫井之制，起於方里井田，擴之至于《禹貢》之五服，再擴之，此即爲衍之九州，求之冥冥，則即西人八行星之説。合小大，綜天人，統古今而壹以貫之，在今日固託之空譚，將來必徵諸實事。如以荒唐譏之，亦不敢多辨也。

《周禮》師説陰祖大一統微言考

資中　駱成駫

《周禮》萬國萬里，九畿封建之制，自來解者皆以爲與《禹貢》異。今細按之，乃曲折與《禹貢》相暗合，則《周禮》經文自是經傳遺説，非劉歆所能改竄也。惟賈、鄭解説，不惟與各經不合，求之《周禮》本義，實亦難通。以建國一條言之，《司徒》云諸公之地封疆方五百里，其食者半；諸侯之地四百，其食者三之一；諸伯之地三百，其食者三之一；諸子之地二百，其食者四之一；諸男之地百里，其食者四之一。此五等封疆本指五長之閒田而言，封疆者指外諸侯而言，食者指王臣而言也。千乘之國，以開方計之，得三百一十六里，班《刑法志》已有明文。《史》、《漢》皆言魯衛之地方四百里。《管子》云齊國方三百一十六里。《明堂位》有魯地方七百里，革車千乘之文。案：千乘乃十同所出，開方實得三百一十六，而《史》、《漢》所言四百者，舉成數而言。《明堂》之七百以下文，革車千乘計之，當爲四百，與《史》、《漢》無異。七、四音相近，若果爲七百，是得天子王畿之半，當出車五千，不可僅言千矣。《明堂位》、《管子》、《史記》皆在劉歆之前，又孔孟屢言千乘之國，千乘必三百餘里，舉成數則可稱爲四百。四百既爲經説方伯之封，則上下之五、三、二百皆可由此而推也。是二伯得五數，州牧得四數，卒正得三數，連帥得二數，屬長方百里。五長尊卑有此等差，約舉五等閒田成數，所以《左傳》有魯賦六百、邾賦四百之文。然孟子言萬乘之國、千乘之家者，是三公亦以千數爲斷也，故不加多於州牧。經文以三公在州牧之上，乃言五百里①以示等差，不必以爲實數。又以方五百里爲其食半，不必指爲實數。考之《職方》，「凡邦國千里」，以五、四、三、二有作爲實數，則不論内外虚寔，説最精通，久成聚訟。及考《逸周書·職方》篇，文與《周禮》全同，獨無此四十三字。班書《藝文志》有《周禮説》四篇，今其書不傳，疑《職方》所多四十三字，寔爲師説之文附入經本，決非原文。賈、鄭明知其與經傳不合，故凡與《周禮》異者，皆指爲虞、夏、殷之制，説周自成一家可也。乃寔考之，與《詩》、《書》、《春秋》之周制已不合，與《左傳》、《國語》時人自言制事又大相徑庭，是並非周制矣。故朱子疑爲公旦草創不用舊稿。鄭君《職方》注以方七千里爲九州，七七四十九方千里，王居得千里，其餘八州各得方千者六，六八四十八，合邦畿爲四十九。説者謂鄭君以戰國七雄説經，最爲怪誕，一牧之地，大於天子五倍，其失易見，豈不自知其非？特邦畿千里，礙於經有明文耳。況九州文在《職方》，可以覈按，每州安得有千里者六乎？此解説爲經之累，非《周禮》之過也。或曰：《禹貢》五千里之制，固有明文。然《爾雅》九州外有四荒四極。《淮南子·地形訓》九州外有八殥，亦方千里；八殥之外而有八

① 五百里：原作「五里百」，據文意乙。

古學家寔以五千里爲限。其餘子緯百家言廣輪者皆不以五千里爲限。古學家寔究何所統?曰:《爾雅》之四荒、四極,《淮南子》之八紘、八極,與鄒衍之談天,皆爲《易》、《詩》陰用其義,非由意造。又其言附于《周禮》而行,近二千年入人已深,不能更革,又言不虛作,海外九州、帝道大一統之舊義,爲經學之微旨。以證《夏書》與小一統之經,則不免方枘圓鑿,以說大一統之義,所有宏綱鉅領,正所藉《周禮》爲嚆矢矣。蓋六藝中本有大統小統二派,三代以後,德不及遠,博士經師,囿於見聞,專述禹州。如《公羊傳》以大一統解「春王正月」,而其篇中版宇實義,止云王者王三千里,天下諸侯一千七百國。《詩》、《禮》各家莫不同然,而其軼聞,往往見於他書。如鄒衍、《爾雅》、《淮南》,其明著者也。諸儒生今學將衰之後,病其謹小,不滿經義之量,因《周禮》新出,遂博采異聞,欲求相勝,收殘拾墜,以復舊觀,其致力甚勤也。但孔子法帝法王,本有二派。先師以《禹貢》偏解群經,與浮海居夷、莫不尊親,殊爲不合。而古學家不知大一統之制,由小而推春秋制度,專詳禹州,乃以廣大之説強附内制,變五服爲九畿,改五千爲萬里,枘方圓鑿,未免遺譏耳。以鄒衍之法推之,將來合《禹貢》九州爲王畿,於五大洲分建八伯,王畿世禄,八州封建,畿内三公如采地方百里,未免不足。而海外八州,每州約方廣五六千里。現在各國都鄙星羅碁布,將來雖大一統,亦不能過於削奪,每州所建之牧,即使方五百里,亦殊嫌其小。小統方千里爲州,大統方五六千里爲州,兩相比較,其大由十倍,上或二三十倍不等。姑以十倍推之,則州牧所封當爲三百一十六里,爲千乘間田。方千乘開方，當爲千里，爲萬乘，明方三千六百里十分之一，截長補短，由此推。春秋之世，未當其時，經傳如確鑿言之，不免與鄒衍同譏荒誕，故僅就目見實行之禹州立王畿，建八伯，設十二牧，以爲標準。化小爲大，加以十倍之法，即可推行衍之説，由九州以推八十一州，推行品格與《周禮》古説雖不合於古，而合於今，雖不合於《春秋》，可取方於《詩》、《易》，所謂萬國萬里，九畿五百里封建者，求之《禹貢》，則嫌其有餘，求之於全球，則反嫌其不足。故曰：古《周禮》之説者，大一統之嚆矢也。論者因其與《周禮》不合，謂皮之不存，毛將安附？今欲廣大一統之義，取騶衍之説以爲綱領，即録其説以爲節目，發明各經地統全球制度，雖爲足以盡其量，古義實墜，存者無多，披沙檢金，往往見寶，故大一統不可廢之説也。

《百年一覺》書後

內江　古德欽

《公羊》於「春王正月」云「大一統」，「獲麟」云「無亦樂乎後之堯舜之知君子」，蓋於始終見二帝大一統之義，所以推廣《春秋》之道也。考六經，惟《詩》、《易》專言大一統，《春秋》專言小一統，《尚書》則二帝爲大，禹以下爲小。帝何以大？考《中庸》「舟車」一節，爲鄒衍海外九州之確證。觀孔子所論《五帝德》，屢言帝德化所及，日月所照，風雨所至，如天如神云云，文與《中庸》相似，此孔子論定之文也。他如《春秋命曆序》云：神農始立地形，甄度四海遠近，山川林藪所至，東西九十萬，南北八十二萬里。以西人所繪輿圖計之，環球九萬里，只得十分之一。蓋由赤道以至冰海，又爲九度，合南北二九當爲百八十萬，今云九十萬里者，赤道兩極由中折半，得九十萬里之積方也。南北少八萬者，地非正圓也。《帝王世紀》所云神農以前有柱州、梧州、神州等州，黄帝以來德不及遠，只治神州之説，是以皇爲大一統，帝爲小一統矣。然考《左傳》云：顓頊以後德不及，乃爲民師民名。孔子論定五帝，首黄帝、顓頊。據《左傳》，則帝嚳以後乃不及遠耳。考讖言黄帝受地形，象天文以制官，爰有九州之牧。蓋此九州謂大九州，非謂小九州，證以《五帝德》可見。皇甫謐之言違於經傳。蓋孔子以《禹貢》九州爲行事，衍説九州爲空言，雖《尚書》專言行事，一帝尚屬空言，爲《春秋》乃專惟小九州，所謂寓之空言，不如見之行事之深切著明者也。若三王爲小一統，則不必別求新説。《禹貢》地理專書，《爾雅》、《職方》爲其畫野分州，不出亞半之半，較之衍説，孰大孰小，此何待辨。無已，請更徵之《禮記》。《禮運》引孔子曰：「大道之行也，天下爲公，選賢與能，講信修睦。故人不獨親其親，不獨子其子，使老有所終，壯有所用，幼有所長，矜寡孤獨廢疾①者皆有所養，男有分，女有歸。貨惡其棄於地也，不必藏於己。力惡其不出於身也，不必爲己。是故謀閉而不興，盜竊亂賊而不作，故外户而不閉，是謂大同。今大道既隱，天下爲家，各親其親，各子其子，貨力爲己，大人世及以爲禮，城廓溝池以爲固，禮義以爲紀，以正君臣，以篤父子，以睦兄弟，以和夫婦，以設制度，以立田里，以賢勇智，以功爲己，故謀用是作，而兵由此起。禹、湯、文、武、成王、周公由此其選也。此六君子者，未有不謹於禮者也。以著其義，以考其信，著有過，刑仁講讓②，示民有常，如有不由此者，在執者去，衆以爲殃，是謂小康。」據此一段，則五帝三王顯有區別。且大同、小康，明以小康盡三王，則大同之爲五帝，固一定而不移矣。第考其小義，《春秋》、《尚書》，由秦漢至今古史載記，班班可考，而大同之説，經説甚略。歷來經師皆以不

① 疾：原作「病」，據《禮記·禮運》改。
② 讓：原作「義」，據《禮記·禮運》改。

解解之。惟莊老之書追論古事，小與《禮運》大同相合。近時美人所著《百年一覺》，蓋將欲改之法度及將來之成效托之睡覺，雖爲彼教而言，頗合經説，蓋亦竊襲經義，以文飾彼教之故智也。如謂教習及專門者，如律師大夫傳教等事，俟至三十五歲時始準出而爲之，故凡任事者皆老成練達之材，此選賢與能之説也。又謂昔人犯罪之多，一由窮民饑寒，始爲盜，一由貪婪不堪，因而争鬭。今土地貨物銀錢均歸國家辦理，人皆衣食充足，無窮苦不堪之狀，貪婪之人亦無所得罪，此謀閉不興、盜竊亂賊不作之説也。又謂一切事宜雖歸官辦，而自以相生相愛之意待之，即有暴虐，立即换任撤去，此講信修睦之説也。又謂前之貨物，某家賤則賣某家，今賣本國何價，賣外國亦何價，從前自製貨物費工甚多，今大凡國家所用之物，皆由製造廠以機器爲之，故從前分利人多，今則生利人多，此貨惡棄地不必藏己、力惡不①出身不必爲己之説也。其他若自幼至二十一皆在學校②讀書之日，則爲少有所長之説。自二十一歲至四十五皆作官作工之日，則爲壯有所用之説。過四十五歲，非極有事之秋，皆安閒養老之日，則爲老有所終之説。養老之資及幼童讀書之費皆出于國，則爲不獨親親子子之説。彼蓋惟就生養富庶一門追摹景象，不知飽食煖衣，聖人之憂方長，惜其僅得聖人富民司空之一端，而於司

① 不：原脱，據文意補。
② 學校：原作「皆學」，據文意改。

馬、司徒之職少所究心，終亦徒託虛冥，難收實效。苟能用其意，再以倫理補之，斯乃完書，可徵實用。若夫天生孔子，因革損益，可以前知。考《論語》曰：「其或繼周者，雖百世可知。」案儒家以三十年爲一世，百世即三千年。自孔子距今已二千五六百年，是由貧困至小康，由小康至大同，後世之事，孔子先已知之。其言百世外可以俟聖人而不惑者，蓋即《公羊》所言後之堯舜用帝道而成大一統者之言也。或謂大小之云，子言既辨，然帝王界限，分別必嚴，苟不深究其故，未必不混帝王於一是也。謹案《論語》曰，博施濟衆，堯舜猶難。難者，非難於施濟，難於博與衆耳。蓋堯舜居大一統之末，其國勢已日趨於小，雖聖神敷布，日以賑救爲心，然盛衰迭倚，道有循環，極邊人民，未瞻雲日，天所以限帝王之運，雖聖人亦無可如何也。又九州、十二州皆載於《書》，而鄒衍談瀛海，獨以中國乃八十一分之一，不得爲州數。然則從《論語》之説，見帝運之終；從鄒衍之説，見王道之始。以外埃及古刻類乎蟲書，南美碑記勒自華民，可爲大一統之證。諸子百家言五帝官天下，三王家天下，及帝升王降，三王德衰諸説，可爲小一統之證。如此等類，殊難僕數。但孔子修《易》、《詩》、《孝經》以待驗于大同之世，餘若《書》、《禮》、《春秋》，皆爲小康言之，《書》所以斷自堯舜者，乃先經始事之例。以上三帝過高難法，與其失宜①，何如割愛？初非如太史公所謂言不雅馴，因而屏棄其人也。且史

① 此句原作「與宜失其」，據文意乙正。

公處小康之世，故以其言爲不雅馴；若目覩大同景象，又安知不雅馴者不盡爲尋常之事乎？譬如五十年來前，有人言西人驅使風雷，變化草木，縱耳聾舌敝，其誰信之？於以嘆人非至誠，殊難前知也。或又謂大一統降爲小一統，證諸經傳既有明徵著中，小康以臻大同，西人雖著其説，而孔子未言之，于此無説，人愈滋疑。曰：孔子固言之屢矣，《易》、《詩》微言，引不勝引，姑以《禮運》證之。《禮運》有曰：「大道之行也，與三代之英，丘未之逮也，而有志焉。」案：逮，及也。人壽不過百年，孔子生於成周，去大同之世甚遠，故曰未逮。又鄒衍言五德之運與天地相終始，太史公言三王之道循環，運也，道也，既新故交乘而大小之，復何疑哉！

《易説》序

井研　廖師慎

《易》之生數，以三爲定。所謂乾三男，坤三女，長、中、少是也。如乾生姤、同人、履爲三男。姤初復乾，二成遯，三成訟。同人初成遯，二復乾，三成无妄。履初成遯，二成无妄，三復①乾，爲九孫。餘卦仿此。由三生九，故八卦生二十四子、七十二孫。考鄒子以大九州分爲九九八十一州，此合王畿中一州數之也。内九州，外七十二州，合爲八十一。《説卦》八卦方位，即八州八伯，合其孫爲七十二，即八九之數，而王者居中不數也。考《王制》，一州三監，合八州得二十四監，則大九州之制，八大州必立二十四大監以統之，所有九州，乃應九孫也。故《易本命》之一生三，三生九，九九八十一，與《太玄》②之三方、九州、二十七部、八十一家，皆與騶子之説合，則其説實由《易》出可知。《易》有别、和之分，俗所云老父母、少父母也。六十四卦分居上下經，中外交涉，以此爲大例。自其説失傳，海外九州之義，説《易》者未之詳也。

---

① 復：原作「後」，據文意改。

② 太玄：原作「大元」，蓋避清諱，今回改。

今爲推考，以著於編，願與學者共明其義焉。

八卦分中外表

別卦表

和卦表

上經釋例

下經釋例

八卦分中外九有圖

艮　震　巽

坎　坤　離

乾　兑

乾統三男，爲中國；坤統三女，爲外國。《春秋》三傳，以乾、坎、艮、震四州爲中國，三女所屬者爲夷狄。《詩經》國風皆在内州，三女之地目爲二南。

按《説卦》，坤在西南。《禹貢》西南不置州。州有九，卦只四。考《論語》少師襄同入于海，徐、揚二州在荆南，是以巽統揚、徐二州，移坤於内，主中州，坤爲土色居中。與乾坤相對爲二京，三男爲内，三女爲外。乾主東北，三女主西南。西南得朋，東北喪朋，中外之分也。坤主中州，然爲三女之長，故以夷狄外州、西南兩岳屬之。

按：以大一統之法言之，則由赤道中分南北球，北半球爲四陽卦，南半球爲四陰卦。所有四嶽，由中華推之自得。又《易》有《説卦》，以前①居西北，專就中都雍州東西通②畿而言。至於魯、商兩《頌》，則以青州爲留都，則乾當移震位，震當移乾位，即《詩》「顛倒衣裳」也。《易》爲大一統立制，言「帝出乎震」③，聖教由東而西，故乾卦取象於龍，東方蒼龍。既濟言「高宗伐鬼方」。按上下經之分，上經專言中國，下經專言全球五洲各國。上經由天地開闢、黄帝、堯、舜，至《商頌》而止。

易别卦八父母二十四子表

	長	中	少
乾	姤	同人	履
坤	復	師	謙

① 前：疑當作「乾」。

② 通：原作「過」，據文意改。

③ 帝出乎震：原作「帝乎出震」，據《易·説卦》改。

震　豫　歸妹　豐

巽　小畜　漸　渙

坎　節　比　井

離　旅　大有　噬嗑

艮　賁　蠱　剥

兑　困　隨　夬

《繫辭》:「天尊地卑,乾坤定矣。卑高以陳,貴賤①位矣。動静有常,剛柔斷矣。方以類聚,物以群分,吉凶生矣。在天成象,在地成形,變化見矣。」

《樂記》:「天尊地卑,君臣定矣。卑高以陳,貴賤位矣。動静有常,小大殊矣。方以類聚,物以群分,則性命不同矣。在天成象,在地成形,如此則禮者,天地之别也。」

按:上下經之分,以分别、和二類爲主。上經三十卦,别十八,和十二。下經三十四,别十四,和二十。蓋上經以乾坤爲主,以别卦爲中國,故凡别皆在上經。下經以否泰爲主,如外服,故和卦多在下經。以上下經往來言之,泰否在上經,如蠻夷大長來朝中國。外十子卦,如今外洋使臣。别卦之震、艮、巽、兑在下經,如周、召代天子巡守。其餘

① 賤:原作「監」,據《易·繫辭上》改。

十卦，又如王臣爲監監於各國。二彙卦分居上下經，大略如此。

易和卦八父母二十四子表

	長	中	少
泰	升	明夷	臨
否	无妄	訟	遯
恒	大壯	小過	解
益	觀	中孚	家人
既濟	蹇	需	屯
未濟	睽	晉	鼎
損	蒙	頤	大畜
咸	革	大過	萃

《繫辭》：「剛柔相摩，八卦相盪，鼓之以雷霆，潤之以①風雨。日月運行，一寒一暑。」

① 以：原脱，據《易・繫辭上》補。

《樂記》：「地氣上齊，天氣下降，陰陽相摩，天地相蕩。鼓之以雷霆，奮之以①風雨，動之以四時，煖之以日月，而百化興焉。如此則樂者天地之和也。」

按《繫辭》：乾生三男，坤生三女，是生卦之法，以三爲斷。乾坤八卦爲別卦父母，否泰八卦爲和卦父母，合之十六卦，共生四十八子，中分之，則各得其半，各八父母，二十四男女。又《繫辭》二類卦分別之說，文義未能詳。今以《樂記》補證之，其義自顯。別卦内三爻變成三卦，取三變爻合之外卦，即爲和卦。和卦内三爻變生三子，取三變爻合之外爻，即爲別卦。彼此往來，循環無端，如乾變三女爲坤，加以外卦成否，否内三變三男，取三變爲乾，加以外卦乾，即爲純乾。餘皆此例。

上經皇帝王伯升降循環説例

乾　三子唯姤見下經

坤　三子皆見上經

以上爲天地闢。案傳云：「黄帝、堯、舜垂衣裳而天下治②，蓋取諸乾、坤。」則又爲

① 以：原脱，據《禮記·樂記》補。

② 天下治：原作「治天下」，據《易·繫辭下》乙。

五帝之卦，鄒衍大一統，本於黄帝是也。今專論别、和二義，餘不旁及。泰否應此。

屯　既濟少子

蒙　損長子

合下四卦爲和，近於夷，又爲大一統。傳所謂天造草昧，如三皇之世，此下八卦爲皇帝王伯，二卦爲一世。

需　既濟中子

訟　否中子

乾、坤後繼以既之中、少二局。既在下經末，此始終之義，爲五帝之卦。四卦爲和，與无妄後四卦相同。

師　坤中子

比　坎中子

二卦爲三王，即《莊子》所謂二帝三王。王爲小統，故爲别卦。

小畜　乾長子

履　巽少子

以上爲周公，荀子所謂大儒。小畜，周公監夏；履，周公監殷。周公爲伯。皇、帝、王、伯，周公終之，故《公羊》言引周公爲説。小畜與大畜對，小爲小一統，大爲大一統。

以上八卦，四和四别，爲作者七人。初爲大統，後爲小統，故以小畜終之。

泰　乾之和，坤之别爲泰。

否　乾之别，坤之和爲否。

二卦爲和，于上經爲客，升於上經，來附中國也。别卦以外爲主，和卦以内爲主，二卦爲中外交通。和卦之主附於乾坤而見，故上經見别和之主，下經則不見矣。

同人　乾中子

大有　離中子

二卦《商頌》。法天而王，以丑爲正，合二卦名爲大同。「有」讀爲「友」，禮所謂「天下一家，中國一人」也。以下爲大一統，用帝道，故以大有首之，以明其義。以大有始①、大畜終，所謂後之堯舜也。全經義例大約以小爲中國，以大爲大統。例有正變，言不一端，姑發其例，不加詳説。

謙　坤少子

豫　震長子

① 始：原脱，據文意補。

二卦爲①《魯頌》。用夏道。法人而王，以寅爲正。《韓詩外傳》、《易緯》皆以謙卦説「周公不富」句，與泰同。豫卦「諸侯作樂」，「不終日」，「七年反政」，「朋盍簪」，乾諸侯於東都，《王會解》是也。以上爲《莊子》玄聖、素王。

隨　兑中子

蠱　艮中子

二卦爲《周頌》。法地而王，以子爲正，服牛乘馬，西山，金德，法殷。拘係從縱，即白駒縶之維之也。幹蠱、先甲、後甲，法夏。又武王大孝。以上爲三《頌》，以下爲四代。董子言：天將授文王，主地，法文而王，祖錫姓以爲姬氏。

臨　泰少子

觀　益長子

二卦爲和，爲賓，爲外藩。行人來，如春秋朝覲會同，自天子目之爲臨，知臨太君之宜，即《中庸》「足以有臨」也。諸侯朝覲爲觀，觀光用賓於王是也。此二卦如泰否，爲中外來往之卦，不入統數。

噬嗑　離少子

① 爲：原作「祀」，據文意改。

賁　艮長子

此爲殷統，《商書》。乾金，以金德王，用獄、金矢、黄金，皆白統。卦以離爲主，向明而治，即二南之義。舍車而徒，如《論語》之不可徒行。白馬、丘園、白賁，即《詩》干旄素絲。董子言天將授湯，主天，法質而王，祖錫姓以爲子氏。

剥　艮少子

復　坤長子

此爲夏統，《禹書》。二卦以坤爲主，即《洪範》皇極，王者居中而治。又剥爲入，復爲出，取覆載之義。董子言：天將授禹，主地，法夏而王，祖錫①姓以爲姒氏。

无妄　否長子　應師比

大畜　損少子　應需小畜

終以大畜，與小畜相對，此爲五帝帝王之道，終而復始。大畜之終，即屯蒙之始，用帝道，利涉大川，大一統。董子云：天將授舜，主天，法商而王，祖錫姓以爲姚氏。四卦與屯蒙需訟四卦同，一在乾坤後，一在坎離先。乾坤之後四卦，天造草昧，質勝於文，此四卦則中外一統，夷而合於中國矣。

① 錫：原脱，據《春秋繁露·古代改制質文》補。

中國四嶽四卦

頤　損中子　應訟

大過　恒中子

五不可涉大川，上利涉大川，中外交通，中男中女。以上七卦皆震艮相綜，爲二男，惟此爲二女。《論語》：「假我數年，五十以學《易》，可以無大過矣。」説此二卦之義。頤爲口，反復不變。頤與易同音，卦中顛拂，即所謂易也。頤主東，即東周之義。以二南之損益，救二女之咸恒，則可以合中，無大過矣。損、益所統八卦，皆有長少女，此八卦七有長少男，惟大過錯體乃無之。損益所統四亨四貞錯見，此亦四亨四貞，特分見而已。頤二男竝見，仍爲八卦。

坎　月也，北也。

離　日也，南也。

此四卦與下經中孚、小過、既濟、未濟同，此爲中國四嶽，下經爲大九州四嶽。坎爲男，離爲女。然離爲日、爲南、爲乾之變、爲火，親上，坎爲月、爲北、爲坤之變、爲水，親下。以地加于天上，非乾坤定位之義。

案：《易》有順逆兩行，竊以坎、離當逆行，説之以二卦爲首。

下經三易二伯八伯四輔四嶽兩京説例

前三十卦分三易，即《周禮》「三易」舊義，《公羊》三世例。咸、恒、損、益爲父母統八卦，如《尚書》羲和統八伯也。三十卦各爲界，咸、恒所屬八卦皆和，所謂先進、野人，海外三百年前未通中國之世。損、益所屬八卦，四别四和，所謂内資其形器，外漸教化，彼此相持未合一之世。震、巽十卦全爲别，則全球悉遵聖教，大一統，數百年後之世也。和四父母分居二世，别四父母同居一世。和二公，别四輔。十卦有四父母，餘六卦則又二京四嶽之制。如《詩》有四嶽，又曹、檜起兩京，故爲六。田制古有一易、再易、三易之説；董子亦云不易、再而覆、三而復，疑三易即指此例。説家誤以别爲三書，其義雖難定，然下經之三世、三易則爲確説也。

傳聞世十卦此十卦爲不易。

所統八卦皆和，此如中外未通之時。

咸爲和，爲亨，爲庸，爲樂，「鼓之以雷霆」一節是也。山澤親下，南半球。

恒爲别，爲貞，爲中，爲禮。「天地定位」一節是也。風雷親上，北半球。

咸爲變動，如外洲之製器，政事改舊從新。恒爲恒久，如外洲之教，堅持自是。二卦爲父母，統八卦。二卦如《詩》之周、召，下之八卦如八伯①也。二伯以南北分，從赤道分東西，不可爲界矣。中分東西，夷分南北。

遯　否少子　音同屯，豚也。配姤。遯爲少，以姤之長配之合中。

大壯　恒長子　配蒙、夬，牂也，配夬。夬五變壯，壯五變夬，壯長夬少，配之合中。

晉　未濟中子

晉其角，康侯②錫馬。晉否外中，配萃否外少。

明夷　泰中子　南洋北向日，明夷泰中，配泰長局升。

以上四卦，天與地錯，以中女化二男，以天地爲主，上經之乾坤也。乾坤爲定位，如貞下坎離合中爲亨下損益八卦。同一類之中，又自分細節。按此二卦與二濟相似，爲南北，此爲東西。蓋離南坎北，中國之方位也。以全球言之，則當爲既濟北，未濟南。若既濟之上坎下離，即上經之坎離，由北向南而治之事。而南半球之國，則皆以北爲陽，以南爲陰，《爾雅》所云北户。故二濟南北相向，離在中，赤道也。南北各有一坎，即南北冰海也。若晉與明夷，則以東西二球而言，晝夜循環。在東爲晉，在西即爲明夷；在西爲晉，

---

① 如八伯：原作「八如伯」，據文意乙。

② 侯：原作「位」，據《易·晉卦》改。

在東即爲明夷。四卦二爲東西，二爲南北。

家人　益少子　北半球，近王畿。

睽　未濟長子　錯倒，家人與解錯，睽與蹇錯。二卦以離統二女，與革、鼎同。益少，以澤長，困配，未濟長，以坎少井。

蹇　既濟長子　利西南，不利東北，言來往，如仲山甫。

解　恒少子　利西南。睽又與解倒錯，家人與蹇倒錯。

此八卦，初世《春秋》隱、桓，或咸或恒，任情直行，爲過不及，須損益乃合中。以上四卦，以火水爲主。上經之終，坎離也。以上二伯、八伯，皆亨卦，純夷八卦，皆有不衰之一體，首二天，三四地，五六火，七八水。首尾四卦爲長男、少男，三四屬十卦之中，爲中女，豐長女，澤少女。

以上二男八牧純乎國。《詩》之「十畝」、「五兩」，《南山有臺》「十有」同。乾坤坎離，中者入中國，四長少入外，此爲《春秋》太平之世，天下和平，從内至外，溥天之下，皆爲中國，所謂大一統。

所聞世十卦此十卦爲再而易。

案上經六父母卦，下經則十父母卦。上經之乾坤坎離，以單爲雙，仍爲五卦，則上下

損
益　兩經父母卦皆十數，合之亦爲十朋之龜。

長少合中行，過猶不及。《論語》「所損益可知」、「狂狷不知所裁」。損益之卦，先中國文字之學。得臣無家，利涉大川。

夬　巽少子　對遯。　夬，小羊也。

姤　乾長子　對大壯。

包魚①、杞包瓜。有隕自天，姤其角。二卦乾初上。

萃　咸長子

萃有位，王假有廟，利見大人，大牲，禴，萃位。

升　泰長子

用見大人，尚征禴升階。二卦泰初否上。

以上四卦，以天地爲主。上經之首乾坤也，四卦別和相比，夬乾兑，姤乾巽，萃坤兑，升坤巽。

---

① 包魚：原作「包魯」，據《易・姤》「九二，包有魚」改。

困　澤長子

大人吉，五服九錫，葛藟，禮酒食，祭祀，朱館，覿金車。

井　坎少子

封建皇極，食汲受福。二卦坎三四。

革　咸長子

故大人虎豹變，革面，三就改命。

鼎　未濟少子

新作，新民，黄耳，金玄，玉玄。

以上四卦，以坎離爲主。上經之終坎離也，二伯八伯，四亨四貞，即四中四外，同夏八鑾。以中小過中國算，亦十六卦。外卦十六，中卦四，合下共十四卦。八卦皆以澤風配四純卦，四中卦。前四卦又爲宜位，後四卦又爲通氣也。中世如《春秋》之所聞。

以下十四卦，不見乾坤，四見中男中女。兩濟、豐、旅以中化長，如涣、節八長。少男少長女分見震、艮、巽、兑。中男女帶見豐、旅、節、涣。男女錯見二，漸、歸妹。男女合見二，中孚、小過。長爲過，少爲不及。

所見聞世十卦 太平世此十卦爲三而易，即所謂「三易」也。

震　帝出乎震，來往、言笑啞啞，純爲中國大一統帝道。案恒、益皆取震，此變恒爲震。

艮　終乎艮，長之反爲少，少之反爲長，剛極柔，柔極剛。合中之道，損取艮，此損變艮。

漸　巽中子　漸以爲之，東漸於海，鴻公陵、九陵。

歸妹　震中子　帝乙交通長少四卦，包長少則合中矣。震、艮、巽、兑。

豐　震少子　此四卦爲中，與上經隨、蠱同。

旅　離長子　王假之宜，日中來章，遇夷主射雉，雉羅於羅，火統二男，本乎天者親上。

巽　利見大人，進退武人。案：益取巽，此變益爲巽，以合中道。

兑　咸取兑。此咸變爲兑，用夏變夷也。

涣　巽少子

節　坎長子　煥有文章。大王居不出户庭。水統二女。本乎地者統下。

大統四嶽四卦

中孚　損、益之所生，東嶽。中者，中國也。孚即桴。以巽爲主，爲巽在東，中國固震旦也。

小過　咸、恒之所生，西嶽。二卦主東、西。小過者小統之人，到外州與大過相對成文。

既濟　北嶽。坎，月也。高宗伐鬼方。三年。東西鄰。曳輪。

未濟　南嶽。離，日也，君子之光。震用伐鬼方。三世爲三年，利涉大川。

以上四卦與頤、大過、坎、離同爲四嶽。此爲大統四嶽。

書《出使四國日記》論大九州後

威遠　胡翼

海外九州之説，自古以爲不經。光緒庚寅，薛叔耘副憲出使英、法、義、比四國，舟中無事，據西人所定五洲大勢，分而爲九，分亞爲三，南北美爲二，南北非爲二，合以歐、奥，則爲九州。以合鄒衍之説。又謂《禹貢》九州不出今之十八行省，若閩、粤、黔省《禹貢》並無其山川，由是援古證今，分疆計里，確言儒者所謂中國，乃八十一分居其一分之故，爲談地球者增一新解，識誠偉矣。然薛君雖能填實衍説，而不知其説所由來，縱記中有曰「古人本有此説，鄒子從而推闡之」，所謂古人，究生何代？所謂推闡，究本何書？羌無佐證，讀之歉焉。或謂齊居海邦，商舶來往，衍之所聞，蓋得於此。竊五大洲之説，自明末泰西人航海探測，窮極智巧，雖能定體質，别寒温，舉島名，數方里，一一徵諸實事，然當耶蘇未生以前，陸無輪車，水無輪船，推考大地，何遽至此？縱海客間談，亦只就其附近中國一島一國言之，安能包舉宇内，有如此絶大見解？且西人所繪輿圖，只分爲五，不分爲九，更無所謂八十一州之説。今日西學不能言者，而二千年前能之乎？説亦無徵，不足爲據。案馬遷作騶子傳曰：「其語必先考小物，推而大之，至於無垠」云云。綜覽古今，考索中外，始悟其所言乃七十子之微言，公羊子之師説也。蓋六藝之學傳于齊魯，衍游學齊國，與公羊高、子沈子、女子相先後。今考馬氏玉函山房輯本所引榆柳棗杏及政教文質二條，皆爲齊學遺說，其必授之先師無疑。又考緯書中國古先傳說與泰西相同者，如《書考靈曜》云地恒動不止而人不知，《春秋元命苞》云地右轉以迎天，及別古籍，不一而足，衍說特一端耳。然衍不言其所本，惟佛書與西說近之，佛書分天下爲四大部洲。又何以確知其爲經說？案衍云如中國《禹貢》云云，實由禹州起推，亦如《昏義》由九卿以推八十一元士，由九嬪以推八十一御妻。《董子·官制象天篇》四選之法尤爲詳備。又揚子《太玄經》準《易》乾坤生六子與大統曆法，創爲三方、九州、二十七部、八十一家，則九九之說由《易》而生。《易本命》「天一、地二、人三，三三而九，九九八十一」，一爲十日，日爲人。就大一統之說考之，所謂人者，聖人居中，四靈倮虫，臨馭四方。《孟子》云「天無二日，民無二王」，又云「天下惡乎定？定于一」。所謂一者，即八十一州之一，非謂九州之一也。今《公羊傳》文所謂大一統者，乃借用《易》、《詩》之說。《春秋》所言一，僅就禹州分南北中外，誠衍所謂小州九不得爲州數，可謂之一統，以一統八，不可同於大一統以一統八十也。《公羊》大一統，蓋即衍之所祖。齊學《易》、《詩》古有此說，緣出於經，《公羊》以之說《春秋》，鄒子以之談瀛海，名異實同。又《易》與《詩》凡大小字多由此起例，如小畜大畜、小過大過、小雅大雅、小國大國、小球大球、小共大共。小者爲小九州，大者爲大九州，每以小加大者，由中以及外，非顛倒尊卑之比。知衍說之出於大一統，則《禹貢》九州之爲小一統明矣。且周天三百六十度，今地球度數由中起點，四面皆九，四九合爲三百六十，與衍說亦同。以三輔一推之，合三公、九卿、二十七大夫、八十一元士，爲百二十官。再由八十一①州以三㪟三推之，得二百四十三。如以百二十官爲三百五十三員，以合周天之數，證諸地球，亦無不合。然則以衍説實聞諸先師，可即以衍爲先師，亦無不可。但由漢至今，説經者皆就《禹貢》九州立説，自瀛海五州之論出，儒者震而驚之，以爲《禹貢》彈丸，未能囊括四海，聖經幅員，未能包舉六合。海外諸邦既不在六藝匡宅之内，雖同此覆載，同此照墜，固不妨各尊所聞②，各行所知。所有疆域，惟此區區五千里乃在聖人胞與之中，海邦不必自外，聖人已先外之，將來有大一統之曰中國，縱不改孔子教，而《中庸》所謂「凡有血氣，莫不尊親」，必無其事。豈六藝之教有時而窮，聲名洋溢蠻貊，竟成虚語哉？《論語》「十世可知」，可推極千百世，今當其時矣。故凡所謂浮海居夷、禮失求野、失官學夷諸説，海内通人皆知爲今日之天下言之，不爲春秋天下言之。然則因革損益，將於何寓之乎？謹案孔子所修六經，有知有行，有空言有行事，有法帝有法王。何謂行事？據春秋以下天下言，即《禹貢》土地人物立説，所謂見之行事，深切著明者，《書》、《禮》、《春秋》是也。何謂空言？就五帝及百世以後之天下立説。所謂因革損益，百世以俟聖人而不惑者，《易》、《詩》是也。故行事之《書》、《禮》、《春秋》，分疆畫界，不出禹州，縱時露新意，如《禹貢》「聲教訖四海」有開通五洲之意，「四海會同」有五洲歸化之意。

① 一：原作「九」，據文意改。

② 聞：原作「閒」，據文意改。

《爾雅》：「九夷、八狄、七戎、六蠻，謂之四海。」《禹貢》只言東南，不概見。後人説四海者，至今亦無善證，然後知聖人删詩，意深遠也。旨甚藴藉，鉤索殊難。惟《易》、《詩》言無方體，託興遥深，凡新作之典章，與百代之世，故出以微言，託之占詠，無不昭然可考。如《易》之中孚，即《論語》之乘桴；案桴同孚，加木乃晚近字。大川利涉，即《論語》之浮海；鬼方，即指島邦。上經言天地開闢，古今皇帝王伯治統；下經言三世三易，大九州五長往來巡覲，證據昭然，今日方顯也。若《詩》言大九州之事，尤爲明備。《周頌》河嶽僅據禹州，猶《書》、《禮》、《春秋》之意。至於《魯頌》言海邦、言大東，所謂遂荒者，由中及外，古書之四荒也。既言纘太王之緒，又言纘禹之緒。纘太王之緒爲化家爲國，纘禹之緒非化小九州爲大九州乎？大一統之大，《大東》爲之起例矣。《商頌》則將來之大一統，以中國爲皇極居中，統制四方，美爲東嶽，歐爲西嶽，奥爲南嶽，俄爲北嶽，臣服萬國，開拓五洲，聖經規模，始無遺意。故全《詩》不言四海，惟《商頌》言之。案水中可居曰州，四海非即九州外之大瀛海乎？《長發》云：「禹敷下土方，外大國是疆。」曰外，非禹州之外乎？曰外大國，非今之歐美各國乎？而其明證，尤莫如球、共二字。自來以球琳琅玕之球言之貢篚多矣，球乃玉之小名，以球包貢篚，無乃挂漏寔甚。《顧命》有天球，天與地對，有天球則有地球，舊説雖誤，相證益明。且小共之共，即《尚書》九共。九共爲《禹貢》異名，早有成説。共指貢篚，則球指土地。可知小球、小共，《禹貢》之九州也；大球、大共，鄒衍之大九州也。《禹貢》亦得言球者，地形圓，雖一水一山，亦有圓義，大小雖異，名實不殊也。至於《殷武》篇云「商邑翼翼，四方之極」，「天命多辟，設都於禹之續」，蓋大一統之都建於中都，四方朝覲會同，所以中國爲四方之極。此「王者中天而立，定四海之民」之説也。又《詩》例以三《頌》配大雅，《民勞》四言「中國」，四「中國」即指中國四嶽以外，五「小」即指小球小共，五「詭隨」指外教，五「寇虐」指外政。而「柔遠能邇」一句，則《書》「咨十二牧」之文。篇中宏大、大諫，皆所謂大一統之大也。「文王曰咨」篇云「内奰于中國，覃及鬼方」，與「小大近喪」，亦此意也。又《小旻》以下屬孔子撥亂反正，《北山》「普天之下，莫非王土，率土之濱，莫非王臣」，與《中庸》「天覆地載」一節義同，文義明白，更無待細説。蓋三《頌》，周爲小一統，商爲大一統，而魯則間居其間也。不但此也，考全《詩》不見「堯舜」字，言禹特詳，而皆爲九州水土而發，其中大小之别，可以考見。如《周詩》「豐水東注，維禹之績」，《魯詩》「奄有下土，纘禹之緒」，與《商頌》「禹敷下土方，外大國是疆」，三朝皆借禹州立説，各有精意分别其間。而《商頌》五見「帝」文，所謂「五帝之音，商人識之」者，蓋以大一統專屬之五帝，與三王異也。以上所陳，皆《易》與《詩》應有之義，固非附會鄒子、逢迎薛君，始牽引經義，以合瀛海九州之説。蓋孔子至聖至誠之道，可以前知，故特修《易》、《詩》法五帝以治海外，以俟百世之聖人，非當其時，則不驗。不然，《書》、《禮》、《春秋》已足以治中國，又何必再作《易》、《詩》以招屋上架屋之誚哉？或謂時勢如此，雖《易》、《詩》有囊括之意，恐秦火之禍將見於今日，是可以不慮①。

---

① 可以不慮：據文意，似當作「不可以不慮」。

自古夷狄亂華，如匈奴、吐番之類，始未嘗不彊盛，今皆澌滅。間有種類，皆變華俗。歷觀古史，所有外夷，今無有不歸依聖教者。蓋聖人之化，由中及外，盈科後進。《論語》曰「可知」，《中庸》曰「以俟」。今當孔子二千五六百年，百世之説於今驗之。雖咸、同以來，外強内弱，然外夷不強，則五洲不通，不通則孔教只被於腹地，未波及遠人，天於是特使之強①，強則能通上邦，聞經義，自悟其窮②兵黷武之非，是翻然改變，歲事來辟，以成大一統之制。是外國曰彊，即聖經版圖日廓之兆也。西人所著《百年一覺》，窮及美善，屢歎大同。夫大同者，非即《禮運》所言古帝大一統之治哉？化兵革，齊貧富，人不自私，各享樂利。然則今日之講生聚，鑄槍砲，乃我開通五洲之具。五洲既通，則必有銷兵之一日，百世之聖人，必有以化成之。地球雖大，爲時雖久，全在六藝包羅之中，天地不毁，聖教不息，日月無踰，聖人可俟。此乃經學之大成，更無庸爲之過慮矣。吾輩讀書稽古，期於發明孔子之義，使微言治法丕煥於今，一洗從前之陋習，可也。舍此不用，而惟杞人之憂是抱，不知天之大不必代爲之謀，亦絶無彼教所謂末世天地崩裂之日。吾但見聖教古爲小成，今乃如日中天，方興未艾，正當春夏之交，而猥曰澌滅乎？誠爲今日之杞人矣。

---

① 特使之強：原作「使特之強」，據文意改。

② 窮：原作「穹」，據文意改。下一「窮」字同。

地球兩京四嶽八伯十二牧説 附圖

内江　趙謂三

《帝王世紀》有黄帝以前大一統，瀛海九州有迎州、柱州、神州之屬，黄帝以後德不及遠，乃畫爲中國九州。蓋祖黄帝畫井分州，及鄒衍大九州立説。考《左傳》，顓頊以後德不及遠，乃爲民師，而命以民事。《騶衍傳》云「先序今以上至黄帝」，是大小九州之分，當以顓頊爲斷。古説所云黄帝畫九州者，即謂大九州，非《禹貢》九州也。經傳以帝王分大小九州，是五帝全爲大九州。然五帝既分五代，則前後始終不能全無區别。據《左傳》之義，以黄帝、顓頊爲帝之始，堯舜爲帝之終，由大而小，故《尚書》典謨雖有六合、四海之義，大抵所言疆域與《禹貢》大小略同，於五帝中以始終分大小，如小雅小也，終篇開大統之漸，大雅、三《頌》大也，初代不見瀛海之説，此帝王升降、盈虚消長之義也。自大禹平水而作貢，大例以京師一州居中，八州八伯拱衛於外，四嶽兩伯各統要荒三州，中如井田，推之九九八十一州，仍合爲九。故井田一井也，九州一井也，推而廣之，大九州亦一井也。《易》曰「往來井井」，其斯之謂歟！據經，三代所轄九州無沿革，而傳稱荆、楚、吴、越、徐、梁爲蠻夷時事，與經不必同也。除九州外，所有交、廣、滇、黔、藏、衛、蒙古諸部，皆屬要荒，《禹貢》附見其山川於緣邊八州，稱爲王者不治之地。今則火車、輪船，瞬息萬里，非、美、歐、亞，海洋群島，向隔異域，今在户庭，歲歲之間，戰事未艾，中外已通，不能分而不合。孟子曰「天無二日，民無二王」，一定之理也。然時變道不變，故兩京、四嶽、八伯、十二牧之制仍不可廢，惟大小不同，推而廣之可耳。古者兩京，一留京，一行京。留京爲天子常居，各就發祥之地而立。孔子曰「爲政以德，辟如北辰」，指留京也。其地於卦爲乾，於色爲玄，於六合爲天。天尊地卑，留則象天，行即當象地。留爲乾，爲玄，行即爲坤，爲黄。地宜居中，爲朝會之所。所言「中天下而立」者，以此。昔周公會諸侯於東都，東都即行京也。王者大會諸侯於中都，取四方道里均，無苦樂之分，亦舞八佾、八風平之義也。且譬之天，北極居中不動，居也；斗柄四指，行也。聖人法天，天然，聖人何獨不然？蓋周都雍岐，而營洛邑爲東周，以朝諸侯，是居本在西，行本在東，《詩》所謂「自西徂東」者也。自周公居東，所謂東周，宋主商地，亦在東，《詩》魯、商二《頌》地亦在東。《易》以震爲帝，爲高宗，爲帝乙，以龍爲君。是東爲居，西爲行，古有明訓，《詩》所言「我征徂西」者也。自漢以後，或從或違，不知四嶽爲四方，居象天，行象地，無兩京，是六合不全也。將來地球混一，當師周東西通畿之法，用經「我征徂西」意之，以亞洲分兩京，中國《禹貢》九州爲居，爲天，爲乾，爲玄，阿富汗爲行，爲地，爲坤，爲黄。中國據薛京卿日記，東南以海爲界，西北以瀚海爲界，其地在赤道北四十餘度，寒燠適中，扼渤海之利權，擅亞洲之清淑，商務爲五洲之最，礦産甲地球之中。論稼穡則先開，論人倫爲創始，言王道則源於堯、舜、湯、文，言教化則宗乎仲尼、孟子。父子君臣，秩然不紊；貞廉孝弟，朗若列星。雖富強不及他人，而民心固於磐石。

《詩》云「邦畿千里，惟①民所止」，傳者引爲止至善之喻，言中國當爲六合之民所共止也。下文止仁、止敬、止慈、止孝、止信，亦即此意。聖人復起，以中國爲留，必無疑也。阿富汗爲行地，東連英屬，西接波斯，北控西域、回部，南北相距千四百四十餘里，東西千五百里。他日金輪鐵軌偏於寰區，朝會諸侯，莫便于此。仿東西通畿之法，合兩京共一州之地，王畿内不建諸侯，但作王臣采邑，天子、三公如周時周、召、畢，周、召之爲二伯，中分天下，周主東南，召主西北。平時在帝左右，會諸侯於行京，則二伯皆從，而司徒留守。《顧命》曰：「太保率西方諸侯入應門左，畢公率東方諸侯入應門右。」此留京之制。《左傳》：「王將中軍，周公黑肩將左軍，虢公將右軍。」可見二伯皆從之説。將來分陝，以周主東南，召主西北②，而别立一公以守留京，又必然之勢。此地球兩京之説也。王畿四面環以四嶽，四嶽分四正四隅，即爲八伯，所謂四目四聰、八伯賡歌者也。州牧各主一州，每州所轄方千里，爲方百里者百。建二百一十國，王圻九十三國，故天下一千七百國。十二牧之制，古以環八伯者爲州，州有牧，一面濱海，僅得十二區。《堯典》「頒瑞於群后」，《夏書》曰「州十有二師，咸建五長」，《禹貢》要荒不詳州名，以方岳統之，以備柴望。蓋《禹貢》九州爲八伯、兩京之地，《虞書》十二州

① 惟：原作「爲」，據《詩・商頌・玄鳥》改。

② 西北：原作「西南」，據文意改。

爲沿邊要荒十二牧所統之地，共二十一州。如此者，乃爲一大州，推之九州，九州外更有十二牧，以零各島爲之，是全球百零一州。《鄒衍傳》但言大九州，不舉十二牧者，乃互文見例，言内而外可知也。嘗論秦廢封建之制，以爲大一統已伏其漸。蓋王圻不封建，中國無封建，是中國亦一王圻。天意所趨，無其形而已寓其理。不然，封建爲帝王之制，何秦漢下賢人君子皆不以復封建爲是？其在《詩》曰：「民亦勞止，汔可小康。」封建之制，百里一國，戰爭、朝聘皆出其中，故十分取一，取之不足，兼之取一，故曰「民勞」。至戰國而勞愈極。梁襄王問天下烏乎定，孟子曰「定於一」。一則不用郡縣，如是，則後屬疏遠，戰爭頻仍，必不能一，是孟子之心，亦以立侯邦者爲是。自秦漢下，易爲郡縣，以天下之才治天下之地，無戰爭之苦，無盟會之勞，無玉帛往來之費，無尾大不掉之虞，較之春秋無日不干戈、無人不戰鬬，相去幾何？所謂小康，此其時也。秦漢至今已近百世，孔子曰「其或繼周者，百世可知」，謂此小一統小康之時也。今則海禁大開，外憂迭起，雖殷憂啓聖，天將大一統之時，而強時①林立，盡滅之則不能，概任之又不可，勢不得不叛而征之，服而懷之，使長爲不侵不背之臣，後聖有作，其九州八伯五長之制斷不能不講。今擬以奥爲東嶽，如中國之泰岱焉。東爲留京，不再置伯，以日本爲一部，高麗、琉球、台灣爲一部，南洋各島如吕宋、吕宋迤南十餘小國、西里伯島、巴布亞、舒

---

① 時：疑誤，或當作「國」。

門答臘、松墨島、恩力、婆羅州、蘇緣藹、羅巴洛莫島、麻里島之屬①爲一部，以附於東嶽，爲東方諸侯。非爲南岳，如中國之衡山焉，南美爲南伯，副於南嶽，而以印度海及紅海中各島如馬蘇阿羅、阿蒙非亞、桑西巴爾奔、巴爾哥德拉、馬達加斯加、爾達、毛里斯亞各部之地爲一部，非洲所統庚哥、尼勒二河以南諸地爲一部，以西洋群島如百爾摹地群島、巴哈麻群島、古巴、突牙島、買加、特尼、海地、波爾多黎各島、安的列斯群島之屬爲一部，以附南岳南伯，爲南方諸侯。以北美美利堅全地爲西嶽，如中國之太華焉，英部冰疆等處爲西伯，副於西嶽，而以危地馬拉、巴拏馬爲一部，革林南爲一部，巴芬海灣其島爲一牧，以附西岳西伯，爲西方諸侯。以西伯利啞爲北岳，如中國之恒山焉，歐州爲北伯，附②於北岳，而以庫頁、白令海峽、冰洋小島爲一牧，英吉利三島爲一牧，地中海群島如革里底希尼、西西利、戈西戛、第尼西、瑪約戛之屬爲一牧，以附於北岳北伯，爲北方諸侯。中國九州，以沿邊十二州之地共爲一州，爲留京，不在八伯之數。啞州阿爾太山及南希瑪拉山以西，除行京阿富汗外，亦一州之地，爲中州。此大九州兩京師、四嶽、八伯、十二牧之大凡也。按《瀛環志略》曰，啞西亞於六州爲最廣，非得其三分之一，歐得其四分之一。次啞州者惟北美。故歐、奥、南美皆獨爲一州，而獨以啞西

① 屬：原作「蜀」，據文意改。
② 附：原作「福」，據文意改。

亞分爲三州。非州稍廣，故於其内即置一牧。北美尤廣，故平分二州。嶽、伯皆置於内，務期界限朗明，疆宇匀稱，爲是追久之，而全球之封建亦廢。有不易之君，無不易之臣，所謂大同之世，兵革不興，天下一家，中國一人者，庶幾近之。然此異世之事，存而不論可也。

大九州兩京四岳八伯十二牧圖

地球新義

地球兩京師四岳八伯十二牧說

地球新義

丙子本

廖平 撰
楊世文 校點

校點説明

《地球新義》共有三本，光緒二十四年戊戌（一八九八）資州藝風書院排印本僅十二題，内容不完整，錯訛較多。光緒二十五年己亥（一九〇〇）新繁羅秀峰原擬全刊各題，後未刊全，倉卒出書，編次無法。又如《釋球》各篇，皆缺而不載。戊戌本與己亥本内容有同有異，民國二十五年丙子（一九三六），廖平嫡孫廖宗澤將二本合而爲一，重新加以編次校刻，去其同者，共得二十五題，仍編爲二卷。上卷按照排印本目次，而於《釋球》前加入《繙譯名義序》，爲發凡起例之意。羅本有而排印本無者，並入下卷，次序則按《家學樹坊》所載《井研縣志》「提要」原稿題目排比。此書原託爲廖氏及門課藝，排印本、羅本並著撰述人名；光緒二十八年壬寅（一九〇二）廖平編《家學樹坊》，乃引歸自著。故此本將原列人名，概從删削，僅於題下注「舊題某撰」字樣，以不没當時自晦苦心。此書堪稱《地球新義》定本，故不避重複，全文收入。羅本、排印本文多訛誤，排印本爲尤甚，此本亦間爲校改，如「尚書稱靈耀」改「尚書考靈耀」，「彭僕」改「彭濮」之類。此次即據廖氏家刻本整理。

目録

地球新義敘

博士誦法六藝，於《春秋》、《書》、《禮》之説詳矣。《易》、《詩》迄無定論，蓋法王而不法帝，言禹州而不言海外。《易》之伏羲、神農、黄帝、顓頊、帝嚳，雖經聖論，學者屏而弗道，蓋誤於史公「言不雅馴」之説也久矣。余治《王制》二十年，於《易》、《詩》終苦捍格，未能得其要領。丁酉以來，始悉帝統海邦之義，於經中分爲二統：一伯王，一皇帝；一上考，一下俟；一行事，一空言；一法文，一從質；一小道，一大統；一仁義，一道德；一博士，一道家；一法古，一居夷。六藝中分《春秋》、《書》、《禮》爲一派，《易》、《詩》、《樂》爲一派。小統以《王制》爲主，大統則以《帝德》爲主，二篇同在《戴記》，一小一大，峙立門户。今言治海外，每多非常可駭。不知海外九州，即禹州之所推廣，由小化大，其道不改。故海外之實法，即在《王制》，而不必别求新奇也。同而不同，不同而同，所謂損益可知，百世不惑者，其道不遠矣。戊戌游學珠江，與二三群從論瀛海①之廣，述舟車之力，舉經傳以實其事，分題論撰，各陳所得，共二十餘道，合列傳、日記，編爲二册，名曰《地球新義》。以海客之譚引歸六藝，名雖爲新，實有不新者在焉。余未老而衰，齒搖髮白，不敢再闢新境，《帝德》一篇，將奉以終其身。夫博士詳王法，

① 海：原作「泊」，據戊戌本改。

於帝德不免少涉偏枯，今爲之致力於此，敢謂因時從俗，亦聊以補博士之缺而已。時在光緒己亥仲冬，四益館主人記於射洪學署。

《井研藝文志·地球新義二卷》廖平編

此書丁酉於資中排印，首卷共十題，其未排印者二十題。按《中庸》「凡有血氣，莫不尊親」，學者共知，爲大統舊説。孔子上考三王，下俟百世，所云祖述憲章者，小統也。上律下襲者，大統也。六藝中以王伯見行事，皇帝託空言，微言大義，及門實有所聞，故《論語》多言大統。騶衍游學於齊，因有瀛海九州之説，《莊》、《列》尤詳備。當海禁未開之先，騶子之説見譏荒唐，無徵不信，誠不足怪。今兹環游地球一周者，中國嘗不乏人，使聖經囿於禹域，則袄教廣布，誠所謂以一服八者矣。孔子固不重推驗，然百世可知，早垂明訓。苟畫疆自守，以海爲限，則五大洲中，僅留尼山片席，彼反得據彼此是非之言以相距，而侵奪之禍不能免矣。竊以孔子之教，三千年乃洋溢中國，布滿禹州，則寖延海外，流布全球，過此以往，未之或知矣。

按此書有二本：一爲資州排印本，一爲新繁羅氏刊本。排印本次序由淺及深，使人易得其蹤跡。羅本原擬全刊各題，後未刊全，倉卒出書，編次無法。又如《釋球》各篇，皆缺而不載，故覽者未易得其立説次第之所以然。此當補全，别編目次，方爲善本。日前聞南皮以此書爲穿鑿附會，因趨時而作。按除《周禮》明文、《騶衍傳》、《薛使四國日記》之課藝，今則以爲自著之書。

記》以外，間推説《詩》、《易》，古今《詩》、《易》之書，誰能免穿鑿附會之病？若欲文從字順，正蹈孟子「以辭」之譏。《詩》、《易》爲俟聖而作，意在言外，故須以意逆志，乃爲得之。如但以辭，是有男女，皆爲淫奔，宋儒且優言之，此望文生訓，所以爲禍之烈。宗澤案：此二則從《家學樹坊》録出，本本書提要案語，故仍附於此。

重訂地球新義凡例

一、此書原有兩本，一爲光緒戊戌資州排印首卷十題本，合《孟荀列傳》及《薛京卿出使四國日記》則爲十二題。一爲光緒己亥新繁羅氏刻上、下卷二十二題本。有薛氏《日記》而無《孟荀傳》。兩本有同有異，今合兩本，去其同者，得二十五題，亦并計《孟荀傳》及薛《日記》。仍編爲二卷。

一、先大父謂羅本編次無法，不似排印本之由淺入深。今上卷一仍排印本目次，而於《釋球》前加入《繙譯名義序》，羅本原列卷首。蓋亦發凡起例之意。羅本有而排印本無者，并入下卷，其次序則姑按《家學樹坊》所載縣志提要原稿題目排比，合否所不敢定，聊免臆測云爾。

一、此書原託爲及門課藝，排印本、羅本並著撰述人名。光緒壬寅，先大父編《家學樹坊》，乃引歸自著，今故改題先大父撰，原列人名概從删削，僅於題下注「舊題某撰」字樣，以不没當時自晦苦心。

一、羅本、排印本文多訛誤，排印本爲尤甚，謹就所知間爲校改，所不知姑仍其舊，尚希海内明達有以正之。

民國丙子七月二十二日，廖宗澤識。

地球新義卷上

井研　廖平　譔

《史記·孟子荀卿列傳》節録騶衍附傳。

齊有三騶子，其前鄒忌以鼓琴干威王，因及國政，封爲成侯，而受相印，先孟子。其次騶衍，後孟子。騶衍睹有國者益淫侈，不能尚德若大雅整之於身，施及黎庶矣，乃深觀陰陽消息，而作怪迂之變，《終始》、《大聖》之篇，十餘萬言。其語閎大不經，必先驗小物，推而大之，至於無垠。先序今以上至黄帝，學者所共術，大並世盛衰，因載其機祥度制，推而遠之，至天地未生，窈冥不可考而原也。先列中國名山大川，通谷禽獸，水土所殖，物類所珍，因而推之，及海外人之所不能睹。稱引天地剖判以來，五德轉移，治各有宜，而符應若兹。以爲儒者所謂中國者，於天下乃八十一分居其一分耳，中國名曰赤縣神州，赤縣神州内自有九州，禹之序九州是也，不得爲州數。中國外如赤縣神州者九，乃所謂九州也。於是有裨海環之，人民禽獸莫能相通者，如一區中者乃爲一州，如此者九，乃有大瀛海環其外，天地之際焉。其術皆此類也。然要其歸，必止乎仁義節儉、君臣上下六親之施，始也濫耳。

薛京卿《出使四國日記》一則

偶閲《瀛環志略》地圖，念昔鄒衍談天，司馬子長謂其語閎大不經，桓寬、王充並譏其迂怪虚妄。余少時亦頗疑六合雖大，何至若斯遼闊，鄒子乃推之至於無垠，以駭人聞聽耳。今則環游地球一周者不乏其人，其形勢方里，皆可覈實測算，余知古人之説非盡無稽，或者古人本有此學，鄒子從而推闡之，未可知也。蓋論地球之形，凡爲大洲者五，曰亞細亞洲，曰歐羅巴洲，曰阿非利加洲，曰亞美利加洲，曰澳大利亞洲。此因其自然之勢而名之者也。亞美利加洲分南北，中間地頸相連之處曰巴拏馬，寬不過數十里，皆有大海環其外，固截然兩洲也，而舊説亦有分爲二洲者。即以方里計之，實足當二洲之地。是大地共得六大洲矣。惟亞細亞洲最大，大於歐洲幾及五倍。余嘗就其山水自然之勢觀之，實分爲三大洲。蓋中國之地，東南皆濱大海，由雲南徼外之緬甸海口溯大金沙江，直貫雪山之北，而得其源，於是循雪山、葱嶺、天山、大戈壁以接戈壁，又由此而東，以接於嫩江、黑龍江之源，至混同江入海之口，則有十八行省。盛京、吉林、朝鮮、日本及黑龍江之南境、内蒙古四十九旗，西盡回疆八城，暨前後藏，剖緬之東境，括暹羅、越南、南掌、柬埔寨諸國，此一大洲也。由黑龍江之北境訖戈壁以北外蒙古八十六旗，及烏梁海諸部，西軼伊犂、科布多、塔爾巴哈臺，環浩罕、布哈爾、哈薩克、布魯特諸種，自鹹海逾裏海，以趨黑海，折而東北，依烏拉嶺劃分歐亞兩洲之界，直薄冰海，奄有俄羅斯之東半國，此又一大洲也。雪山以南，合五印度及緬甸之西壤，兼得阿富汗、波斯、亞剌伯諸國、土耳其之中東兩土，此又一大洲也。夫亞細亞既判爲三洲，余又觀阿非利加洲撒哈爾大漠之南，有大山起於大西洋海濱，亘塞內、岡比亞之南境、幾內亞之北境、尼給里西亞及達耳夫耳之南界，延袤萬餘里，直接於尼羅江之源，此其形勢，殆與亞洲之雪山、葱嶺界劃中外者無異。尼羅江又曲折而北，以入於地中海，是阿非利加一洲，顯有南北之分矣。今余以《志略》所稱北土、中土者謂之北阿非利加洲，《志略》所稱東土、西土者謂之南阿非利加洲，此又多一大洲也。而南洋中之葛落巴、婆落洲、巴布亞諸大島，則當附於澳大利亞一洲。夫然，則大九州之説可得而實指其地矣。雖其地之博隘險易不同，人民物産之衰旺不同，然實測全地之方里，謂八十倍於昔日之中國，自覺有盈無縮。所謂裨海者，若紅海、地中海皆是矣。即有沙無水之戈壁，亦可謂之裨海。即中國東隅之黄海、渤海，有日本三島障其外，亦可謂之瀚海。是瀚海與大瀛海殆一而二、二而一者也。而彼所謂大九州者，在鄒衍時豈非人民禽獸莫能相通者乎？至於禹跡之九州，要不出今之十八行省，若福建、廣東、廣西、貴州諸省，《禹貢》並無其山川，今以置余以上所序一洲之中，約略記其方里，要亦不過得九分之一。然則禹跡之九州，實不過得大地八十一分之一，而《禹貢》所詳之一州，又不過得大地七百二十九分之一，其事殆信而有徵也。舟中無事，覩大洋之浩蕩，念坤輿之廣遠，意有所觸，因信筆書之。

《繙譯名義》敘

《論語》「子所雅言：《詩》、《書》、執禮」，《莊子》孔子「繙十二經以立教」，《班志》「《尚書》讀近爾雅，通古今語而可知」，此豎繙例，通古今異語也。《王制》之寄象狄鞮譯，《周禮》之象胥，以通四夷言語，《公羊》之物從中國，名從主人，《穀梁》之物地從中國，號從主人，揚子雲之《輶軒使者絶代語》，此方言之説，爲横繙者也。蓋政制以横繙爲開化四海之首功，而立教以豎繙爲通貫古今之妙用。孔子六藝，原從古本之文繙以雅言。繙前之事，《班志》所謂《尚書》通古今語而可知者，早有明文，通人所共知。至於繙後之大例，則尚未顯著。海外九州之制，其本名異號，見於子緯者亦夥矣，而經傳中則不數數見。如大九州之名，見於《地形訓》，八殥、八紘、八極之山水邱澤，亦嘗備舉，而經傳不見者，何也？蓋不直稱其本名，而用猶從中國之例以指目之也。如《魯頌》云「奄有龜蒙，小東中國。遂荒大東，海外。至於海邦，淮夷來同。」以淮夷言之，淮水發源豫州，揚、徐二州以爲界目，水地皆在内州，何以得爲海邦乎？又《商頌》之荆楚氐羌，與淮夷同，皆在侯綏，去王城僅千里，大同之《詩》，不應引《春秋》小統之例以立説。不知此即後繙例也。海外九州，地有定形者，其名見於《淮南》，經文猶不具著，而謂百世以下無定之國名，經傳能直録之乎？然不直録則不能實指，辭窮無可考，故不得已而用後繙之例。中國東南之夷曰淮海邦，東南之國不可名，則借中國之名以名之。又中國正南方曰荆楚，正西方曰氐羌。今南則澳、非之名不可見，西則美、歐之名不可見，亦借中國之名以名之，荆楚即澳非，氐羌即歐美，與淮夷之例相同。總核詩文，海外四極，五帝分占之區統，《魯頌》之「戎狄荆舒」四字足矣。孔子六藝，小統上繙三代之古文，大統下繙百世之新事，知其繙譯之例，則讀《詩》、《易》不啻如《海國圖志》、《百年一覺》。故國不可名，則以四裔目之；君不著號，則以孫子言之。言受命則託之玄鳥、武敏，言京都則託以思服、衣裳。又列、莊同有小年、大年之説，楚南之冥靈以五百歲爲春，五百歲爲秋，此孟子「五百年必有王者興」之説，《釋文》以一千歲爲一年。上古有大椿者，以八千歲爲春，八千歲爲秋。釋書亦有此説。《釋文》以三萬二千歲爲一年，疑此爲東西二循環之説。《詩》之所謂萬有千歲、萬壽無疆、君子萬年者，皆謂統緒，所謂卜世三十、卜年八百也。統小則年小，統大則年大。所謂萬壽無疆者，上二字指年歲，下二字指疆域。將來大統國祚彌長，反合上古八百、八千之説，此亦在繙例。至云三《頌》之稱武平①、文王、元王，《大雅》之文，《魯頌》之莊公，《召南》所謂齊侯、平王，《魯頌》之奚斯之類，多非指實。若《易》之兩濟，即南北極，晉、明夷，即東西極，壯、夬之爲羊爲洋，羝羊之即氐羌，明夷之即荆楚，詳於釋字篇中。固不僅鬼方之指海邦，大川之爲瀛洋矣。今分爲《易》一卷，《詩》一卷，《易》、《詩》合

① 武平：疑爲「武王」之誤。

爲一卷，發其端倪，以爲舉一反三之助。若曰通貫，是在好學深思之自得也。己亥仲夏敘。

釋「球」 舊題華陽任嶧撰

「球」字古無定解，《説文》訓玉，徐鉉謂爲玉磬，段氏云「磬以球爲之，故名球，非球之本訓爲玉磬」，專爲鳴球立説，實非通解。《書》鳴球外有球琳、天球，《詩》有小球、大球，諸家箋注大抵皆望文生義，未得其實。考天形本無方體，繪圖者皆作圓形，自來談天家所同也。《顧命》天球與河圖相連，河圖中有圖形，非宋以後九宫之説，則天球亦必有圖形。今人得玉石，往往中有詩字圖畫，天然巧妙。蓋古有天球之圖，玉中剖得其形，因而珍之。若但云色似天也，《書》天球之義已明，則《詩》之小球、大球，更可借證。明末西人入中國，刊《職方外紀》，有地球之説。至今環遊地球一周之人甚多，圖更詳備。蓋地與天相對實義。《商頌》言小大，《商頌》五帝之遺法，大一統之詩也。《商頌》之大一統，非實指殷商之版土，乃謂百世以後，法帝主商而王，合九大州而大一統之商言也。天地之圖皆作圓形，球、毬皆有圓義。言天之書，如圓天圖説是也。西人又謂地形橢圓。案《春秋命曆序》云「神農始立地形，甄度四海遠近、山川林藪所至，東西九十萬里，南北八十二萬里」，不相合乎？《尚書考靈曜》四遊之説，尤爲切合。騶衍所言九九八十一州者，薛京卿《日記》就今五大洲剖分爲九以配隸之。可見西人之説，中國古實有之，後王不能及遠，乃僅就禹州言之，耳目心思之所窮，故其説遂絶，非地球之圖出，終不知大球小球之爲何語也。考全《詩》之例，凡言小大者，皆以小爲中國，大爲海邦，小東、大東，其明證也。他如小大稽首、小大近喪、小雅大雅、小明大明、小國大國、小共大共，莫不先言小以及大。行遠必自邇，登高必自卑，治天下者必先治國，治其國者必先齊家，齊其家者必先修身。聖人設教，先諸夏然後夷狄，此其例也。蓋言小球者，中國禹貢之小九州也；言大球者，合大九州言之全地球也。然則地球之名雖出自晚近，而實古義，早已垂明文於《商頌》。而孔疏乃解爲小玉大玉，輔廣以爲小國大國所執之玉，申其論者乃以小係子穀璧、男蒲璧，大爲公桓圭、侯信圭、伯躬圭。夫五玉、五瑞，經傳有明文，禮制典章所在，何忽以小球大球名之乎？又或以爲貢物，不惟與下小共大共重出，《禹貢》貢篚多矣，球爲球①、琳、琅、玕四者之一，以小名而包異類，絶無此例。況諸家以大者屬尊，小者屬卑，則大小有序，若冠履之不可倒置，經何遂以小加大乎？或曰：地球言球、言大球，證以天球，考諸圖册可也，中國小九州在球東面偏北，去赤道尚遠，何得以球名之？曰：地形圓，凡一山一水皆有圓義。大既曰球，小不得不曰球。亦如雅明東共等字，小大相配。又西人言人目圓，凡遠物皆有圓象，大而日月，小而星宿、燈火，遠望皆成圓形是也。夫小大九州之説，後人不察，乃反斥其荒唐，不

① 球：原無，據《尚書·禹貢》補。

知其言實本於經大一統之義，與《商頌》九有、九圍。蓋共，貢也。共即所謂赤縣神州内之九州，禹貢是也。大共，全地球九州也。中國外如赤縣神州者九，乃所謂九州，由大共而推言之也。有王者起，以中國作留京，如周之西京，乾之潛龍是也。以阿富汗地作行京，如周之東都，所謂坤之黄裳也。由孔子起數，前之遠者帝，近者王，由後而推，近者王，遠者帝，即《論語》「其或繼周，百世可知」之説也。今時與古折算，正當帝運，正當大九州。將來以阿富汗爲行京，就亞洲分兩京，如周東西通畿之故事。中國爲居，爲上，爲天，爲衣，爲玄；阿富汗爲行，爲下，爲地，爲裳，爲黄；俄爲北，爲黑，爲恒；歐與北美爲西，爲白，爲華；非與南美爲南，爲赤，爲衡；澳與中國爲東，爲青，爲泰。《覲禮》：王者朝諸侯，設方明，上玄下黄，東青南赤，西白北黑，合兩京四岳爲六合。方明之制，即地球也。截長補短，移步換形，小有變通耳。方明以方爲名，與圓球相反。然則方爲圓，削去廉隅，故仍是一球形。全球中以開方計，未嘗不可言方。即準繩以御規矩，圓者可方，方者可圓，則方明與全球名異而實同，是方明又一地球之切證也。且以地球考之，中國在赤道之北二十餘度，地球之幽明取決於日，嚮南而治者，嚮日也。至於南半球，《爾雅》謂之北户，赤道在其北，則又將嚮北而治。禮：生者南鄉，死者北首。中國嚮南，南球嚮北，則中國之人道鬼道與南半球相反。然則《易》、《詩》之鬼方，實指南半球之澳大利等地言之。南北相反，人鬼異嚮，自中國言之，非所謂鬼方乎？是又言地球之所當知者也。《中庸》「舟車所至」一節，固地球之説也。今爲分别其義：天在上，地在下；日在東，月在西；露居北，霜居南。以《易》之天地定位、震東兑西、坎北離南者又合爲六合，又一方明之義，即又一地球之證也。作用之功，全在「舟車」、「人力」二句，與《堯典》之所言「光被四表，格於上下」者不有合乎？輪船、輪車、電線三者，爲開通地球之首功，光格六合之要務，自有今日以來，莫之或廢也矣。

案：六藝《尚書》、《禮》、《春秋》爲王道，《詩》、《易》、《孝經》爲帝道，帝大王小。《詩》則《小雅》與周、魯二頌爲小，《大雅》、《商頌》爲大。經傳敘尊卑者皆先大，言內外者皆先小。然如《論語》之「小大由之」，《詩》之「小大稽首」，亦以小加大，蓋內外例也。家言小，國言大；國言小，天下言大。如《春秋》內其國而外諸夏，內諸夏而外夷狄，始則國小而諸夏大，終則諸夏小而夷狄大也。故不必大九州，而亦有以小加大者耳。自記

《樂記》《禮運》帝王論 舊題資州廖承銘撰

《樂記》曰：「商者，五帝之遺聲也，商人識之，故謂之商。齊者，三代之遺聲也，齊人識之，故謂之齊。」後世之説經者紛紛歧出，皆未有何爲識五帝三王之明證者。夫禮之所謂商者，即《詩·商頌》也；齊者，即《詩·齊風》也。而言者猶以爲無可稽考，則曷即《商頌》、《齊風》所載者以明之，而後商、齊識帝王明證可見。何也？以音論，則商音剛決，而齊音柔緩；

以統論，則商大一統，而齊小一統。夫帝大一統者也，王小一統者也。《禮運》：「大道之行也，天下爲公，選賢與能，如堯舜禪讓，不必用世及之法。講信修睦。故人不獨親其親，天下一家。不獨子其子，中國一人。使老有所終，壯有所用，幼有所長，矜寡孤獨廢疾者皆有所養。男有分，女有歸。貨惡其棄於地也，不必藏於己。力惡其不出於身也，不必爲己。是故謀閉而不興，盜竊亂賊而不作，故外户而不閉。是謂大同。」西人所著《百年一覺》屢觀大同，頗具此見。蓋五帝道大，授受相承，爲大同之世，是即《商頌》大一統之源也。又曰：「今大道既隱，天下爲家，各親其親，各子其子。貨利爲己，大人世及以爲禮，城郭溝池以爲固，禮義以爲紀，以正君臣，以篤父子，以睦兄弟，以和夫婦，以設制度，以立田里，以賢勇知，以功爲己。故謀用是作，而兵由此起，禹、湯、文、武、成王、周公由此其選也。此六君子者，未有不謹於禮者也。以著其義，以考其信，著有過，刑仁講讓，示民有常，如有不由此者，在執者去，衆以爲殃，是謂小康。」蓋三王德盛，父子相傳，是即《齊風》小一統之源也。《商詩》曰：「上帝是祗」、「古帝命武湯」、「帝立子生商」、「帝命不違」、「帝命式于九圍」，《商頌》帝字凡五見。諸解皆以爲天，非也。凡《詩》之稱天者皆言天，非稱帝即所以稱天也。不然，如《商頌》之「普將自天」、「天命玄鳥」、「何天之休」、「何天之龍」、「天命多辟」、「天命降監」、「自天降康」等句，亦既數稱乎天矣，而又稱帝以名天，不相混乎？其所稱之上帝、古帝者，蓋指古之五帝，嚳與堯舜是也。「帝立子生商」，帝指嚳言之。《禮·祭法》：「殷人禘嚳而郊冥，祖契而宗湯。」商爲帝嚳之後，故曰「帝立子生商」也。二「帝命」指堯舜言。昔堯舜皆命契爲司徒，故兩言帝命也。《商頌》五稱帝，非商識五帝之明證乎？《齊風》曰：「俟我於著乎而，充耳以素乎而」，「俟我於堂①乎而，充耳以黄乎而」，「俟我於庭乎而，充耳以青乎而。」《禮器》曰：「或素或青，夏造殷因。」《繁露》説昏禮夏人迎于户，殷人迎于堂，周人迎于庭。《著》三章分屬三王，非齊識三王之明證乎？又青、素、黄者，東、西、中之色也。周京東都居中，魯用夏道居東，商以金王居西，與青、黄、素之色位符合。《論語》「緇衣羔裘」三句，又説《詩》三統京師之異制也。第《商頌》之所載者，如「小球大球」、「小共大共」、「設都於禹之績」、「外大國是疆」、「商邑翼翼，四方之極」等句，已見於胡君少端之《騶衍傳書後》矣。今更於胡君所未言者論之。如所載「正域彼四方」、「肇域彼四海」，四方、四海而曰「彼」者，蓋非中國内之四方、四海，而實海外之五大洲、大洋海也。帝大一統，無畛域之分，而以四外爲域，是即守在四夷之義也。又曰「九有有截」，「奄有九有」。有，指中國之土已爲所有者也。九有者，即海外之大九州也。奄，同也。蓋帝大一統，謂既撫有此中國小九州之土地，而外洋去九州之各國，亦莫不賓服，而同爲其所有也。是即「溥天之下，莫非王土，率土之濱，莫非王臣」，撫中國以治萬邦之義也。又曰「四海來假」、「海外有截」。四海者，中國外之大洋海也。海外，即裨海外之各國也。假，格也。謂帝大一統，故雖只撫有中

① 堂：原衍一「堂」字，據《詩・齊風・著》删。

國，而四外各邦亦莫不感格而來也。截，齊也。謂海外九州皆爲德化，而均有截然整齊之教也。又曰「受小國是達」、「受大國是達」。受，承也。小國、大國者，諸洋之大小各國也。達，言達其政教以敷布於外也。五帝道大，無中外之分，凡四海之來假者，皆以中國之政教敷布之，使海外各國皆知中國之制也。《齊風》又曰：「雞既鳴矣，朝既盈矣，東方明矣，朝既昌矣。」雞鳴、東方明者，王者出治之時也。朝盈、朝昌者，云群臣已集於朝也。三王勤求治理，孜孜不惰，惟恐少有廢事。蓋王小一統，不能如五帝之無爲而治矣。又曰：「無思遠人，勞心忉忉。」遠人，指外洋各國之人也。「無思遠人」者，王者德不及遠，雖勞心於遠洋，不能如五帝時之四海來假，故曰「無思」也。或曰此云商知五帝，齊知三王，固似，而於《樂記》所云五帝之遺聲、三代之遺聲無乃不相合乎？不知商承國於夏，夏承國於舜，夏之樂實帝之樂也。自成湯因夏之樂而損益之，而言《商頌》非五帝之遺聲乎？周公思兼三王，功成作樂。周公既没，成王命魯公祀周公以天子之禮樂，而三王之樂傳於魯。魯自太師摯適齊，而三王之聲又傳於齊，而言《齊風》非三代之遺聲乎？第此語古無明解，今特表而出之，俾聖賢之義以明，而論經者亦可恍然矣。

《大雅·民勞》篇解　舊題資中王肇光撰

或曰：中國内外二十一州之制，《禹貢》詳矣。海外之州不見於經，何也？曰：《大雅·民勞》篇即海外之《禹貢》也。聖人立經作制，託諸空言，不如見之實事，故先就中國内外二十一州詳其制度，著於《尚書》，由《尚書》以推之全球。以《尚書》立其本，以《民勞》盡其變。《禹貢》詳而《民勞》略者，蓋《尚書》言其節目，故詳；《民勞》言其綱領，以實事皆見之《書》，故從略也。考《詩》例，以《大雅》分應三《頌》：《文王》以下《周頌》，《生民》以下《魯頌》，《卷阿》以下《商頌》。其《商頌》所言「景員」、「輻隕」，即《卷阿》之「土宇昄章，亦孔之厚」也。故《民勞》與《商頌》互相表裏。《禹貢》爲實事，據目見之制；《民勞》爲空言，百世以後乃能見諸實行也。或曰《禹貢》言九州，騶衍云八十一州，今地球之説則爲五大洲，其不相合，何也？曰：以五洲較《禹貢》、騶子之説，其實雖同，數目不無多寡之異。而以五洲之説證之《詩》，則又曲折相合者也。考《民勞》五章，以一章爲一州，一、二、四、五章爲四岳，中章言京師，王者居中而治，即地球之中。《荀子》曰：「欲近四旁，莫如中央。故王者必居天下之中，禮也。」其言四國，指四岳，總括一、二、四、五四章言之也。首章爲東岳兩伯，次章爲南岳兩伯，四章爲西岳兩伯，五章爲北岳兩伯。《王制》「八伯各以其屬屬於天子之老，曰二伯」是也。且以《禹貢》較之，首章如青徐，次如荆揚，四如梁雍，五如冀兖，中如豫州。蓋《民勞》五章，就八伯解之，則合京師爲九，與《禹貢》合；就四岳解之，則合京師爲五，與地球五洲之説合。五與九，固名異而實同者也。又《禮運》以王爲小康，帝爲大同，爲帝道、王道之標目，殆已昭然若揭矣。《民勞》五小，首以小康，著之爲小統，爲王道，爲中國；於「惠此中國」之後，再言「以綏四方」，與「内奰於中國，覃及鬼方」相同。由小以推大，則所云大諫、宏大當與小康對文，則其爲帝道，爲大統，爲海外可知。因或疑海外九州版土不見於經，西人五洲之説與《禹貢》異，故著其説於此。

「民亦勞止，汔可小康。惠此中國，以綏四方。無縱詭隨，以謹無良。式遏寇虐，憯不畏明。柔遠能邇，以定我王」。

「文王曰咨」篇：「内奰於中國，覃及鬼方。」

《堯典》①：咨十有二牧曰：「食哉惟時，柔遠能邇。」

《禮運》：「禹、湯、文、武、成王、周公，由此其選也。此六君子者，未有不謹於禮者也，以著其義，以考其信，著有過，刑仁講讓，示民有常，如有不由此者，在埶者去，衆以爲殃，是謂小康。」

① 堯典：當作「舜典」。以下各「堯典」同。

按：首章爲東岳，《堯典》「歲二月東巡狩」，《詩》所謂「昔我往矣，楊柳依依」，指澳洲而言，如《詩·谷風》。「惠此中國」以上指小康之制，「以綏四方」以下爲大一統，五「詭隨」指海外之教，五「寇虐」指海外之政。此四方與三章京師四國相同，即指四岳。地球中爲行京，中國爲留京，在東方，故東、中同言四方四國，「以定我王」，即天下定於一。

「民亦勞止，汔可小休。惠此中國，以爲民逑。無縱詭隨，以謹惛怓。式遏寇虐，無俾民憂。無棄爾勞，以爲王休」。

按：此章爲南岳，指非洲、南美而言，如《詩·凱風》。《堯典》「五月南巡狩，至於南岳」。「民逑」即「窈窕淑女，君子好逑」，以女喻海外，與中國相匹敵也。

「民亦勞止，汔可小息。惠此京師，以綏四國。無縱詭隨，以謹罔極。式遏寇虐，無俾作慝。敬慎威儀，以近有德」。

《公羊》：京，大也；師，衆也。天子之居，故以「衆」、「大」言之。《穀梁》同。

《月令》：季夏之月，日在柳，昏火中，旦奎中。

按：京師，指行京而言。中國爲留京，地球之中爲行京，四國即四岳。據二傳，京師爲行在，非定名，故《春秋》河陽亦稱京師。

「民亦勞止，汔可小愒。惠此中國，俾民憂泄。無縱詭隨，以謹醜厲。式遏寇虐，無俾正敗。戎雖小子，而式宏大」。

按：此爲西岳，指歐與北美而言。《堯典》：「八月西巡狩，至於西岳。」

「民亦勞止，汔可小安。惠此中國，國無有殘。無縱詭隨，以謹繾綣。式遏寇虐，無俾正反。

王欲玉女，是用大諫」。

按：此爲北岳，指今俄羅斯而言。《堯典》：「十有一月北巡狩，至於北岳。」《禮運》：「大道之行也，天下爲公，選賢與能，講信修睦。故人不獨親其親，不獨子其子，使老有所終，壯有所用，幼有所長，矜寡孤獨廢疾者皆有所養，男有分，女有歸。貨惡其棄於地也，不必藏於己；力惡其不出於身也，不必爲己。是故謀閉而不興，盜竊亂賊而不作，故外户而不閉，是謂大同。」

按：《民勞》五章，所言四國、四方，即四岳，合京師爲大州，共五。小曰小康，小休、小息、小愒、小安，文異義同，爲《禮運》之小康，《商頌》之小共、小球。所言宏大、大諫，即《禮運》之大同，《商頌》之大共、大球。考全《詩》皆不稱中國，惟《大雅》應《商頌》之篇七見中國字。《騶衍傳》「儒者所稱中國」云云，蓋中國即包《禹貢》内外二十一州縱横五千里而言，非泛語也。又「柔遠能邇」見《堯典》，乃爲十二牧之事。《説苑》：「故牧者所以辟四門，明四目，達四聰也。是以近者親之，遠者安之。」而下文云「蠻夷率服」，與《民勞》「惠此中國，以綏四方」符合，即篇内所言五「詭隨」、五「寇虐」。「詭隨」指海邦之教，「寇虐」指海邦之政。五言「無縱」，五言「式遏」，所以嚴中外之防，去邪崇正也。

又二、四、五三章不言四方、四國，惟首章言四方，與三章言四國相同。且言小康、言定王，蓋首章與三章兼言東西通畿之意。首章爲東、爲中國、爲居、爲留守，三章爲西、爲行、爲行京。考《春秋》，京師爲王行營别名，諸侯稱師，天子稱京師。故《公羊》、《穀梁》皆以「衆大」釋此二字。故「天王狩於河陽」，則稱河陽爲京師。自《爾雅》以京師爲周王都定名，説者多誤解其義。三章既言京師，則必有留守。可知騶衍九九八十一州，《孟子》「天下惡乎定？定於一」，一者，即中國王圻之一州，九圍八十一分之一也。

堯與三代九州無沿革論 舊題井研廖師政譔

《李氏五種》言歷代疆域變革，以《禹貢》爲夏制，《爾雅》爲殷制，《職方》爲周制，固爲漢以來儒先之誤説。然李氏繪圖，流傳庠序，童蒙誦習，老死不悟其非。經術之不明者，此其一端也。按孔子采取四朝，定爲六藝，使其中典章錯雜，自相矛盾，不能畫一，後來學者各遵所聞，各行所知，不惟六藝各立異同，即以《尚書》一家而論，議禮制作，言夏者用夏，言殷者用殷，言周者用周，一國三公，何所適從？故六經決黑白而定一尊，不惟《尚書》四朝無沿革之例，即合之群經所有宏綱巨領，莫不相同。所以《尚書大傳》用執一之説，以偏解四代之書，無有不合。《詩》、《禮》、《樂》、《易》、《春秋》、《孝經》各家博士與《尚書大傳》共執一定之説，偏解群經，亦無不合，明文具在，可附按也。西漢以上各家先師所有争執之條，半多經無明文，及支節小事，所有綱領明條，絶無立異。《翼教叢編》中朱侍御五書未詳此義。故解經必先破去沿革一例，乃能貫通。李圖以三代九州有沿革，學者先有一沿革之見以讀經，於後學爲患甚巨，不得不辭而闢之。按《禹貢》五服，甸服千里，侯綏千里，要荒千里。在侯綏者爲四岳，爲八伯，在要荒者爲十二州、十二牧。内侯綏爲州十二，要荒外方亦爲州八，州有伯，十二州亦有伯，同時並建，一内一外，兩不相妨，此經傳之明文也。八州有名山大川，十二州亦有名山大川。《堯典》曰：「肇十有二州，封十有二山，濬川」者，謂十二牧之州内各有一名山、一大川以爲鎮也。考《書》之四岳本指巡狩之岱、衡、華、恒四山而言。經云「乃覲四岳，班瑞於群后群牧」，是四岳爲四山，后、牧乃爲諸侯，即《尚書大傳》所稱之八伯也。故《禹貢》於四正方岳皆以四山爲目，如海岱、衡陽、華陽及恒衛既從，以四岳標目是也。四岳即八伯，在侯綏二服之内，與要荒各自立長。《帝典》「詢於四岳」之後，即言「咨十二牧」。四岳、十二牧同時並見，比肩一堂。《皋陶謨》既言「予決九川，距四海」，下文云「弼成五服，至於五千，州十有二師，外薄四海，咸建五長」。於水土既平之後，再言乎「十有二師」，是八伯、十二師二代同建。堯時有十二牧，别有四岳，是堯非無内九州，但有十二州明矣。禹既有九州，又曰十有二師，非禹改帝之十有二州以爲九也明矣。蓋説者不即經文細考，乃曰堯制本十二州，天地平成，涸出之地甚多，禹乃改堯之十二州以爲九州，地既廣於前，州反少於後，揆之情理，殊屬難安。考《大戴·五帝德》言堯封四凶以化四夷,《史記·五帝本紀》畢録其文,所言流共工於幽州以化北狄,放驩兜於崇山以化南蠻,殺三苗於三危以化西戎,殛鯀於羽山,以化東夷。《堯典》有合數二十二人之文,蓋四凶與十六族合爲二十人,兼羲和二伯爲二十二人。所謂大功二十也。《左傳》舜「舉八凱,使主后土,以揆百事」,所謂以八凱爲八伯,主后土,即主四岳。又言使八元「布五教於四方,内外平成」,則八元爲外十二州之長。又言「納於百揆,百揆時序,無廢事」者,蓋指舉才子八人爲八伯也。「賓於四門,四門穆穆,無凶人」者,蓋以八元合四罪數之,以元凱合四罪爲二十人,再加二伯爲二十二人矣。八元賢,四族惡,何以同爲外州牧?八元官微,封之外藩,共工等以朝貴屏之遠方,賞罰適相抵也。按放流四罪,即《大學》、《王制》「屏諸四夷,不與同中國」之意。則幽州與三危、崇、羽三山皆不在中國可知。蓋幽州者,即《堯典》外十有二州之一也。崇、羽、三危,《堯典》外服十有二山之三也。《尚書》經傳本有明文,無待繁説矣。考直隸迺《禹貢》濟河之故地,自説《周禮》者以爲周時分割冀、兖,添建幽、并,後儒襲其誤説,皆目直隸爲幽州故地。然《職方氏》誠確,則周時之幽與堯時之幽名同而實異,亦不得因周制之幽州在内服,遂連堯制之幽州亦以爲在内地也。此堯與禹内服同爲九州、要荒同爲十二州,夏無改堯制之事,唐與夏二代九州、十二州同時並建,無沿革之説也。西漢以上,説九州者無異同,至《王莽傳》乃有周制去徐梁、加幽并之文。蓋據劉歆所上《周禮·職方》立説,以《職方》證之别經,則殊多異同。按古梁州舊國,孟津之會,見於《書》誓者有庸、蜀、羌、髳、微、盧、彭、濮等國，梁州所屬從龍之國，較别州爲詳。自以二州相連，德化尤篤，開國龍興，争先效命，何以太平定制，乃取古昔之名邦？先王之鄰國割而棄之夷狄，不在州數，使不得與被髮文身、篳路藍縷之荆、揚比數，可乎？即以《春秋》論之，梁州之國，若梁亡之以州舉，鄀、蜀之須考定者，姑無具論。至若巴、庸、夔、麇，固有萬不能移之别州者，是周制之有梁州明矣。至於徐州，見於《詩》、《書》、《春秋》及各經傳尤爲明著，何爲而棄之乎？且建州之法，本於畫井，王畿居中如公田，八家各得百畝。西方本應立三州，《禹貢》因雲貴山多磽薄，截長補短，西南少置一州，於青揚豫荆四州之中特設徐州，以四州之内地土膏腴，别有取義，周乃廢去古有之二州，析冀爲并，析兖爲幽，於一州故地分建二州，是猶八家本各百畝，乃使二家共耕一家之田，則並居者何其苦，侵漁者何其樂也？考周東西通畿，西雍之地以方八百里者爲西畿，洛陽之地又取方六百里爲東畿，東西通畿，合爲方千里。若棄梁而不置州，則西方三州地面僅雍州，取方八百里以雍州計，已餘方六百里者一。合梁州全壤言之，爲方千里者一，方六百里者一。隙地如此之多，究將何屬乎？按揚子雲著書，有「蜀自古不通中國」及「五丁開山」等語。子雲生長蜀都，鄉邦典故宜所熟習，何得爲此不經之言？顯與經傳相背。子雲著述，身後多爲劉歆所亂，僞造此語，以助其周廢梁徐之僞説。若子雲深通經義，必不爲此無稽之談。考今本《職方》實無梁、徐而有幽、并，若必欲求通其説，則爲之進一解焉。《職方》於《堯典》九州但舉七州之名，而梁、徐從略。於要荒之十二州又錯舉幽、并，而於十州從略。蓋於内外二十州全文内錯舉九數，以互文見例之法考之經傳，證之時事，亦屬可通，但不得以爲廢徐、梁而加幽、并。兩利相形則取其重，兩害相形則取其輕。經傳互文見例之條最多，不敢舍經傳明文，而信《職方》一家之言也。或曰：今《周禮》與《逸周書·職方》所舉山水皆在内地，何得以幽、并改屬要荒？曰：鄭注《周禮》，於《職方》山水不合輿圖者，每多改字。莽、歆徵天下能識古文者至京，繙譯古文。《王莽傳》既明以爲周制去徐、梁，加幽、并，上有所好，下必從之，則其點竄古書，不可究詰矣。《爾雅》本無殷制之文，後人因其制與《禹貢》、《周禮》小異，《禹貢》既爲夏制，《職方》又爲周制，以《爾雅》間居其中，以成三統之制，事由心造，與鄭注以《周禮》爲周制，凡與《周禮》不合者皆指爲殷制，其事正同。今欲去僞説而求真解，《爾雅》當同《職方》，錯舉外州以見例，否則由後人改竄，決非明文。何以言之？按《爾雅》原文，兩河間曰冀州，河南曰豫州，河西曰雝州，漢南曰荆州，江南曰揚州，濟河間曰兖州，濟東曰徐州，燕曰幽州，齊曰營州。考九州以山水標目，爲經傳定例，初不以國爲目。以國爲目，皆讖家分野之説。《爾雅》以上七州皆以山水爲目，與《禹貢》、《王制》名目悉合，與西漢之説同。乃獨於末二州異其文，曰燕曰幽州，齊曰營州，與上七州文義絶不相同。殷時尚無燕齊二國，何得舉以分定州界？今仍以互文説之。上七州爲舉内州，末二州爲要荒，乃經師之遺言，非殷朝之舊典。考古制要荒十二州，每當天子巡守，四岳皆從，見於方伯之國。《堯典》之「覲四岳，班瑞于群后群牧」，群后爲八伯，群牧爲十二牧。《明堂位》四夷在四門之外。考前明東北一帶外藩與直隸相近，乃不就近隸於直隸，而航海附山東。山東爲方岳東界，海無外服，分配外牧，必以南北之外服附屬之。《尚書》以四岳統十二州之制，古無明説，明制尚能得其遺意。外州當爲十六，東邊海沿海四州不置，故僅十二州，每方得三，故合之爲十二州。《爾雅》之營州當爲外牧，「齊曰營州」者，謂營附於齊之方伯，「燕曰幽州」者，謂幽附於燕之方伯。并地當正北，東北二州直屬於東岳，燕與幽正當其位。幽即《堯典》之幽州，營與太公所居營邱同名異實。《爾雅》内之以水地計者七州，亦如《職方》之七州。外州以國言，亦如《職方》之幽、并，此一説也。東漢以後，舊聞多經校改，《爾雅》營、幽之文即與上文七州不同。王肅變古書以證成己説，明證甚多。總之，説經當以經傳爲主。《職方》晚出，昔人早有異同，《爾雅》爲漢儒附益之書，與尸子所見之本迥然不合。二書可通則通之，不可通則姑闕疑，不能因其文字偶異，遂變經傳明文確鑿之條而從之也。學者必先知六經九州並無沿革，經制爲百世不變之道，即使推廣擴充，如鄒衍之海外九州，可云奇辯，而於中國猶確守成法，以爲根本之據，故其説由小推大，由九州以推於八十一州，以一生三，以三生九，小大雖殊，而名實不改。若衍者，可謂善於推廣經説，尤可謂能謹守師説。使四代六經之文已先紛更沿革，如後世史書改置郡縣，是自先亂其例，何以傳示百世，流法無窮？《易》「改邑不改井」，可知邑指京城，井指九州，謂四代建京雖不同，而九州不可改也。夫治經者貴通其意，帝王不相沿襲，制度典章在於潤色，固不必過拘成文，特其中有當隨時損益者，有百世不變者。今各行省分畫疆界，無一不與《禹貢》

符合，或乃惡其相似，必於經傳中多立異同，謂帝王古制必不能與今巧合，此以後世讀史之法讀經，而不明百世以俟聖人而不惑之義者也。

八行星繞日說 舊題資州隆鳳翔撰

說《尚書》者曰四岳四門、八伯賡歌；說《詩》者曰周召分陝而治；《左傳》云天子合諸侯，則伯帥侯牧以見於王，伯會諸侯，則侯帥伯、子、男以見於伯；《禮記》曰天子大國同姓謂之伯父，異姓謂之伯舅，次國同姓謂之叔父，異姓謂之叔舅；《周禮》云立牧設監；《公羊》云下無方伯，又於大國言伯討；《易》云公用享於天子。然則天子居王畿，八伯各主一州，群經之所同，非獨《王制》一篇之私言也。《傳》云黃帝畫井，建九州，九州亦如田制，一夫百畝，公田居中，八家同養公田，即拱衛神京之意也。經師相傳者多《禹貢》之制。鄒衍大九州之義本於《詩》、《易》師說，推之全球，由一州以至九州，由九州以至於八十一州，合而言之，仍一九州之制，乃經師之常言，非海客之異録。又博士之義，凡事推本於天，聖人法天而行，不敢以私意制作。然則大九州之義，果何法乎？曰：是亦法天爲之。《禮》云「大報天而主日」。按天無方體，以日主之。又日爲君象，《孟子》所謂「天無二日，民無二王」是也。以列宿比諸侯，所謂十二諸侯聚於王庭，此皆自古相傳，日爲天子，星比列辟之舊解也。按西人新著《八行星之一論》，大致先以太陽爲太空之心，日爲天心，京城爲地球之心，故《詩》心字多指京師而言。而八行星繞之。八行星皆繞日四游。《詩》言游言行，皆法行星。行星有六：一曰金，二曰水，三曰地，四曰火，五曰木，六曰土。月爲地球之小星，周圍地球，隨地而繞太陽。此皆中國儒先所早知，不僅西人言之也。西人近又測得二行星：曰天王，曰海王。八行星之小星如月者共計有二十，地球有一，海王有一，火星有二，木星有四，土星有八，天王星有四。此外各處小空星共計二百七十有一可查考等語。是日爲天子，八行星如八伯，各占一州，八行星離日遠近，各有軌道行度。向日繞行，即四正四隅分布八方以衛帝座也。其有升降遲留伏逆，即巡狩、朝覲往來之禮也。各行星又皆有小星圍繞，自爲一部屬。一州二百一十國，州牧統之，各有疆域也。行星尚多，不能計數，此四岳統四方要荒，蠻夷各附方岳，王者不治夷狄之説也。以大一統言之，將來中分天下，南北球以赤道爲限，赤道以北爲《易》之乾、坎、艮、震四陽卦之地，於全球爲中國焉。以北包東。赤道以南如《易》之巽、離、坤、兑四陰卦，於全球爲海邦焉。以南包西。北極爲坎，爲既濟；南極爲離，爲未濟。由北半球以化南半球，仍王者向南而治，開服南服，《詩》首二南之義也。以全球實地考之，則北半球陸多而水少，南半球陸少而水多。如南美、非與澳洲，不過僅得大九州三州之地，而北球則得六州焉，南北中分，而北得三分之二，北六而南三。《詩》云「淮有三洲」，淮在中國東南。海外東南之地，物從中國，《詩》即目之爲淮。此中外繙譯之例。《禹貢》荆州云「三邦底定」，亦此意也。考《易》雖以四陰卦屬南，周西南不建州，調坤居中，爲黃裳。徐與魯同度，三女所占之地爲夷狄者，實只荆揚梁三州，仍是北六州而南三州也。考周、召分陜之制，周占東南四州，召占西北四州。周統青、徐、荆、揚爲一内三外，召統梁、雍、兖、冀爲三内一外，聖賢勞逸之説所由起也。將來大一統，二伯分陜，以非、澳屬周，美屬召，由小推大，又一定之勢也。所有未連五大洲零星各島，則如《尚書》之外十二州，各屬於本方方岳之下，以備柴望，可知也。蓋畫井之制，起於方里而井由，井田擴之爲九州，爲《禹貢》之五服，再由《禹貢》擴之，即爲騶衍之大九州，莊子所謂六合之内者是也。再由地球以推太陽各行星，即莊子所謂六合之外者是也。以方輿言，小莫小於《春秋》，《尚書》次之，《詩》爲大，《易》尤大。《易》之言天地陰陽消長，游心六合之外，莊子所謂乘雲御風，即八行星繞日之説也。今合小大，綜天人，統古今，而一以貫之，在今日固託之空談，將來必徵諸實事。如以荒唐譏之，亦不敢多辨也。

《周禮》師説多祖《易》《詩》微言考 舊題資中駱成驍譔

《周禮》九畿、五等封建之制，自來解者皆以爲與《禹貢》異。今讀《四益經話》卷三，明文顯證，乃曲折與《禹貢》原文相合，則《周禮》經文自是經傳遺説，非劉歆有所改竄矣。惟賈、鄭萬國、萬里諸説，不惟與六經經傳不合，求之《周禮》本義，實亦難通。以「建國」一條言之，《司徒》云諸公之地封疆方五百里，其食者半；諸侯之地封疆方四百里，其食者參之一；諸伯之地封疆方三百里，其食者參之一；諸子之地封疆方二百里，其食者四之一；諸男之地封疆方百里，其食者四之一。此五等封疆本指五長之閒田而言，封疆者，指外諸侯，食者指王臣也。千乘之國，以開方計之，得方三百一十六里，班書《刑法志》已有明文。《史》、《漢》皆言魯衛封地方四百里。《管子》云齊國方三百一十六里。《明堂位》有魯地方七百里、革車千乘之文。案：千乘乃十同所出，開方實得三百一十六里。而《史》、《漢》所言四百者，舉成數而言。《明堂位》之方七百里，以下文革車千乘計之，七當爲四，與《史》、《漢》無異，七、四二字，音近而誤。若果爲方七百里，實得天子王畿方千里之半，當出車五千乘，不可僅言千乘矣。《明堂位》、《管子》、《史記》皆在劉歆之前，又孔孟屢言千乘之國，千乘必方三百餘里，舉成數則可稱爲方四百里。四百既爲經説方伯之封，則上下之五百、三百、二百、百里皆可由此而推。是二伯得五百，州牧得四百，卒正得三百，連帥得二百，屬長得百里。五長尊卑有此等差，約舉五等閒田成數，不得不有此次第。所以《左傳》有魯賦六百乘、邾賦四百乘之文。然《孟子》言萬乘之國、千乘之家，是三公亦以千數爲斷，數不加多於方伯。《周禮》原文以三公在州牧之上，故言五百里以優於方伯，不必以爲實數。又云封疆方五百里，其食者半，是內諸侯爵尊而禄少，以用費内省而外繁也。如在内之二伯，不必指爲五百實數矣。考之《職方》，「凡邦國千里」以五、四、三、二、一百云云一節四十三字作爲實數，則不論内外虚實，説最難通，久成聚訟。及考《逸周書·職方》篇，文與《周禮》全同，獨無此四十三字。班書《藝文志》有《周禮説》

四篇，今其書不傳，疑《職方》所多四十三字實爲師説之文，先師附入，誤爲正文，決非原文所有。賈、鄭立説，以《周禮》爲主，故凡與《周禮》異者，皆指爲虞、夏、殷之制，説《周禮》自成一家可也。乃實考之，與《詩》、《書》、《春秋》之言周制已不合，與《左傳》、《國語》時人自言周制者又大相徑庭，是并非周制明矣。故朱子疑爲周公草創未行舊稿，鄭君《職方》注以方七千里爲九州，七七四十九方千里，王居得千里，其餘八州各得方千里者六，六八四十八，合邦畿爲四十九。説者謂鄭君以戰國七雄説經，最爲怪誕，一牧之地，大於天子五倍，其失易見，豈不自知其非？特邦畿千里，礙於經有明文耳。況九州文在《職方》，可以覆按，每州安得有千里者六乎？此解説爲經之累，非《周禮》之過也。或曰：《禹貢》五千里之制，固有明文；然《爾雅》九州外有四荒、四極；《淮南子·地形訓》九州外有八殯，亦方千里；八殯之外而有八紘，亦方千里；八紘之外乃有八極；其餘子緯百家言廣輪者，皆不以五千里爲限，古學家實陰用其義，附於《周禮》，皆有依據，非由意造；又《周禮》通行近二千年，入人已深，不能更革，又言不虚作，將何所取裁？曰：《爾雅》之四荒、四極，《淮南子》之八紘、八極，與騶衍之談天，皆爲《易》、《詩》海外九州、帝道大一統之舊義，爲經學之微旨。以證《春秋》、《夏書》與小一統之經，則不免方枘圓鑿；以説大一統之義，所有宏綱巨領，正可藉《周禮》爲嚆矢矣。蓋六藝中本有大統、小統二派。顓頊以後德不及遠，博士經師囿於見聞，專述禹州。如《公羊傳》以大一統解「春王正月」，而篇中版宇止言王者王三千里，天下諸侯一千七百國。《詩》、《禮》各家莫不同然，而其軼聞往往見於他書，如騶衍、《爾雅》、《淮南》，其明著者也。諸儒生今學將衰之後，病其謹小，不滿經義之量，因《周禮》新出，遂博采異聞，欲求相勝，乃收殘拾墜，以復舊觀，其致力甚勤也。但孔子法帝法王，本有二派。先師以《禹貢》偏解群經，與浮海居夷、莫不尊親，殊爲不合。而古學家不知大一統之制，由小而推，《春秋》制度專詳禹州，乃以廣大之説强附内制，變五服爲九畿，改五千爲萬里，方枘圓鑿，未免貽譏耳。以騶衍之法推之將來，合《禹貢》九州爲王畿，於五大洲分建八伯，王畿世禄，八州封建，畿内三公如采地方百里，未免不足。而海外八州，每州約方廣爲六千里，現在各國都鄙星羅棋布，將來雖大一統，亦不能過於削奪。每州所建之牧，即使方五百里，亦殊嫌其小。小統方千里爲州，大統方五六千里爲州，兩相比較，其大出於十倍以上，或二三十倍不等。姑以十倍推之，則州牧所封，當爲三百一十六里，爲千乘閒田，十倍當爲萬乘，開方當爲千里，爲萬乘，得大統王畿方三千六百里十分之一，截長補短，由此而推。春秋之世，未當其時，經傳如確鑿言之，無徵不信，不免與騶衍同譏荒誕，故僅就目見實行之禹州立王畿，建八伯，設十二牧以爲標準，化小爲大，加以十倍之法，即可推行騶衍之説，由九州以推八十一州。《周禮》古説雖不合於古，而合於今；雖不合於《春秋》、《尚書》，可取方於《詩》、《易》，所謂萬國萬里、九畿五百里封建者，求之《禹貢》則嫌其有餘，求之於全球則反嫌其不足。故曰：古《周禮》之説者，大一統之嚆矢也。論者因其與《周禮》不合，謂皮之不存，毛將安附？今欲廣大一統之義，取騶衍之説以爲綱領，即録其説以爲節目，發明大統全球制度，雖未足以盡其量，古義廢墜，存者無多，披沙檢金，往往見寶，固説大一統不可廢之書也。

《百年一覺》書後　舊題内江古德欽譔

《公羊》於「春王正月」云「大一統」，「獲麟」云「末不亦樂乎後之堯舜之知君子」。蓋於始終見帝道大一統之義，所以推廣《春秋》之道也。考六經中分，《易》、《詩》、《樂》專言大統，而《周禮》附之；《春秋》以八州分中外，《尚書》則以四海爲限。《詩》言海外，《易》則言天地星辰，《樂》則附《詩》，《禮》則附《書》。考《中庸》「舟車」一節，爲海外九州之確證。觀孔子所論《五帝德》，言五帝德化所及，日月所照，風雨所至，如天如神云云，文與《中庸》相似，此孔子論定之文也。他如《春秋命曆序》云，神農始立地形，甄度四海遠近，山川林藪所至，東西九十萬里，南北八十二萬里。以西人所繪輿圖計之，環球九萬里，只得十分之一。蓋由赤道以至冰海，又爲九度，合南北，二九當爲百八十萬，今云九十萬里者，赤道兩極由中折半，得九十萬里之積方也。南北少八萬者，地非正圓也。《帝王世紀》云：神農以前有柱州、梧州、神州等州。黄帝以來德不及遠，只治神州。考董子有皇帝王黜陟之説，博士以堯舜爲帝，伏羲、神農爲皇者，就周制立説也。《左傳》、《月令》以伏羲、神農、黄帝、少昊、共工、顓頊爲五帝者，就舜言之也。孔子論定五帝，大九州，非謂小九州。孔子以《禹貢》九州爲行事，騶衍九州爲空言。《春秋》就九州分中外，所謂寓之空言不如見之行事深切著明者也。若三王爲小統，則不必别求新説。《禹貢》地理專書，畫野分州，不出亞洲之半，較衍説孰大孰小，此何待辨。無已，請更徵之《禮記》。《禮運》引孔子曰：「大道之行也，天下爲公，選賢與能，講信修睦，故人不獨親其親，不獨子其子，使老有所終，壯有所用，幼有所長，矜寡孤獨廢疾者皆有所養，男有分，女有歸。貨惡其棄於地也，不必藏於己；力惡其不出於身也，不必爲己。是故謀閉而不興，盜竊亂賊而不作，故外户而不閉，是謂大同。今大道既隱，天下爲家，各親其親，各子其子，貨力爲己，大人世及以爲禮，城郭溝池以爲固，禮義以爲紀，以正君臣，以篤父子，以睦兄弟，以和夫婦，以設制度，以立田里，以賢勇智，以功爲己，故謀用是作，而兵由此起，禹、湯、文、武、成王、周公由此其選也。此六君子者，未有不謹於禮者也。以著其義，以考其信，著有過，刑仁講讓，示民有常，如有不由此者，在埶者去，衆以爲殃。是謂小康。」據此一段，則五帝、三王顯有區别。且大同、小康，明以小康爲三王，則大同之爲五帝，固一定而不移矣。統之小義，《春秋》、《尚書》，由秦漢至今，載記班班可考。而大同之説則甚略，歷來經師皆以不解解之，惟道家者流專祖此派。莊、老之書，祖述帝道，與《禮運》大同相合。近時美人所著《百年一覺》，蓋將欲改之法度及將來之成效，託之睡覺，雖爲彼教而言，頗合經説，蓋亦竊襲經義以爲文飾彼教之故智也。如謂教習及專門者，如律師大夫傳教等事，俟至三十五歲時始準出而爲之，故凡任事者皆老成練達之材，此選賢與能之説也。又謂昔人犯罪之多，一由窮民饑寒，始爲盜，一由貪婪不堪，因而争鬬。今土地貨物銀錢均歸國家辦理，人皆衣食充足，無窮苦不堪之狀，貪婪之人亦無所得罪，此謀閉不興、盜竊亂賊不作之説也。又謂一切事宜雖歸官辦，而自以相生相愛之意待之，即有暴虐，立即换任撤去，此講信修睦之説也。又謂前之貨物，某家賤則賣某家，今賣本國何價，賣外國亦何價；從前自製貨物，費工甚多，今國家所用之物，皆由製造廠以機器爲之，故從前分利人多，今則生利人多，此貨惡棄地不必藏己、力惡不出身不必爲己之説也。其他若自幼至二十一皆在學讀書之日，則爲少有所長之説。自二十一歲至四十五皆作官作工之日，則爲壯有所用之説。過四十五歲，非極有事之秋，皆安閒養老之日，則爲老有所終之説。養老之資及幼童讀書之費，皆出於國，則爲不獨親親子子之説。彼蓋惟就生養富庶一門追摹景象，不知飽食煖衣，聖人之憂方長，惜其僅得聖人富民司空之一端，而於司馬、司徒之職少所究心，終亦徒託虚冥，難收實效。苟能用其意，再以倫理補之，斯乃完書，可徵實用。若夫天生孔子，因革損益，可以前知，故《論語》曰：「其或繼周者，雖百世可知。」按儒家以三十年爲一世，百世即三千年，自孔子距今已二千五六百年，是由貧困至小康，由小康至大同，後世之事，孔子先已知之，其言「百世以俟聖人而不惑」者，蓋即《公羊》所謂後之堯舜用帝道而成大一統也。或謂大小之云，子言既辨，然帝王界限，分别必嚴，苟不深究其故，未必不混帝王於一是也。謹按《論語》曰：「博施濟衆，堯舜猶難。」難者非難於施濟，難於博與衆耳。蓋堯舜居大一統之末，其國勢已日趨於小，雖聖神敷布，日以拯救爲心，然盛衰迭倚，道有循環，極邊人民，未瞻雲日，天所以限帝王之運，雖聖人亦無可如何也。又九州、十二州皆載於《書》，而騶衍談瀛海，獨以中國乃八十一分之一，不得爲州數。然則《論語》之説見帝運之終，騶衍之説見王道之始。以外埃及古刻類乎蟲書，南美碑記勒自華民，可爲大一統之證。諸子百家言五帝官天下，言三王家天下，及帝升王降，三王德衰諸説，可爲小一統之證。如此等類，殊難僕數。但孔子修《易》、《詩》、《孝經》，以待驗於大同之世，餘若《書》、《禮》、《春秋》，皆爲小康言之。《書》三王爲主，始於堯舜溯其源，終於二伯理其流，《春秋》言伯，隱、桓猶有王，定、哀則爲戰國之濫觴。皇帝之事，《史記》以爲不雅馴。史公處小康之世，故以大同爲不雅馴。若目覩大同景象，又安知不雅馴者不盡爲尋常之事乎？譬如五十年來前，有人言西人驅使風雷，變化草木，縱耳聾舌敝，其誰信之？於以歎人非至誠，殊難前知也。或又謂大一統降爲小一統，證諸經傳，既有明徵，若由小康以臻大同，西人雖著其説，而孔子未言之，於此無説，人愈滋疑。曰：孔子固言之屢矣，《易》、《詩》微言，引不勝引，姑以《禮運》證之。《禮運》有曰：「大道之行也，與三代之英，丘未之逮也。」按：逮，及也。人壽不過百年，孔子生於成周，去大同之世甚遠，故曰未逮。又騶衍言五德之運，與天地相終始。太史公言王之道猶循環。運也，道也，既新故交乘，小大之統復何疑哉！

《易》説　舊題廖師慎撰

《易》之生數以三爲定，所謂乾三男、坤三女，長、中、少是也。如乾生姤、同人、履爲三男。姤初復乾，二成遯，三成訟；　同人初成遯，二復乾，三成无妄；　履初成訟，二成无妄，三復乾：　爲九孫。餘卦仿此。由三生九，故八卦生二十四子，七十二孫。考騶子以大九州分爲九九八十一州，此合王畿中一州數之也。内九州，外七十二州，合爲八十一。《説卦》八卦方位，即八州八伯，合其孫爲七十二，即八九之數，而王者居中不數也。考《王制》一州三監，合八州得二十四監，則大九州之制。八大州必立二十四大監以統之，所有九州乃應九孫也。故《易本命》之一生三、三生九、九九八十一，與《太玄》之三方、九州、二十七部、八十一家，皆與騶子之説合，則其説實由《易》出可知。《易》有別、和之分，俗所云老父母、少父母也。六十四卦分居上下經，中外交涉，以此爲大例。自其説失傳，海外九州之義，説《易》者未之詳也。今爲推考，以著於編，願與學者共明其大義焉。

八卦分中外九有圖

別卦八父母二十四子表

和卦八父母二十四子表

上經皇帝王伯升降循環説例

下經三易二伯八伯四輔兩京説例

八卦分中外九有圖

艮　震　巽

坎　坤　離

乾　兑

乾統三男，爲中國；坤統三女，爲外國。《春秋》三傳，以乾、坎、艮、震四州爲中國，三女所屬者爲夷狄。《詩經》國風皆在内州，三女之地目爲二南。

按：《説卦》坤在西南，《禹貢》西南不置州，州有九，卦只四。考《論語》，少師襄同入於海，徐、揚二州在荆南，是以巽統徐、揚二州，移坤於内，主中州。坤爲土居中，與乾相對，爲二京。三男爲内，三女爲外。乾主東北，三女主西南。西南得朋，東北喪朋，中外之分也。坤主中州，然三女之長，故以夷狄外州、西南兩岳屬之。

按：以大一統之法言之，則由赤道中分南北球。北半球爲四陽卦，南半球爲四陰卦。所有四岳，由中華推之自得。又《易》有《説卦》，以乾居西北，專就中都雍州、東西通畿而言。至於魯、商兩頌，則以青州爲留都。乾當移震位，震當移乾位，即《詩》「顛倒衣裳」也。《易》爲大一統立制，言「帝出乎震」，聖教由東而西，故乾卦取象於龍，東方蒼龍。既濟言「高宗伐鬼方」。按上下經之分，上經專言中國，下經專言全球，五洲各國。上經由天地開闢、黄帝、堯舜，至《商頌》而止。

易別卦八父母二十四子表

	乾	坤	震	巽	坎	離	艮	兑
長	姤	復	豫	小畜	節	旅	賁	困
中	同人	師	歸妹	漸	比	大有	蠱	隨
少	履	謙	豐	渙	井	噬嗑	剥	夬

《繫辭》：「天尊地卑，乾坤定矣。卑高以陳，貴賤位矣。動靜有常，剛柔斷矣。方以類聚，物以群分，吉凶生矣。在天成象，在地成形，變化見矣。」

《樂記》：「天尊地卑，君臣定矣。卑高以陳，貴賤位矣。動靜有常，小大殊矣。方以類聚，物以群分，則性命不同矣。在天成象，在地成形，如此，則禮者天地之別也。」

按：上下經之分，以分別、和二類爲主。上經三十卦，別十八，和十二。下經三十四，別十四，和二十。蓋上經以乾坤爲主，以別卦爲中國，故別卦多在上經。下經以否、泰爲主，如外服，故和卦多在下經。以上下經往來言之，泰否在上經，如蠻夷大長來朝中國。外十子卦，如今外洋使臣。別卦之震、艮、巽、兑在下經，如周、召代天巡狩。其餘十卦，又如王臣爲監，監於各國。二類卦分居上下經，大略如此。

易和卦八父母二十四子表

	長	中	少
泰	升	明夷	臨
否	无妄	訟	遯

恒　大壯　小過　解
益　觀　中孚　家人
既濟　蹇　需　屯
未濟　睽　晉　鼎
損　蒙　頤　大畜
咸　革　大過　萃

《繫辭》：「是故剛柔相摩，八卦相盪，鼓之以雷霆，潤之以風雨，日月運行，一寒一暑。」

《樂記》：「地氣上齊，天氣下降，陰陽相摩，天地相盪，鼓之以雷霆，奮之以風雨，動之以四時，煖之以日月，而百化興焉。如此，則樂者，天地之和也。」

按：《繫辭》乾生三男，坤生三女，是生卦之法，以三爲斷，乾坤八卦爲別卦父母，否泰八卦爲和卦父母，合之十六卦，共生四十八子，中分之，則各得其半，各八父母，二十四男女。又《繫辭》二類卦分别之説，文義未能詳。今以《樂記》補證之，其義自顯。别卦内三爻變生三子，取三變爻合之外爻，即爲和卦。和卦内三爻變生三子，取三變爻合之外爻，即爲别卦，彼此往來，循環無端。如乾内三爻變三女爲坤，加以外卦成否，否内三爻變三男爲乾，加以外卦，乾即爲純乾。餘皆此例。

上經皇帝王伯升降循環説例

乾　三子唯「姤」見下經

坤　三子皆見上經

以上爲天地闢。案《傳》云：「黄帝、堯、舜垂衣裳而天下治，蓋取諸乾坤。」則又爲五帝之卦。騶衍大一統本於黄帝是也。今專論别、和二義，餘不旁及。泰否應此。

屯　既濟少子

蒙　損長子

合下四卦爲和，近於夷，又爲大一統，傳所謂天造草昧，如三皇之世。此下八卦爲皇帝王伯，二卦爲一世。

需　既濟中子

訟　否中子

二卦爲五帝，乾坤後繼以既濟之中少二局。既濟在下經末，此始終之義。以上四卦爲和，與无妄後四卦相同。

師　坤中子

比　坎中子

二卦爲三王，即《莊子》所謂二帝三王。王爲小統，故爲別卦。

小畜　巽長子

履　乾少子

以上爲周公，荀子所謂大儒。小畜，周公監夏；履，周公監殷。周公爲伯，皇帝王伯，周公終之，故《公羊傳》引周公爲説。小畜與大畜對，小爲小一統，大爲大一統。以上八卦，四和四別，爲作者七人。初爲大統，後爲小統，故以小畜終之。

泰　乾之和、坤之別爲泰。

否　乾之別、坤之和爲否。

二卦爲和，於上經爲客，升於上經，來附中國也。別卦以外爲主，和卦以内爲主，二卦爲中外交通。和卦之主附於乾坤而見，故上經見別和之主，下經則不見矣。

同人　乾中子

大有　離中子

二卦爲《商頌》，法天而王，以丑爲正，合二卦名爲大同。有讀爲友，《禮》所謂「天下一家、中國一人」也。以下爲大一統用帝道，故大有首之，以明其義。以大有始，大畜終，所謂後之堯舜也。全經義例，大約以小爲中國，以大爲大統，例有正變，言不一端，姑發其例，不加詳説。

謙　坤少子

豫　震長子

二卦爲《魯頌》，用夏道，法人而王，以寅爲正。《韓詩外傳》、《易緯》皆以謙卦説「周公不富」句，與泰同。豫卦「諸侯作樂」，「不終日」，「七年反政」，「朋從盍簪」，朝諸侯於東都，《王會解》是也。以上爲《莊子》玄聖、素王。

隨　兑中子

蠱　艮中子

二卦爲《周頌》，法地而王，以子爲正。服牛乘馬，西山，金德，法殷。拘係從維，即白駒縶之維之也。幹蠱，先甲，後甲，法夏，又武王大孝。以上爲三《頌》，以下爲四代。董子言：天將授文王，主地，法文而王，祖錫姓以爲姬氏。

臨　泰少子

觀　益長子

二卦爲和，爲賓，爲外藩。行人來，如《春秋》朝覲會同，自天子目之爲臨，知臨大君之宜，即《中庸》「足以有臨」也。諸侯朝覲爲觀，「觀光」、「用賓于王」是也。此二卦如泰、否，爲中外來往之卦，不入統數。

噬嗑　離少子

賁　艮長子

此爲殷統，商書。乾金，以金德王，用獄，金矢，黄金，皆白統。二卦以離爲主，「向明而治」，即二南之義。舍車而徒，如《論語》之「不可徒行」。白馬、丘園、白賁，即《詩》「干旄」、「素絲」。

董子言：天將授湯，主天，法質而王，祖錫姓以爲子氏。

剥　艮少子

復　坤長子

此爲夏統，禹書。二卦以坤爲主，即《洪範》皇極，王者居中而治。又剥爲入，復爲出，取覆載之義。

董子言：天將授禹，主地，法夏而王，祖錫姓以爲姒氏。

无妄　否長子　應師、比

大畜　損少子　應需、小畜

終以大畜，與小畜相對，此爲五帝帝王之道，終而復始。大畜之終，即屯、蒙之始，用帝道，利涉大川，大一統。

董子言：天將授舜，主天，法商而王，祖錫姓以爲姚氏。

无妄以下四卦，與屯、蒙、需、訟四卦同，一在乾、坤後，一在坎、離先。乾、坤之後四卦，天造草昧，質勝於文，此四卦則中外一統，夷而合於中國矣。

中國四岳四卦

頤　損中子　應訟

大過　恒中子

五不可涉大川，上利涉大川，中外交通，中男中女。以上七卦皆震艮相綜，爲二男，惟此爲二女。《論語》「假我數年，五十以學易，可以無大過矣」，即説此二卦之義。頤爲口，反復不變。頤與易同音，卦中顛拂，即所謂易也。頤主東，即東周之義。以二男之損、益，救二女之咸、恒，則可以合中，無大過矣。損、益所統八卦，皆有長少女，此八卦七有長少男，惟大過錯體乃無之。損、益所統四亨四貞錯見，此亦四亨四貞，特分見而已。頤二男並見，仍爲八卦。

坎　月也，北也。

離 日也，南也。

此四卦與下經中孚、小過、既濟、未濟同。此爲中國四岳，下經爲大九州四岳。坎爲男，離爲女。然離爲日，爲南，爲乾之變，爲火，親上。坎爲月，爲北，爲坤之變，爲水，親下。以坤加於天上，非乾坤定位之義。案《易》有順逆兩行，竊以坎、離當逆行，説之以二卦爲首。

下經三易二伯八伯四輔兩京説例

前三十卦分三易，即《周禮》「三易」舊義，《公羊》三世例。咸、恒、損、益爲父母，統八卦，如《尚書》羲和統八卦也。三十卦各爲界，咸、恒所屬八卦皆和，所謂先進野人。海外三百年前未通中國之世，損益所屬八卦，四別四和，所謂内資其形器，外漸其教化，彼此相持，未合一之世。震巽十卦全爲别，則全球悉遵聖教，大一統數百年後之世也。和四父母分居二世，别四父母同居一世，和二公，别四輔。十卦有四父母，餘六卦則又二京四岳之制。如《詩》有四岳，又檜、曹起兩京，故爲六。田制古有一易、再易、三易之説。董子亦云不易、再而復、三而復。疑三易即指此例。説家誤以别爲三書，其義雖難定，然下經之三世，三易則爲確説也。

傳聞世十卦 此十卦爲不易。

所統八卦皆和，此如中外未通之時。

咸 爲和，爲亨，爲庸，爲樂。「鼓之以雷霆」一節是也。山澤親下，南半球。

恒 爲别，爲貞，爲中，爲禮。「天地定位」一節是也。風雷親上，北半球。

咸爲變動，如外洲之製器，政事改舊從新。恒爲恒久，如外洲之教，堅持自是。

二卦爲父母，統八卦。二卦如《詩》之周、召，下之八卦如八伯也。二伯以南北，分東西不可爲界矣。中分東西，夷分南北。

遯 否少子

音同屯，豚也，配姤。遯爲少，以姤之長配之合中。

大壯 恒長子

夬，牂也，配夬。夬五變壯，壯五變夬，壯長夬少，配之合中。

晉 未濟中子

晉其角，康侯①錫馬。晉否外中，配萃否外少。

明夷　泰中子

南洋北向日，明夷、泰，内中；配升、泰，外長。

按此二卦與二濟相似。二濟爲南北，此爲東西。蓋離南坎北，中國之方位也。以全球言之，則當爲既濟北，未濟南。若既濟之上坎下離，即上經之坎離，由北向南而治之事。而南半球之國，則皆以北爲陽，以南爲陰，《爾雅》所云北户。故二濟南北相向，離在中，赤道也，南北各有一坎，即南北冰海也。若晉與明夷，則以東西二球而言，晝夜循環。在東爲晉，在西即爲明夷；在西爲晉，在東即爲明夷。四卦二爲東西，二爲南北。以上四卦，天與地錯，以中女化二男，以天地爲主，上經之乾坤也。乾、坤爲定位，如貞下坎、離合中爲亨下損、益八卦。同一類中，又自分細節。

家人　益少子

北半球，近王畿。

睽　未濟長子

家人與解倒錯，睽與蹇倒錯。

---

① 侯：原作「位」，據《易·晉卦》改。

二卦以離統二女，與革、鼎同。益少，以澤長，困配。未濟長，以坎少，井配。

蹇　既濟長子

利西南，不利東北，言來往，如仲山甫。

解　恒少子

利西南。　睽又與解倒錯，家人與蹇倒錯。

此八卦初世，如《春秋》之傳聞，或咸或恒，任情直行，爲過不及，須損益乃合中。以上四卦以火水爲主，上經之終坎離也。以上二伯、八伯皆亨卦，純夷八卦，皆有不衰之一體。首二天，三四地，五六天，七八水，首尾四卦爲長男少男，三四屬十卦之中，爲中女，豐長女，澤少女。以上二男八牧，純乎《國風》之「十畝」、「五兩」，《南山有臺》「十有」同。乾、坤、坎、離，中者入中國，四長少入外。此爲春秋太平之世，天下和平，從内至外，溥天之下，皆爲中國，所謂大一統。

所聞世十卦　此十卦爲再而易。

案：上經六父母卦，下經則十父母卦。上經之乾、坤、坎、離以單爲雙，仍爲五卦，則上、下兩經父母卦皆十數，合之亦爲十朋之龜。

損

益　長少合中行，過猶不及。《論語》「所損益可知」、「狂狷不知所裁」。損、益之卦，先中國文字之學。得臣無家，利涉大川。

夬　兑少子　對遯　夬，小羊也。

姤　乾長子　對大壯

包魚，杞包瓜。有隕自天，姤其角。二卦乾初上。

萃　咸少子

王假有廟，利見大人。大牲，禴，萃有位。

升　泰長子

用見大人，南征禴升階。二卦泰初否上。

以上四卦以天地爲主。上經之首乾坤也，四卦别和相比，夬乾兑，姤乾巽，萃坤兑，升坤巽。

困　兑長子

大人吉，五服九錫，葛藟，禮酒食，祭祀朱紱，覲金車。

井　坎少子

封建，皇極，食汲，受福。二卦坎三四。

革　咸長子

故大人虎豹變，革面，三就改命。

鼎　未濟少子

新作，新民，黄耳，金鉉，玉鉉。

以上四卦，以坎離爲主，上經之終坎離也。二伯八伯，四亨四貞，即四中四外，同夏八鑾，以中小過中國算亦十六卦，外卦十六，中卦四，合下共十四卦。八卦皆以澤風配四純卦、四中卦。前四卦又爲定位，後四卦又爲通氣也。中世如《春秋》之所聞。宗澤案：此節疑有脱誤。

以下十四卦不見乾坤，四見中男中女。兩濟、豐、旅以中化長，如涣、節八長，少男長，少女分見震、艮、巽、兑。中男女帶見豐、旅、節、涣。男女錯見二，漸、歸妹。男女合見二，中孚、小過。長爲過，小爲不及。

所見世十卦此十卦爲三而易，即所謂三易也。

震

帝出乎震，來往，言笑啞啞，純爲中國大一統，帝道。按恒、益皆取震，此變恒爲震。

艮

終乎艮，長之反爲少，少之反爲長，剛極柔，柔極剛，合中之道，損取艮，此損變艮。

漸　巽中子

漸以爲之、東漸于海、鴻公陵、九陵。

歸妹　震中子

帝乙交通長少四卦，包長少則合中矣。震、艮、巽、兑此四卦爲中，與上經隨、蠱同。

豐　震少子

旅　離長子

王假之宜，日中來章，遇夷主射雉，雉離于羅，火統二男，本乎天者親上。

巽

利見大人，進退武人。按：益取巽，此變益爲巽，以合中道。

兑

咸取兑，此咸變爲兑，用夏變夷也。

涣　巽少子

節　坎長子

焕有文章，王居不出户庭，水統二女，本乎地者統下。

大統四岳四卦

中孚　損、益之所生，東岳。中者中國也。孚即桴，以巽爲主，爲巽在東，中國固震旦也。

小過　咸、恒之所生，西岳。二卦主東、西。小過者小統之人，到外州與大過相對成文。

既濟　北岳。坎月也。高宗伐鬼方，三年，東西鄰，曳輪。

未濟　南岳。離日也。君子之光，震用伐鬼方，三世爲三年，利涉大川。

以上四卦與頤、大過、坎、離同爲四岳，此爲大統四岳。

書《出使四國日記》論大九州後 舊題威遠胡翼譔

海外九州之説，自古以爲不經。光緒庚寅，薛叔耘副憲出使英法義比四國，舟中無事，據西人所定五洲大勢，分而爲九，分亞爲三，南北美爲二，南北非爲二，合以歐、澳，則爲九州。以合鄒衍之説。又謂《禹貢》九州不出今之十八行省，若閩、粤、黔省，《禹貢》並無其山川，由是援古證今，分疆計里，確言儒者所謂中國乃八十一分居其一分之故，按：一分當爲九分，字之誤。爲談地球者增一新解，識誠偉矣。然薛君雖能填實衍説，而不知其説所由來，以爲古人本有此説，鄒子從而推闡之，所謂古人，究生何代？所謂推闡，究本何書？羌無佐證，讀之歉焉。或謂齊居海邦，商舶來往，衍之所聞，蓋得於此。竊五大洲之説，自明末泰西人航海探測，窮極智巧，雖能定體質，别寒温，舉島名，數方里，一一徵諸實事，然當耶蘇未生以前，陸無輪車，水無輪船，推考大地，何遽至此？縱海客閒談，亦只能就附近中國一島一國言之，安能包舉宇内，有如此絶大見解？且西人所繪輿圖，只分爲五，不分爲九，更無所謂八十一州之説。今日西人不能言者，而謂二千年前能之乎？説亦無徵，不足爲據。案馬遷鄒子附傳曰：「必先考小物，推而大之，至於無垠」云云，綜覽古今，考索中外，始悟其所言乃七十子之微言，即《周禮》之九畿與《淮南·地形》之九州、八殥、八紘、八極也。同學已有專篇，不詳言之。蓋六藝之學傳於齊魯，衍游學齊國，與公羊高、子沈子、子女子相先後。考緯書，中國古先傳説與泰西相同者，如《書考靈曜》云地恒動不止，而人不知，《春秋元命苞》云地右轉以迎天，及《莊》、《列》諸古籍，不一而足。衍説本于《周禮》，其證不僅《淮南·地形訓》已也。惟《周禮》只言畿服，不言三畿以外專指海邦，即所謂八殥、八紘、八極。後人專就中國言九畿，所以致誤耳。案衍實由禹州起推，以中國爲一九，亦如《昏義》由九卿以推八十一元士，由九嬪以推八十一御妻。董子《官制象天篇》四選輔三之法，尤爲詳備。揚子《太玄經》準《易》乾坤生六子與大統曆法，創爲三方、九州、二十七部、八十一家。則九九之説雖出九畿，而《易》實包之。聖人居中，臨馭四方，《孟子》云「天無二日，民無二王」，又云「天下惡乎定？定於一」。所謂一者，即八十一州之一，非謂九州之一也。今《公羊傳》文所謂大一統者，乃借用《易》、《詩》之説。《春秋》所言，僅就九州分南北中外，爲小統之極。《禹貢》就四海爲界，衍所謂小州九，不得爲州數，可謂之一統。以一統八，不可謂之大一統以一統八十也。《公羊》大一統，蓋祖九畿立説。齊學《易》、《詩》二家古有此説，皆出於經。《周禮》以之説九畿，鄒子以之談瀛海，名異實同。又《易》與《詩》凡小大字，皆由此起例。如小畜大畜、小過大過、小康大康、小國大國、小球大球、小共大共，小者爲小九州，大者爲大九州。每以小加大者，由中以及外，非以小加大，顛倒尊卑之比。知衍説之出於大一統，則《禹貢》九州之爲小一統明矣。且周天三百六十度，今地球度數由中起點，四面皆九，四九合爲三百六十，與衍説亦同。但由漢至今，説九畿者皆囿于中土，自瀛海五洲之論出，儒者震而驚之，以爲《禹貢》彈丸，未能囊括四海，聖經幅員，未能包舉六合，海外諸邦，既不在六藝疆宇之内，雖同此覆載，同此照墜，固不妨各尊所聞，各行所知。所有疆域，惟此區區五千里乃在聖人胞與之中，海邦不必自外，聖人已先外之。將來有大一統之日，中國縱不改孔子教，《中庸》所謂「凡有血氣，莫不尊親」，必無其事。豈六藝之教，有時而窮，聲名洋溢蠻貊，竟成虚語哉？《論語》「十世可知」，可推極於百世，今當其時矣。故凡所謂浮海居夷，禮失求野，失官學夷諸説，海内通人皆知爲今日之天下言，不爲春秋之天下言。然則因革損益，將於何寓之乎？謹案孔子所修六經，鬮分二門：有志有行，有空言，有行事，有法皇帝，有法王伯。何謂行事？據春秋以下天下言，即《禹貢》土地、人物立説。所謂見之行事深切著明者，《書》、《禮》、《春秋》是也。何謂空言？就五帝及百世以後之天下立説，所謂因革損益，百世以俟聖人而不惑者，《易》、《詩》、《樂》是也。故行事之《書》、《禮》、《春秋》，分疆畫界不出禹州，縱時露新意，如《禹貢》「聲教訖四海」有開通五洲之意，「四海會同」有五洲歸化之意，旨甚藴藉，鉤索殊難。惟《易》、《詩》言無方體，託興遥深，凡新作之典章，與百代之制度，出以微言，託之占詠，無不昭然可考。如《易》之「中孚」，即《論語》之「乘桴」；案：桴同孚，加木乃晚近字。「大川」、「利涉」，即《論語》之浮海；「鬼方」即指島邦。上經言天地開闢，古今皇帝王伯治統；下經言三世三易，大九州五長往來巡覲，證據昭然，今日方顯也。若《詩》大九州之事，尤爲明備。《周頌》河岳僅據禹州，猶《書》、《禮》、《春秋》之意。至於《魯頌》言海邦、言大東，所謂遂荒者，由中及外，古書之四荒也。既言「纘大王之緒」，又言「纘禹之緒」。「纘大王之緒」爲化家爲國，「纘禹之緒」非化小九州爲大九州乎？大一統之大，大東爲之起例矣。《商頌》則將來之大一統，以中國爲皇極，居中統制四方。所謂「設都於禹之績」也。美爲東岳，歐爲西岳，澳爲南岳，俄爲北岳。臣服萬國，開拓五洲，聖經規模，始無遺義，故全《詩》不言四海，惟《商頌》言之。按水中可居曰洲，四海非即九州外之大瀛海乎？《長發》云：「禹敷下土方，外大國是疆。」曰外，非禹州之外乎？曰外大國，非今之歐美各國乎？而其明證，尤莫如「九有有截」、「海外有截」二句。按《商頌》九圍、九有皆指九州，「有截」二「有」字當讀爲「又截」，爲截長補短，指封建而言。九有既截，而海外又從而截之，故曰「九有又截」、「海外又截」，非海外之九州乎？《唐風・羔裘》「自我人居居」、「自我人究究」，舊説皆誤。考詩例，以居爲留京，如「職思其居」、「昔爾出居」是也。居居者，謂中國有京，海外亦有京，即所謂「衣錦褧衣」、「裳錦褧裳」也。九字古訓爲究，究究即九九，九九即八十一州，居居、九九，即與「九有又截」、「海外又截」文義相同。我爲中國人，與他人爲海邦，「自我人究究」、「自我人居居」，以我人分中外；「豈無他人」，四方八州，不僅一國之人。「維子之好」、「維子之故」，所以示其親愛專注之意。全《詩》義例皆同，不僅此篇爲然也。至於《殷武》篇云「商邑翼翼，四方之極」，「天命多辟，設都於禹之績」，蓋大一統之都建於中都，四方朝覲會同，《淮南》所謂中央之極，此「王者中天而立，定四海之民」之説也。又《詩》例以三《頌》配《大雅》，《民勞》四言「中國」，四「中國」即指中國四岳以外，五「小」即指小球小共，五「詭隨」指外教，五「寇虐」指外政。而「柔遠能邇」一句，則《書》「咨十二牧」之文。篇中宏大、大諫，皆所謂大一統之大也。「文王曰咨」篇云「内奰於中國，覃及鬼方」、「小大近喪」、「小大稽首」，亦此意也。又《小旻》以下屬孔子撥亂反正，《北山》「普天之下，莫非王土，率土之濱，莫非王臣」，與《中庸》「天覆地載」一節義同，文義明白，更無待細説。蓋三《頌》周爲小一統，商爲大一統，而魯則間居其間。不但此也，考全《詩》不見「堯舜」字，言禹特詳，而皆爲九州水土而發，其中大小之别，可以考見。如《周詩》「豐水東注，維禹之績」，「三朝皆借禹州立説，各有精意，分别其閒。而《商頌》五見「帝」文，所謂「五帝之聲，商人識之」者，蓋以大一統專屬之三皇五帝，與三王五伯異也。以上所陳，皆《易》與《詩》應有之義，固非附會《周禮》、牽合《淮南》以合鄒説。蓋孔子至聖至誠之道，可以前知，故特修《易》、《詩》、《樂》三經，法皇帝以治海外，以俟百世之聖人，非當其時，則不顯。不然，《書》、《禮》、《春秋》已足以治中國，又何必再作《易》、《詩》，以招屋上架屋之誚哉？或謂時勢如此，雖《易》、《詩》有囊括之意，恐秦火之禍將見於今日，是可以不慮。自古夷狄亂華，如匈奴、吐蕃之類，始未嘗不彊盛，今皆衰弱。歷觀古史，四夷無不歸依聖教。蓋聖化由中及外，盈科後進。《論語》曰「可知」，《中庸》曰「以俟」。今去孔子二千五六百年，百世之説，於今驗之。雖咸、同以來，外強内弱，然外夷不強，則五洲不通，不通則孔教只被腹地，未能波及遠人。天於是特使之強，強則能通上邦，聞經義，自悟其窮兵黷武之非，翻然改變，歲事來辟，以成大一統之制。是外國日強，即聖經版圖日廓之兆也。西人所著《百年一覺》，窮極美善，屢歎大同。夫大同者，非即《禮運》所言古帝大一統之治哉？化兵革，齊貧富，人不自私，各享樂利。然則今日之講生聚，鑄槍礮，乃我開通五洲之具。五洲既通，則必有銷兵之一日，百世之聖人，必有以化成之。地球雖大，爲時雖久，全在六藝包羅之中。天地不毁，聖教不息，日月無踰，後聖可俟。此乃經學之大成，更無庸爲之過慮矣。吾輩讀書稽古，期於發明孔子之義，使微言治法丕焕於今，一洗從前之陋習，可也。舍此不用，而惟杞人之憂，是曰不知天之大，不必代爲之謀，亦絶無彼教所謂末世天地崩裂之日。吾但見聖教古爲小成，今乃如日中天，方興未艾，正當春夏之交，而猥曰漸滅乎？誠爲今日之杞人矣。

地球兩京四岳八伯十二牧説 舊題内江趙謂三譔

《帝王世紀》有黄帝以前大一統，瀛海九州，有迎州、柱州、神州之屬。黄帝以後，德不及遠，乃畫爲中國九州。蓋祖黄帝畫井分州及騶衍大九州立説。考《左傳》，顓頊以後德不及遠，乃爲民師而命以民事。《騶衍傳》云「先序今以上至黄帝」，是大小九州之分，當以顓頊爲斷。古説所云黄帝畫九州者，即謂大九州，非謂《禹貢》九州也。經傳以帝王分大小九州，是五帝全爲大九州。然五帝既分五代，則前後始終不能全無區别。據《左傳》之義，黄帝、顓頊爲帝之始，堯、舜爲帝之終，由大而小。故《尚書》典、謨雖有六合、四海之義，大抵所言疆域與《禹貢》大小略同。於五帝中以始終分大小，如《小雅》小也，終篇開大統之漸；《大雅》、三《頌》大也，初代不見瀛海之説。此帝王升降盈虚消長之義也。自大禹平水而作貢，大例以京師一州居中，八州八伯拱衛於外，四岳兩伯各統要荒三州，中如井田，推之九九八十一州，仍合爲九。故井田一井也，九州一井也，推而廣之，大九州亦一井也。《易》曰「往來井井」，其斯之謂歟！據經，三代所轄九州無沿革，而傳稱荆、楚、吴、越、徐、梁爲蠻夷，時事與經不必同也。除九州外，所有交、廣、滇、黔、藏衛、蒙古諸部，皆屬要荒，《禹貢》附見其山川於緣邊八州，稱爲王者不治之地。今則火車、輪船瞬息萬里，非、美、歐、亞海洋群島向隔異域，今在户庭，歲歲之閒，戰事未乂。中外已通，不能分而不合。孟子曰「天無二日，民無二王」，一定之理也。然時變道不變，故兩京、四岳、八伯、十二牧之制，仍不可廢。惟大小不同，推而廣之可也。古者兩京，一留京，一行京。留京爲天子常居，各就發祥之地而立。孔子曰「爲政以德，辟如北辰」，指留京也。其地於卦爲乾，於色爲玄，於六合爲天。天尊地卑，留既象天，行即當象地。留爲乾爲玄，行即爲坤爲黄。地宜居中，爲朝會之所，所言「中天下而立」者以此。昔周公會諸侯於東都，東都即行京也。王者大會諸侯於東都，取四方道里均，無苦樂之分，亦舞八佾、八風平之義也。且譬之天，北極居中不動，居也；斗柄四指，行也。聖人法天，天然，聖人何獨不然？蓋周都雍岐，而營洛邑爲東周以朝諸侯，是居本在西，行本在東，《詩》所謂「自西徂東」者也。自周公居東，所謂東周，宋主商地，亦在東。《詩》魯、商二《頌》地亦在東。《易》以震爲帝，爲高宗，爲帝乙，以龍爲君，是東爲居，西爲行，古有明訓。《詩》所言「我征徂西」者也。自漢以後，或從或違，不知四岳爲四方，居象天，行象地，無兩京，是六合不全也。

將來地球混一，當師周東西通畿之法，用經「我征徂西」之意，以亞洲分兩京，中國《禹貢》九州爲居，爲天，爲乾，爲玄，阿富汗爲行，爲地，爲坤，爲黄。中國據薛京卿日記，東南以海爲界，西北以瀚海爲界，其地在赤道北四十餘度，寒燠適中，抗渤海之利權，擅亞洲之清淑，商務爲五洲之最，礦産甲地球之中，論稼穡則先開，論人倫爲創始，言王道則源於堯、舜、湯、文，言教化則宗乎仲尼、孟子。父子君臣，秩然不紊；貞廉孝弟，朗若列星。雖富强不及他人，而民心固於磐石。《詩》云「邦畿千里，惟民所止」，傳者引爲止至善之喻，言中國當爲邦畿，其教化當爲六合之民所共止也。下文止仁、止敬、止慈、止孝、止信，亦即此意。聖人復起，以中國爲留，必無疑也。阿富汗爲行，地東連英屬，西接波斯，北控西域回部，南北相距千四百四十餘里，東西千五百里。他日金輪鐵軌，徧於寰區，朝會諸侯，莫便于此。仿東西通畿之法，合兩京共一州之地。王畿内不建諸侯，但作王臣采邑。天子三公，如周時周、召、畢，周召之爲二伯，中分天下，周主東南，召主西北。平時在帝左右，會諸侯於行京，則二伯皆從，而司徒留守。《顧命》曰：「太保率西方諸侯入應門左，畢公率東方諸侯入應門右。」此留京之制。《左傳》：「王將中軍，周公黑肩將左軍，虢公將右軍。」可見二伯皆從之説。將來分陝，以周主東南，召主西北①，而别立一公以守留京，又必然之勢。此地球兩京之説也。王畿四面環以四

① 西北：原作「西南」，據文意改。

岳，四岳分四正四隅，即爲八伯，所謂四目四聰、八伯賡歌者也。州牧各主一州，每州所轄方千里，爲方百里者百。建二百一十國，王圻九十三國，故天下一千七百國。十二牧之制，古以環八伯者爲州，州有牧，一面濱海，僅得十二區。《堯典》「班瑞于群后」，《夏書》曰「州十有二師，咸建五長」，《禹貢》要荒不詳州名，以方岳統之，以備柴望。蓋《禹貢》九州爲八伯兩京之地，《虞書》十二州爲沿邊要荒十二牧所統之地，共二十一州。如此者乃爲一大州，推之九州，九州外更有十二牧，以零星各島爲之，是全球二百零一州。《騶衍傳》但言大九州，不舉十二牧者，互文見例，言内而外可知也。嘗論秦廢封建之制，以爲大一統已伏其漸。蓋王圻不封建，中國無封建，是中國亦一王圻，天意所趨，無其形而已寓其理。不然，封建爲帝王之制，何秦漢下賢人君子皆不以復封建爲是？其在《詩》曰：「民亦勞止，汔可小康。」封建之制，百里一國，戰事朝聘，皆出其中，故十分取一，取之不足，兼之取二，故曰「民勞」。至戰國而勞愈亟，梁襄王問「天下惡乎定」，孟子曰「定於一」，一則不用郡縣，不如是，則後屬疎遠，戰争頻仍，必不能一。是島爲一牧，以附西岳，西伯爲西方諸侯。以西伯利亞爲北岳，如中國之恒山焉。歐州爲北伯，附於北岳，而以庫頁、白令海峽、冰洋小島爲一牧，英吉利三島爲一牧，地中海群島如革里底希尼、西西利、戈西戛、第尼西、瑪約戛之屬爲一牧，以附於北岳，北伯爲北方諸侯。中國九州，以沿邊十二州之地共爲一州，爲留京，不在八伯之數。亞洲阿爾太山及南希瑪拉山以西，除行京阿富汗外，亦一州之地，爲中州。此大九州兩京師、四岳、八伯、十二牧之大凡也。按《瀛環志略》曰亞西亞於六洲爲最廣，非得其三分之一，歐得其四分之一。次亞洲者惟北美，故歐、澳、南美皆獨爲一州，而獨以亞細亞分爲三州。非洲稍廣，故於其內即置一牧。北美尤廣，故平分二洲，岳伯皆置於內，務期界限朗明，疆宇勻稱。爲是迨久之，而全球之封建亦廢。有不易之君，無不易之臣，所謂大同之世，兵革不興，天下一家，中國一人者，庶幾近之。然此異世之事，存而不論可也。

大九州兩京四岳八伯十二牧圖

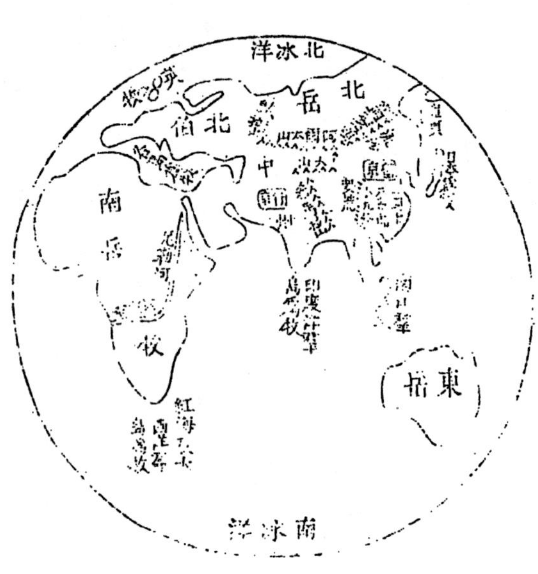

北冰洋
西伯
南伯
南冰洋

地球新義卷下

井研廖平學

齊詩「六情」釋舊題羅煦撰

《中庸》云：「喜怒哀樂之未發謂之中，發而皆中節謂之和。中，天下之大本；和，天下之達道。致中和，天地位焉，萬物育焉。」按：以天地合四方爲六合，六合即《齊詩》之六情。乾，留京，爲天，爲樂；坤，行京，爲地，爲哀。二京所謂天地位也。喜怒好惡爲四方，西東北南。六情即八卦方位之六合，地球即一大八位之方位。《詩》言六合，多託之於六情。言「中心」數十見，中爲天下之中，心即所謂京。心之所發爲思，思即京師之師，《綠衣》之絲，《葛覃》之私也。思有京師義，有經界義。如「無思不服」，謂全球皆作五服。「寤寐思服」，謂南北之地皆服。「緩我思成」，「賚我思成」，「成」即「弼成五服」之「成」。《六月》「既成我服」、「我服既成」，《論語》「春服既成」，皆「弼成五服」之成。思爲中外行在之所，故《嘉魚》、《白駒》、《出車》、《采薇》、《無羊》七言「來思」，思爲實地，故可言來。至於「嘉賓式燕又思」，思上加又，與「九有又截」同，則專指海外言之矣。大約「我思」爲中國，「爾思」爲海外。二者詩中十餘見。以「中心」爲居，以「爾思」爲行，此兩京之定例，即「天地位焉」之説也。四方則以喜怒好惡爲起文，不言方位，以情目之。北方爲好，故《北風》三言「好我」，《木瓜》衛北亦三言「好」。唐北國，《蟋蟀》三見，《杕杜》二見。其散見者，魏、唐各一見。至《關雎》、《兔罝》之「好逑」，則南與北對。怒爲東方，《谷風》東也，不宜有怒。《氓》「將子無怒，秋以爲期」，秋與春對。《柏舟》「逢怒」。（王在東方。）惡爲南方，《大路》一見。《節南山》「惡怒是違」，則合東南言之。喜爲西方，《風雨》三見，鄭東與西對文。至於上方之情樂，下方之情哀，上方爲中國，乾三男之屬；下方爲海外，坤三女之屬。（坤「東北喪朋」，東北乾之屬也；「西南得朋」，西南坤之屬也。上爲天，下爲地。）《詩》中凡樂皆爲留，爲中國；凡哀皆爲行，爲海邦。《關雎》三篇樂而不淫，留也，中也；三篇哀而不傷，行也，外也。樂字《南山》十見，《碩鼠》九見，《采菽》、《蟋蟀》六見，《有駜》、《泮水》、《萇楚》三見，《魚藻》、《鶴鳴》、《靈臺》二見，皆指中國京都而言，可以類推。至於哀爲行，故多託之行役，所謂東歸、西悲、女悲、夫歸、傷悲、同歸，「哀我征夫」二見，「哀我憚人」，與《采薇》、《鴻雁》、《桑柔》、《燕燕》、《杕杜》、《鐘鼓》皆謂行道，則樂哀即中外之分，夷夏之別。蓋《詩》之宗旨，一言蔽之，曰「思無邪」。（讀如涯。）「思無邪」者，即「無思不服」之變文。（《列子》之所謂至極、無盡，《莊子》之所謂六合之内、六合之外也。）其書專言大統之制，上下四旁，六合之義，數見不鮮，故託之六情以見意。又以詩歌起興，於性情之説尤近，故變六合之方位，而以六情之心思言之。苟明於六合六情之義，則於大一統「思無邪」之説思過半矣。

《玄鳥》《長發》三統五瑞解舊題羅煦撰

三《頌》爲三王素、青、黄三統，定説也。以大統言，則有三皇之三統：黄帝中央，黄；伏羲蒼龍木，青；少昊金天氏，素。郯子所謂以雲龍鳥名官者，大三統也。但三《頌》言三統，而不詳五瑞，則五德不全，水火二統無所附麗，非例也。今按《長發》一章言「玄王」，六章言「武王」，又有「如火」之文，舊以契湯解，同是商統，不應異德。今按「玄王」，水帝也，《月令》以爲顓頊，郯子以爲共工。或以《常武》、《瞻卬》、《召旻》爲兼言水統。「武王」，炎帝也，《月令》、郯子皆以爲神農，「如火烈烈」，即所以申明以火德王之意。或以《雲漢》五篇亦兼言火統，一京四岳。三《頌》只有三統素、青、黄，而無南北水火二統，郯子所謂水師水名、火師火名者缺焉，故於《長發》篇中附見二統，以備水火之運。因其附《商頌》而行，故每借《商書》爲喻，遂以商事解之，誤矣。然其説商及水火二統，自有小大之分，概以大統言之，亦誤矣。按《長發》七章，首章大統。

「天命玄鳥，降而生商，「有娀方將」，「帝立子生商」，商契也。商人祖契，以此明天生之義，故稱天子，與《閟宫》后稷之生相起。宅殷土芒芒。」「洪水芒芒」。殷土爲國，商、殷皆從後追加之。

右契爲司徒，封國。

「古帝少昊金天氏。命武湯，商人宗湯，湯以金德王，法少昊，如受命於帝。正域彼四方。與「肇域彼四海」相起。四方爲中國，四海爲海邦。方命厥后，湯爲王。奄有奄有龜蒙。九有。」與「九有有截」相起。奄有爲中國，有截爲海邦。《禹貢》「聲教訖于四海」。

右湯爲天子、爲王。

「商之先后，以宋言之，紂亦爲先后。受命不殆，「駿命不易」。在武丁孫子。《孟子》「紂之去武丁未久也」，《尚書》「紂不善，天用勦絶其命」。武丁孫子，「商之孫子，其麗不億」。武王靡不勝。「涼彼武王，肆伐大商」，「勝殷遏劉」，周滅商。龍旂十乘，《魯頌》：「龍旂承祀，六轡耳耳。」又：「元戎十乘」，爲王後之禮。大糦是承。」三王之後封百里國。董子説二王之後封百里大國，五帝爲小國，九皇之後封以附庸。故宋爲大糦，《春秋》以宋爲大國，稱宋。

右宋爲王後。

「邦畿千里，此下爲法帝之事，方千里，所謂九九八十一之一也。維民所止。《孟子》曰「定于一」。肇域彼四海，與「正域彼四方」相起。四海來假。小統稱四岳，大統稱四海。四海環神州，皇帝巡行，爲師，爲思，爲游。以《堯典》巡守推之，由小化大，其制一也。來假祈祈，佩之祈祈。景大也。員「幅員既長」，指邦畿而言。維河。詩例：中國之海通稱爲河。殷受命法少昊乘金運。咸宜，大統四海。百禄大統言百禄，言萬年。是何。」《易·大畜》：「何天之衢。」

右法帝大統。

「濬哲維商，金德爲聽。長發其祥。皇帝王三代皆以金行。洪水芒芒，洪水，大川瀛海也，與「宅殷土芒芒」相起。禹敷下土方，外大國是疆。鄒衍説中國不得爲九州，禹所序九州是也。其外更有大九州。幅隕既長，爾土宇板章，亦孔之厚矣。有娀方將，帝立子生商。」謂受命生子九契也。

右金統魯，爲少昊之墟。

「玄水德爲貌，居五事之一。王王讀爲皇。桓撥，受小國是達，中國。受大國是達。海邦。率履大統。不越，遂視小統。既發。《易》「視履考祥」，《大東》「君子所履，小人所視」。相土烈烈，以商事爲喻。海外有截。」截，謂截長補短。有，讀爲又。海内既截，海外又截。

右衛爲顓頊之墟，兼言水德帝。

「帝命「古帝命武湯」。不違，此謂金德小統之事。至于湯齊。小統如湯，故曰湯齊。湯降不遲，聖敬日躋。」

右黑統。

「昭假遲遲，上帝是祗。用顓頊之德。帝命式于九圍。式于九圍，與「奄有九有」皆謂小統。受小球中國。大球，海外。爲下國外乾爲上，坤爲下。綴旒，何天之休。《易・大有》，大商言天。不兢不絿，不剛不柔。四字如《易》之咸恒，地球改大風十，性情每至大異，不似同在中國，無多出入，故讀爲丕。敷政優優，百禄是遒。大統爲百禄。受小共禹貢。大共，大九州之貢。爲下國駿厖。「無使厖也吠」。何天之龍，天大。敷奏其勇。不震不動，不戁不竦，四字如《易》之損益，所以裁成狂狷者也。震動戁竦，所以化兢絿剛柔之具。不讀爲丕。百禄是總。」

右更詳爲商統大帝。

「武王王讀爲皇。載旆，周亦以火德王。有虔秉鉞，如火烈烈，炎帝神農之教。則莫我敢曷。苞有三蘖，莫遂莫達。九有中國。有截，又截，海外又有畫界分疆之事。韋顧既伐，昆吾夏桀。」此繙譯例。將來以火德王之君，其伐暴摧殘，亦如殷事。

右赤統炎帝。

「昔在中葉，商道始契，中湯，終宋。中葉指湯，又爲中國。有震且業。帝出乎震。允也天子，如《玄鳥》有娀生商故事。降于卿士。卿士，二伯。《左傳》左右卿士。實維阿衡，史説伊尹見湯，陳素王之道。王當讀皇。實左右周召左右二伯之書。商王。」商王如旻皇。

右帝統二伯，齊爲爽鳩氏之墟。

讀易紀聞 舊題井研廖師慎撰

戊戌，藝風同學言《易》大統之學，時時請益，趨庭所聞，退而記録。己亥，同學重刊《地球新義》，彙成一篇，附入其中，以印證焉。廖師慎識。

上下經分中外

上下爲天地。上經主乾，下經主坤。乾三男主北半球、東半球，坤三女主南半球、西半球，《坤·象》所謂「西南得朋，東北喪朋」。北半球、東半球爲中國，乾之三男方位。南半球、西半球爲海外，坤之三女方位。一得一喪，中外之所以分也。《易》以陽爲中國，陰爲海外。故《易》與《詩》凡言女者，皆指海邦而言。故上經言「女子貞不字」，而下經開宗即以「娶女吉」標目也。考上經詳二男，下經詳二女。上經二女之卦四，小畜、履、臨、觀。大過、隨、蠱對者不計。而二男之卦十。屯、蒙、謙、豫、剥、復、无妄、大畜、噬嗑、賁。隨、蠱、頤三卦不計。下經二男之卦四，遯、大壯、蹇、解。小過、漸、歸妹三卦不計。二女之卦十二，家人、睽、夬、姤、萃、升、困、井、革、鼎、涣、節。漸、歸妹、中孚三卦不計。臨、觀爲合體之震、艮，遯、大壯爲合體之巽、兑。是上經惟第九十之小畜、履爲二女，下經惟第九十之蹇、解爲二男。以男女分中外，故上下經二男二女，只於九十一見例。又上經詳老卦中卦，上經老卦四，乾、坤、否、泰，下經無。中卦八。需、訟、師、比、同人、大有、隨、蠱。下經詳朋卦，故朋卦父母八，咸、恒、損、益、震、艮、巽、兑。子息十八。頤、大過、坎、離四卦不計，合二十六。上經朋卦只十四，下經惟晉、明夷、漸、歸妹四卦。蓋以中卦得中道，長少、狂狷、過不及屬海邦。上經之卦多自合於中，下經惟見六中卦，朋卦之待損益者至二十六，則以狂狷、過猶不及，急需聖人之化以裁成之也。

乾九二：見龍在田，利見大人。九五：飛龍在天，利見大人。

按：今中國用龍旂，較各國旂幟爲尊貴，其義蓋本於《易》、《詩》。考天文，東爲蒼龍。《月令》：東方其蟲甲。《易本命》：甲蟲三百。龍爲長。龍，東方之精也。又《春秋》文成致麟，麟雖似獸，然其蟲甲，故説者以爲東方木精之獸。《説卦》震爲龍。《傳》又云「帝出乎震」。就禹州言之，則青州爲震。就全球言之，則中國爲震。夫釋書以中國爲震旦，泰西以算法爲東來法。考地球水多於陸數倍，又大九州皆以海爲界，則全球所有最大最尊，神明變化之物，莫龍若矣。周公居東，孔子爲東周，亦在東。王化由東而西，周孔之法即大一統之先聲。飛龍爲行在，全球之中。天爲王者居中而治，朝諸侯。見龍爲留京、中國，田即孟子所謂畎畝之中。舊説以大人爲天子，謂臣下見之，或説坤爲臣道，乾爲君道，不應經文二句分屬君臣，故以大人爲諸侯。説見《四庫提要》。按：大人謂大有，同人二卦。乾二爻變爲同人，五爻變爲大有，大人即指大有、同人二卦而言，謂外九州之外藩也。龍爲中國大一統，在田、在天指二京，合全地球諸侯朝覲之，故爲利見大人。

坤六二：直方大，不習，无不利。五六：黄裳元吉。

習如鳥習飛。坎象二飛鳥，爲習坎。坤二變師，下坎一鳥飛上坤不象鳥，故曰不習。下坎象鳥，謂天子不出，惟二伯代巡。坤臣卦，直即三德中之正直，不剛不柔，居中之意。方指坤，天圓地方。大即大九州。重卦爲習坎，母雛並飛，不習下坎單飛。水中可居曰洲，大九州以此爻爲京城也。《詩》「緑衣黄裳」，衣爲留都，於周爲雍州，裳爲中都，於周爲洛陽。《左傳》：黄，中之色也；裳，下之飾也。八卦之方位，坤在西南。《禹貢》西南不置州，坤即中州，故中都爲黄。《大傳》「垂衣裳而天下治，蓋取諸乾坤」。以乾爲衣，以坤爲裳，即此意。以衣裳配乾坤、兩京，下取坎，水就下，乾坤二、五飛見即離。坤卦習裳即坎。

初六：履霜，堅冰至。上六：龍戰于野，其血玄黄。

《詩》：「九月肅霜。」霜，西方也。冰爲北方，龍爲甲蟲，東方，野爲午，南方。周、召分陝之法，以東統南，爲「戰于野」；以西統北，爲「履霜堅冰至」。履霜爲九十月冬至以後，堅冰、冰霜相去不遠。六爻皆變爲乾，乾爲冰。冰又指南北冰海。「玄黄」即《詩》之「我馬玄黄」。乾爲天，爲玄，爲雍州；坤爲地，爲黄，爲洛陽。冰霜、龍野爲四方，玄黄爲兩京，合之爲六合。《卷耳》「我馬玄黄」前後二章爲四方。一説陰陽有順逆之説，乾卦由初而進，上行也；坤卦由上而退，下行也。《説卦》震爲龍、爲玄黄。《國語》坤卦初爻屬未，野爲午，是坤卦之初爻在午位，初變爲震，故有龍戰、玄黄之説。終於堅冰，由一卦初變至於上爻成乾。

泰、否：小往大來，大往小來。

《詩》例以中國爲小，全球爲大。《易》則以乾爲小，坤爲大。乾坤二五所見之大人，即離中女之同人、大有。乾專指中國，坤則《詩》之「覃及鬼方，至于海邦」也。乾、坤爲别卦，中外不通；泰、否爲和卦，則往來交涉。泰以内卦乾爲主。小往者，謂外卦之乾往否外；大來者，謂外卦之坤從否來。此如帝都留京，萬國來朝，如周王在鎬飲酒是也。否以内卦坤爲主，指行京外州之洛陽而言。大往者，否外坤往泰之外，小來者，泰外乾來否之外，如天子巡守東都故事。故泰外坤而反配乾，否外乾而反配坤也。曰二卦之有臧否，何也？曰：以卦例言，只有居行之分，並無美惡之別。泰當讀爲大，否當讀爲丕。内外交通，故繼以大有、同人。易道以反覆其道爲大宗，既係二卦，則彼此必分別。就綜卦往反各釋其義，此又一説也。

同人、大有。

《禮運》以小康、大同分帝王之治。《易》小畜小康，大畜大同也。此二卦即合爲大人，更合爲大同字，所謂皇帝之事也。同人九五言大師，大有九二言大車。同人之九五，即大有之九二也。何以知爲帝統？以其在泰否之後也。泰九五何以言「帝乙歸妹」？曰：帝出乎震，乙者震之屬，謂震旦之君，即伐鬼方之震之高宗。又泰六五爲需，需九五言「需于飲食」，飲食爲燕享，司徒應之。湯之先契爲司徒，故緯以帝乙爲指湯。歸妹與酒食皆賓客婚媾之禮，其歸妹又言帝乙，何也？曰：震者東，兑者西，以震加於兑上，則所謂「我征徂西」也。歸妹蓋如「王來自奄，至於宗周」，下豐之「見沬」，即妹之變文。

同人于野，利涉大川。

坤上六：龍戰于野，其血玄黄。

《論語》：「先進於禮樂，野人也；後進於禮樂，君子也。如用之，則吾從先進。」「子曰：雍也，可使南面。」「仲弓問子桑伯子，子曰：『可也，簡。』仲弓曰：『居敬而行簡，以臨其民，不亦可乎？居簡而行簡，無乃太簡乎？』子曰：『雍之言然。』」「子曰：『質勝文則野，文勝質則史。文質彬彬，然後君子。』」「子欲居九夷。或曰：『陋，如之何？』子曰：『君子居之，何陋之有？』」

《左傳》：「禮失求諸野。」

《禮記》：「野人知有母而不知有父，至於君子，則知尊祖矣。」

按：同人、大有爲中外和通之卦，爲帝統大同之世，與大有相合。二卦中有「大同」二字，即《禮運》所謂大同之世。《禮運》大同之世一節，説天下一家、中國一人之事詳矣。考《論語》、《左傳》、《禮記》以君子爲文，野人爲質。文即中國，質即海邦，言文史之弊，成求野之義，文質相資，各取所長。所云「天子失官，學在四夷」，孔子蓋爲百世後之天下言之，非爲春秋説也。由春秋至今，文弊極矣，不能不取資於海外。「同人于野」，所謂胡越一家，凡有血氣，莫不尊親，無中外之分，去畛域之見，文質交易，各得其所，彬彬之盛，其效可覩，與從先進、學四夷之言互相發明。子欲居九夷，即大禹入裸夷之意。孔子主文而兼取質。子桑伯子一節，文與《墨子》同，皆防文弊而思救之，以爲後世法。考《易》乾爲敬，坤爲簡；乾爲居，坤爲行。居九夷，如老子化胡，深入其地，與子桑伯子之意同，所謂簡也。居敬行簡者，謂以中國爲居，行於鬼方，明朝留都與巡四岳之制。居簡行簡，則棄中國爲東岳，於五大洲之中建都，即居即行，不如以中國爲王化之源，由内及外，如周東西通畿之爲得也。坤上六「龍戰于野，其血玄黄」，龍主東方，野謂鬼方，戰爲乾，野爲坤，玄爲乾，黄爲坤，天玄地黄，以指兩京之事言之也。

大過、小過。

考《易》全經之例，以上經爲中國，下經爲鬼方；上經爲小，下經爲大。又六十四卦，中卦三十二，和卦三十二，中卦爲中國，和卦爲鬼方。上經三十卦，中卦十八，和卦十二。下經三十四卦，中卦十四，和卦二十。故上經以中卦爲主人，以和卦爲賓客，下經以和卦爲主人，中卦爲賓客。方以類聚，物以群分，至於彼此往來。大過者，言西半球、南半球所有各國皆來中國，如今外洋通商中國，設有使臣。小過者，言中國使臣往居外洋。大過如泰，大過即所謂大來也。小過如否，小過即所謂小來也。泰、否屬天子，大、小過屬使臣。彖曰：大過，大者過也；小過，小者過而亨也。大者、小者，明就其人言之。若如餘論觀過知人之意，則當曰大過，其過大也；小過，其過小也。故大、小過二卦之本義，本指泰、否之往來而言。泰、否「大往小來」、「小往大來」，小爲小九州，大爲大九州，其本義並不以陰陽大小分君子小人。易道廣大，先師言不一端，不可執一以求也。

頤、大過、中孚、小過、坎、離、既濟、未濟。

按：經傳最重四岳，以爲平治天下根本。所謂東西南北，合上下爲六合。黄帝之六相，《禮經》之「方明」，皆取法於斯。《堯典》首言羲仲、羲叔、和仲、和叔，各宅一方，主一時，帝堯之四岳也。終以《吕刑》、《費誓》、《文侯之命》、《秦誓》，四州方伯，各主一岳，統二牧，此西周之四岳也。《左傳》、《國語》屢言齊、晉、秦、楚，此春秋之四岳也。《詩》之《谷風》、《凱風》、《終風》、《北風》，邶之四岳也。陳、衛、秦、鄭，風之四岳也。《嵩高》、《韓奕》、《蒸民》、《江漢》，此《大雅》之四岳也。《黍苗》以下八篇，《小雅》之四岳也。《駉駉》四牡十六馬，《頌》之四岳也。太師摯、四伶所適之齊、楚、蔡、秦，當爲秦、晉。此《論語》之四岳也。《大學》「平天下」章所引《楚書》、舅犯、《秦誓》、孟獻子，此《大學》之四岳也。欲治天下，首在四岳得人。故群經言之，《易》上下經之末，四卦六卦，反覆不衰，二者名目次序亦相同，此非無故。蓋上經四卦者，小一統之四岳，即《書》、《春秋》、《論語》、《左傳》所見之事。下經四卦者，大一統之四岳，即全地球而言，爲《詩》與《大學》之所託。上下二經，大小並見。按上經頤反覆皆震，小過反覆皆艮，頤、震主東，大過、兑主西，坎主北，離主南。頤、大過法羲、和二仲，坎、離法羲、和二叔。大過爲外來，亦得爲岳者，如仲山甫徂齊，在《詩》亦得爲東岳也。坎、離二卦皆中卦，此中國之説也。中孚反覆皆兑，海舶來朝，主東岳。小過反覆皆震，主乘桴浮過夷，西岳也。既濟主北，未濟主南，則又同上經。特上經就中國言，以坎離分北南，下經則合全球。北半球則應既濟，坎北離南，即上經之坎、離也。南半球則反其道，北爲離，而南爲坎。赤道在中，黑道居南北二極，故二卦同有曳輪、鬼方與汔濟之說也。曰六卦皆錯卦，二濟何以綜？曰：中外合體，天下合同之象也。又二鬼方通指南半球、西半球而言。中國於全球爲東北，爲神州，爲家人，南半球則反戶。中國向南，人道也；南半球向北，鬼道也。又東半球之晝，正西半球之夜，南北則一寒一暑，東西則一晝一夜，所以謂之鬼方。又按《易》之取義，不可以一論求。如大過、小過，此上下經中外之分也。以小大相較，則有觀過知人之意。大過指初爻，小過指二爻。所以分别大小者，小過之二五，猶在别卦爲中，而大過之初上二爻，則三爻不爲二五之中，六爻不爲三四之中，此所以爲大過，與小過不同也。中孚三四爲中，小過三四亦爲中。大過初爲大過，上則爲大不及。小過二爲小過，則五爲小不及。中孚以中爲名，二過以過爲名，中過互文見義，小大互文見義，而不及之義未以爲名，所當補入，又一義也。又中孚、小過合成坎、離，三四兩爻乃六爻之中男、中女。中孚二陰爲中，小過二陽爲中。中孚有中、有過，小過有過、亦有中，互文見義，各舉一論，又一説也。二過之以過名，但指初、二兩爻，而上、五兩爻則爲不及，非過也。《論語》云：「過猶不及。」小子狂狷，思得中，《中庸》「知者過之，愚者不及，賢者過之，不肖者不及」也。是卦雖以過爲名，不可以上、初爲皆過。故小過六二云：「過其祖，遇其妣，不及其君，遇其臣。」過指初、二，不及指上、五，經有明文，則不可以卦名爲足以盡卦之義，則又一説也。

咸、恒。

按：舊説以感釋咸，與恒貞久之道未能對。蓋咸者，或也。乾九四「或躍在淵」，又言曰「上下無常，非爲邪也；進退無恒，非離群也；進德修業，欲及時也」。又中孚六三曰：「或鼓或罷，或泣或歌。」作輟無恒，哀喜不定之謂或。《繫辭》：「同人，先號咷而後笑。子曰：君子之道，或出或處，或默或語。」皆以明咸字之義。其餘訟上九「或錫」，損、益五二「或益」，益上九「或擊」，漸六四「或得」，小過九三「或戕」，凡六見，皆一有一無之謂也。

咸、恒、損、益、震、艮、巽、兑。

按下經咸、恒至蹇、解十卦，損、益至鼎、革十卦，震、艮至復、節十卦，共三十，所謂三十年成一世也。合之則爲十五，《詩・羔羊》「素絲五紽」、「五緎」、「五總」之數，而又合於十五國風。析則各爲十卦，即《詩》之「五豝」、「五豵」、「五兩」，《南山有臺》之「十有」，《易》之「十年」。合前後十卦以歸於中，即損、益所謂「十朋之龜」也。此三十卦分爲三段，咸、恒、損、益以二統八，即《尚書》之羲和八伯也。震、艮、巽、兑統六卦，則又《國風》四正、四隅，統以檜、曹兩京之説也。以損、益言，則三十卦爲三德例。咸、恒十卦爲和，所謂剛德；震、巽十卦皆别，所謂柔德。一剛一柔，過猶不及，以損、益居中而裁成之。八卦之中，四别四和，則損、益十卦所謂正直也。咸、恒爲徑情直行，咸爲亨，所謂狂，恒爲貞，所謂狷，損、益居中，如中男、中女，故益兩言「中行」。此《洪範》三德，一曰正直，二曰剛克，三曰柔克之説也。故損益所統之八卦，四中四和，於前後各取其半，《商頌》所謂不剛不柔，《論語》所謂「文質彬彬」也。以三統例言之，取法於《詩》之三《頌》：初爲周，次爲魯，次爲商。三《頌》各爲一統：周爲小統，商爲大統，魯間居其間。此三十卦有《春秋》三世之象。初十卦皆和，此中外不通，閉關自守之世也。至於損、益，則别、和各半，中外交通之世也。至於大一統之世，純爲别卦，此帝道廣大，日月所照，共仰聲名，凡有血氣，皆化爲中國，由小而大，由塞而通。公羊有三世之説，今用以説此三十卦。上經三言「十年」，即謂此三十卦也。一卦一年，則可以三十説之，三十又合爲一世也。《穀梁春秋》有臨一家之辭，有臨一國之辭，有臨天下之辭。《公羊》有本國與諸夏、夷狄之分。天造草昧，風俗朴野，上古之世，夷俗任天而動，故爲咸、恒所統之十卦。繼乃漸開風教，囿於方域，或從或違，向背不一，此損益所統之八卦，所以中和間雜也。終以昇平之世，天下太平，無有遠邇，此震、艮十卦所以全爲别卦也。此以三世解三十卦之例也。

又《周禮》田制有一易、再易、三易之文。董子《三代改制質文①》篇則有不易與一而復、再而復、三而復之説。一爲主天法質，一爲主地法文，一爲主《春秋》，此三正子、丑、

---

① 質文：原作「文質」，據《春秋繁露》改。

寅三統之説也。以天、地、人三才分三十卦，夏正合人，殷正合地，周正合天，循環無端，周而復始，則咸、恒十卦當爲周統，如《周頌》焉，則可謂之《周易》。損、益居中法天，法天兼取上下，如《魯頌》之用夏道焉，則可謂之《夏易》。末統之震、艮，配以《商頌》，又爲殷統，則可名之爲《殷易》焉。則又可以三易説此三十卦，又合於三正、三《頌》之義也。

既濟初九：曳其輪。

未濟九二：曳其輪。

象：汔濟。

按：《易》、《詩》全例，以車馬爲小統，舟楫爲大統。《禹貢》九州，迄於四海，故以四牡言之。至於大九州有海環之，故須用桴舟取濟涉。《易》之大川，指瀛海而言，終於二濟，取大一統，即《詩》之「原隰既平，泉流既清」也。二卦言「曳輪」、「汔濟」，則端爲輪舟而言。内外往來，皆用輪舟，故二卦同言「曳輪」、「汔濟」。汔字即指西人汽機，以火煮水取汽，曳動舟輪，故云「汔濟」。

既濟九三：高宗伐鬼方，三年克之，小人勿用。

未濟九四：震用伐鬼方，三年有賞于大國。

睽上九：載鬼一車。

家人六二：在中饋。

《詩》：「内奰於中國，覃及鬼方。」

按《易》、《詩》鬼方，從來説者皆不得其實地，據《詩》，於中國外言鬼方，則不在中國明矣。《易》言震伐、帝出乎震，小統則青州爲震，大統則中國爲震。釋家以中國爲震旦，泰西以算學爲東來法，是中國爲東之明證。騶衍、《地形訓》、緯書皆稱爲神州，神與鬼對文，則傳記所謂「鬼神」，當有中外之解。東半球晝即西半球夜，晝爲人道，夜爲鬼道。又中國向南而治，南半球北户，向北而治。《禮》：生者南首，死者北向。是西半球、南半球與中國政俗相反者，皆得爲鬼方矣。又家人綜睽，其歸妹云「載鬼一車」。按：天下爲一家，中國爲一人，故曰家人，即《詩》之「宜其家人」也。家人爲小人，與大有之大人相配。神人之反皆爲鬼，故睽與鬼音近。歸妹九五「帝乙歸妹」，乙者東方，妹者沬土。豐云「日中見沬」，即詩「沬之鄉矣」二字通也。沬爲東都，歸妹即《書》之「王來自奄，至於宗周」，謂行都如日之中，四海之國皆至。一車者，車同軌，行同倫。

中孚：利涉大川。

《論語》：「子曰：『乘桴浮於海，從我者其由與！』子路聞之喜。子曰：『由也好勇過我，無所取材。』」「子擊磬於衛，有荷蕢而過孔氏之門者，曰：『有心哉，擊磬乎！』既而曰：『鄙哉，硜硜乎！莫己知也，斯己而已矣。深則厲，淺則揭。』子曰：『果哉，末之難矣！』」

按：中者中國，孚外實内虚，有桴舟之象。象曰「利涉大川」，乘木舟虚是也。《易》

乎即桴，大川即海。九二云：「鳴鶴在陰，其子和之。」鶴，孔子自比。子即子路。陽爲中國，陰爲鬼方。無所取材，謂大瀛之桴，非輪舟不利，一時無其材料，「擊磬」章亦爲此事而發。揭厲深淺，浮海之事也。「果」與「硜硜」，皆孔子論子路之語。《樂記》：「聞磬聲則思封疆死難之臣。」、「硜硜」句，譏子路之好勇。深淺揭厲，則須謀略。王者出，知者慮，義者行，仁者守。一公守，二公從，有知者以爲之慮，所謂臨事而懼，好謀而成，勇有知以爲之輔，則過海無難矣。

既濟九五：東鄰殺牛，不如西鄰之禴祭，實受其福。

按：或以東爲日本，西爲歐美，或以東爲美，西爲歐，均有妨礙。東鄰謂東京，西鄰謂西京。周法自西徂東，魯、商則我征徂西。以東爲留，以西爲行。周本居雍，營洛以朝諸侯，則天下之中，諸侯道里均，居中馭外，殺牛郊天。禴祭，如周公之祀文王於明堂，得萬國之歡心，以事先王，故云「實受其福」，此東京之外所以必有行京，朝覲之外所以必有巡守也。

震來虩虩，笑言啞啞。震驚百里，不喪匕鬯。

艮其背，不獲其身；行其庭，不見其人。

震爲東半球，艮爲西半球。艮止於背，所謂足對足也。一爲中國，一爲鬼方。一爲晝，一爲夜。故一則笑言，一則無所見聞也。震一卦中七見騈字，如虩虩、啞啞、瞿瞿、蘇蘇、索索，皆謂反覆成二卦。

小畜五爻變大畜。

大畜五爻變小畜。

小畜、大畜，如《詩》之小雅大雅、小東大東、小球大球、小共大共，以爲小大兩界畫眉目。上經言帝王之事，王小統，終於小畜。泰、否以後爲繼周，用帝道而王，始言大有，終言大畜，始終大一統，以與小統言小畜者別也。畜皆取牲。大畜言豶豕、童牛、良馬，則小畜之畜。後言有孚，有孚亦皆爲畜。

大有上九：自天祐之，吉无不利。

大畜上九：何天之衢。

按《商頌》云「何天之龍」、「何天之休」，又「自天降康」、大康也。「天命降監」，此大一統之《詩》。《易》全經言天祐、何天者，惟此二卦最爲美富，故《繫辭》屢以爲説。

大壯九四：壯於大輿之輹。與夬對。夬五爻變大壯，大壯五爻亦變夬，與小畜、大畜相同。

大有九二：大車以載。乾外三爻皆爲大火，爲大有。山爲大畜，雷爲大壯。

大畜九二：之賁。輿説輹。

小畜九三：之中孚。輿説輻。

按：《説卦》坤爲地，爲大輿，與《詩》之大車同。言禹州者爲車，言全球者爲大車。

故《齊風》三王小九州之制，言「無將大車」也。小畜之中孚言「輿脱輹」，與大畜之賁同，皆從離取象。大畜九二變離，小畜九三之中孚，則六爻合體之離也。若大以則爲坤，即指今全地球。大輿、大車就兩濟曳輪言之，則今之鐵路、輪車也。大壯九四成坤，大有九二爲離。坤爲全球，離又得坤之正者也。《詩》有棧之車，亦爲今輪車。

晉：初登於天。

明夷：後入於地。

按：二卦就春秋時之晉、楚立説。晉在北，楚正南爲離方，故云明夷。晉「康侯用錫馬蕃庶，晝日三接」，即《書·文侯之命》之事也。「晉其角」，即進其君爲伯。「維用伐邑」，即伐柳。《左傳》吕錡占得明夷之卦，射中楚王之目，即明夷「於南狩，得其大首」也。此就春秋時南北言之。大統則晉爲晝，明夷爲夜，所謂「日往月來」，則東半球與西半球之卦。

井：改邑不改井，无喪无得，往來井井，汔至。

按：井以晝井爲制，分九州爲大綱者，井字爲算學九數極方之形，中有口字，借爲水井之名，非本義也。《易本命》：一生三，三生九，九九八十一，皆由井字推得其數。小而授田八井之①制，八家百畝，其中爲公田；大而九州之制，其中爲王畿，外爲八州八伯；再大爲大九州，以地球之中一州爲帝都，外七十二州爲八州牧；推其極則取法於天，日居中，七行星與地球各爲一州，繞日而行，如八伯之衛神京。經云：「改邑不改井。」考《爾雅》，商以邑爲京師。《詩》「商邑翼翼，四方之極」是也。《易》中之言「邑」者多本此義，即中國。堯、舜三代建都之地不同，改者王者受命改制也。然帝王建都之地雖有遷變，而九州並無改革，此所謂「改邑不改井」爲中國九州言之也。得喪，如後世禹改堯十二州爲九，殷變青、兖二州，周削徐、揚而加幽、并之類，其説皆誤也。「往來井井」者，以井田言之，則一井之地外連八井，俗所謂田連田、土連土，前後左右，正域八方，無非井也。至於以大九州言之，則中國自爲一井，其外小井七十二，合爲大井者八，王者居中，八井環之。凡大往小來、小往大來，由此井到彼井，由彼井到此井，所謂「往來井井」也。《易本命》由九以推八十一，蓋爲此經傳説。騶衍談天之説，較《易本命》爲詳。又爲此經師説，騶衍但陳其義，而不引經爲證。太史公據耳目所見，疑爲不實，後人斥爲荒唐，徒資談助，而不知實乃經説之要義。若如舊解，則鑿井而食，農家之常，何爲邑可改而井不可改？至於「井井」之義，尤無切實之見，可知其誤矣。「汔至」與未濟「汔濟」同，即西人

---

① 之：原作「乏」，據文意改。

之汽學。往來九州，皆用汽機，乘輪而濟。

屯、豫：利建侯。

聖人立制以爲天下法，經言封建，定制也。自秦以下改爲郡縣，利害相循，久成聚訟。欲就今日改爲封建，誠未易行。然則聖人之制不可行歟？曰：此大一統之先路也。考《王制》，縣内諸侯禄，外諸侯嗣。以經制言，是凡在王畿以内，皆食采，不封建。秦以下廢封建者，以中國爲王畿，將來永不封建，而海外各地則須封建也。

大川。

按上經以文質再而易爲例，從乾、坤外屯、蒙至小畜八卦主文，小統也。由泰、否外同人、大有至大畜十二卦改文從質，大統。大綱再易，而各卦中又分時代。傳以乾、坤爲天、地，屯、蒙爲皇，需、訟帝，師、比王，小畜、履伯，周公監於二代，小畜禹，履殷，《左傳》賜履。泰、否從乾、坤而變通之，同人、大有兼用質家，爲大同之伯道，謙、豫爲大同王道，隨、蠱爲帝道，臨、觀法皇。噬嗑以下又分三統。噬嗑、賁爲少昊，剥、復爲太昊，无妄、大畜爲黄帝。小統以夏、殷、周爲黄、青、素，大統亦有黄、青、素，上言同人，以下六言「涉大川」，大一統之常文。需、訟小統，而言利涉、利見。殷先爲司徒，主教，故先言之。訟利見，不利涉，彼可以來，我尚未可以往也。下經前三十卦爲三世例。利涉從益起，以下三見，始略後詳也。

《繫辭》：仰以觀於天文，俯以察於地理，是故知幽明之故。

按：天文，日也；地理，球也。知地球輾轉浮沈，則知晝夜寒暑之故。

乾之策二百一十有六，坤之策一百四十有四。

《王制》：次國之卿食二百一十六人，君食二千一百六十人。小國之卿食百四十四人，君食千四百四十人。

按《王制》，大國君食二千八百八十人，此倍坤之數也。《禹貢》九州之外有十二州，騶衍言大九州，内而八十一州，外以十六計，則九大州共得要荒州百四十四，合坤之策，加以内八十一州，共爲二百二十五。除去内一九，爲二百一十六，合乾之數。以十二計，則外州共百零八，得乾策二百十六之半，合之内八十一，爲百八十九，少乾之策三九，多坤之策五九，是即言内之九九八十一，更當外之百零八。《騶衍傳》不言要荒者，從省文。今就全地立州，當以方五千里爲一大州，就一大州中分二十一小州，方五千里當得方千里者二十五。經以地不能整齊，數不能全合，去其四州不計，故每大州以十二起算，當就一大州中分細數也。

日往則月來，月往則日來，寒往則暑來，暑往則寒來。

按：此即四方例，《中庸》之所謂「日月所照，霜露所墜」也。《禮》：日生於東，月生於西。日往西半球，月來東半球；日來東半球，則月往西半球，晝夜之説也。寒爲北半球，暑爲南半球。寒往南半球，則暑往北半球；暑往北半球，則寒來南半球。日月寒暑，比於四方，后牧行人，彼此來往，所以謂之變，所以謂之易。

《説卦》「方位」一節。

按：此節就小統言之，則爲《春秋》之八州分中外；以大統言之，則如《詩》之《民勞》，以爲大九州之《禹貢》可也。按《禹貢》爲大九州之起點，所有山川名目、道里遠近，不便移易，故詳禹九州，以爲全球之起文，而開載方位，以作大統之規薤。則震爲中國，兑爲歐美，坎爲俄部，離屬澳非。或又以此方位爲北半球之式，如南半球則將顛倒行之，如太乙下行九宮之式，有順逆兩局。以南半球言，則坎在南，離當爲赤道。南爲赤道，南北易位，而東西不改，正坎爲一，亦可爲九，離爲九，亦可爲一。震居東，得二得三；兑居西，得七得八。言無方體，故小大相同。

《周禮》九畿與騶子大九州《淮南》八殥八紘八極相同圖説　舊題華陽任嶧撰，圖闕

騶衍大九州，爲方千里者八十一，合爲方九千里，世人多以其説爲不經，而不知與《地形訓》同。《淮南》九州，殥、紘、極亦合爲方九千里，學者又疑其誣，而不知與《周禮》九畿同。考《周禮·夏官》言國畿千里，九畿各五百里。《職方氏》亦言王畿千里，九服各五百里。皆由中

推外，侯、甸、男、采、衛、蠻、夷、鎮、蕃以次相及，合爲方萬里。除蕃服一層，即爲方九千里。今以《淮南》九州、八殥、八紘、八極與夫騶衍海外八州考之，若合符節。即用計其方里，按其部位，各繪一圖，以觀其會通。蓋《地形訓》謂九州外有八殥，亦方千里；八殥之外而有八紘，亦方千里；八紘之外乃有八極，亦方千里。合爲方九千里，與《周禮》鎮服八畿以内方里全同。惟《周禮》九畿不計王畿，合王畿則爲十服方萬里，溢出蕃服一層三十六方千里。又騶子談天，由《禹貢》以推大九州，由九州以推八十一州，其説皆全出乎《周禮》。其九州之名，亦見大行人。蓋鎮畿以内合王畿爲方九千里，九九八十一州，恰與大司馬職方九畿之説合，是騶衍大九州之説出于《周禮》無疑。《淮南》去騶衍數百年，際秦火之餘，其時典章殘破，載籍錯雜，稽《周禮》之制，觀騶、劉之説，必有限於其間，故又推考其寔，綜論其詳，以自成一家言，不明述其所祖受，是以後世覽者多譏其怪妄。而細考之，則無不相合者。《周禮》、騶子、《淮南》作不同時，相去各數百年，獨《淮南》最後，而其言大九州之名目山水亦最詳晰。蓋騶之説發源於《詩》、《易》，範圍於《周禮》九畿九服，特其謂海外八州文字，雖與經文互易，而義寔相合。《淮南》易其名而爲殥、紘、極，更言八方之山水、區澤、氣候之殊，亦由中而漸及於外。所謂殥者，即《周禮》之男采；紘者，即《周禮》之衛蠻；極者，即《周禮》之夷鎮。《淮南》言殥、紘、極每方千里，《司馬》、《職方》言九畿九服，每方五百里。然則合男采之里數，即八殥之方里也；合衛蠻之里數，即八紘之方里也；合夷鎮之里數，即八極之方里也。王、侯、甸三服，當在中國，當冀州中土，九州之内，所謂九州之外，乃有八殥、八紘、八極也。大行人「九州之外謂之蕃國」，由鎮服合王畿之九畿、九州、九服以推之，内爲方千里八十一，則蕃服之九州，每州得方三千里，爲方千里者九，是大行人之九州乃大九州，非謂禹之九州也。是則《地形訓》之經劃，亦以《詩》、《易》爲源，以《周禮》爲用者也。周秦漢諸子矜奇立異，好爲苟難，凡有作撰，務自標别，恥與人同，又深諱祖禰，故衍、安之書，遺譏遭謗，多不信其然。然使衍、安無有發明，則所謂大一統、大九州者，亦終淪溺，後之學者，何自祖述憲章？今特爲各圖其制，以期合於全球大一統之用。若夫今之地球，形勢散布參差，不能畫一，苟必按圖索驥，則方枘圓鑿，卒難取信。蓋土地廣狹，隨在異形，先王定制，創立大經，以爲法守，不拘牽於小礙，以亂其意。若必曰此球圖與全球形勢相刺謬，别代疆域亦何常如其圖哉？如九州畫井，當每方三州，乃《禹貢》西南不置州，徐州居海岱及淮之間，不可謂之東，亦不能謂之東南。究考禹之奠九州，分劃區别，亦皆隨山就水，以爲經界。然則繪圖不必如全球形勢，全球形勢不必定如繪圖，明矣。孟子曰「截長補短」，又曰「此其大略也，若夫潤色之，則在君與子矣」。有王者起，觀先王之法，取孟子之言，以定爲全地球大一統之制，固宇宙之一大變革，不廑區區復古之足云也。

《淮南子·地形訓》圖説舊題南昌陶瑩撰

《地形訓》内王圻九州，外殥、紘、極六服，方千里爲二服。合爲大九州，方九千里，三分，每分三服，爲方千五百里，合爲九服、九畿，正與《周禮》之説合。按九州爲方三千里，爲三服，每方千五百里。以九畿方九千里計之，則居中方三千里者一，外八方各有方三千里者一，合爲大九州，即騶衍海外大九州之説，如圖以九州千里開方者是也。考騶衍之説，有内州，無外州。今中國之地不僅方三千里，《禹貢》「弼成五服，至於五千」，則中國合方五千里，如後圖以方一萬五千里開方者是也。考後圖雖於《地形訓》無明文，然中國不止九州三服。外州則《禹貢》有要服、荒服，《帝典》有十有二州，《帝謨》「外十有二師」，《周禮》大行人於九畿末之蕃服云「九州之外曰蕃服」，是鎮服以内八畿，合王圻爲方九千里。以蕃服在九州外，是大九州外大行人已溢出方千里者三十六，爲大九州外之要荒矣。由九州計之，則合海内外爲八十一州，即《禹貢》大行人以推要荒，則合大九州計之，每一大州共得要荒十六小州，則合中外要荒爲方千里者一百四十四，幾倍於騶衍之八十一州。以要荒二服所積，較侯綏二服爲多也。今後圖據《禹貢》、大行人每州五服，合爲方萬五千里，就原圖中加入中國要荒，一層。八風，一層。海外大九州，一層居中。每方加三層，爲方萬五千里。考《淮南》九州實即海外八州之號，初非禹州異名也。舊説皆誤。如《禹貢》西南不置州，《地形訓》「西南戎州曰滔土」，則非禹制矣。考《地形》東南神州，正東申土。説大九州者，騶衍中國曰赤縣神州，佛經曰震旦，曰東勝神州，緯書亦以中國爲神州。《地形訓》正有神州、申土二名，則爲大九州可知。考九名惟冀州名同而地異，餘皆不同。西漢以上言九州者無異名，偶有參差，何以全改？此九州決爲大州無疑矣。至於禹州加入要荒，則應有之義，不待辨。外所加八風，一層。文見《地形訓》，當爲原文，偶未合計耳。由原圖言，與《周禮》九畿、騶衍大九州合。由後圖言，與《禹貢》、大行人「九州之外曰蕃」合。全球開方實地，以爲萬五千里已嫌其小，若僅如前圖之九畿方九千里，雖合《周禮》，未盡全球之量。或曰四游有升降三萬里之説，《地形訓》之以千爲萬，方三千里即爲方三萬里，所云合四海之内東西二萬八千里，南北二萬六千里者，地形原文具見於二萬八千六千，舉成數爲三萬，此一説也。又云水道八千里，通谷其名川六百，陸徑三千里云云，則方三千里爲一大州者，據陸徑言之，又一説也。至於「太章步自東極，至於西極，二億三萬三千五百里」，豎亥「步自北極，至於南極，二億三萬三千五百里」者，爲全球里數，爲積方，爲四計，可推而知。按地球五大洲分爲九大州，地形分散，方本不至。《淮南》之整方，由内州以推外州，如階級皆毗連。而《淮南》推大九州，亦如中國小九州之制者。《公羊》所謂大一統，《春秋》列國卿稱大夫之義。歸本王畿，由中及外，地雖分散，圖則毗連統制，以見其義。如《春秋》加損例，以明以中馭外之旨，不必地形之必與圖同也。考《地形訓》全篇所言皆大統，後人以小統之説譯校者久矣，今取其明切者著於篇，餘未明悉辨也。

西北　　　　北　　　　東北

麗風 不周之山 幽都之門 八極				北極之山 寒門 寒風				八極 方土之山 蒼門 炎風
	一目 沙所 台州肥土 八紘			泲州成土 積冰 委羽			八紘 蒲州隱土 和邱 荒土	
		大夏 海澤 八殯		大冥 寒澤		八殯 大澤 無通		
			雍州 九州	冀州	九州 兖州			
飂風 西極之山 閶闔之門	金邱 沃野 弇州并土	九區 泉澤	梁州	中土豫州 王圻 冀州	青州	大渚 少海	陽州申土 棘林 桑野	東極之山 開明之門 條風
			荊州 九州	徐州	九州 揚州			
		渚資 丹澤 八殯		大夢 浩澤		八殯 具區 元澤		
	焦僥 炎土 戎州滔土 八紘			次州沃土 都廣 反戶			八紘 神州農土 大窮 衆女	
涼風 編駒之山 白門 八極				南極之山 暑門 巨風				八極 波母之山 陽門 景風

西　　　　東

西南　　　　南　　　　東南

每格方千里爲一小州
九格方三千里爲大州

右圖依《地形訓》原文排比環列，中以《禹貢》九州實之。内加冀州，以合九州舊名。蓋《地形訓》所言九州，實指外九州而言，非謂中國九州也。名既互異，地各不同。中土九州，經傳多詳。《淮南》特詳其所略，篇首所謂「墬形之所載，六合之間，四極之内」云云，即由中土推廣言之，亦如西人之言五大洲。《列子·湯問》之五山，佛家之言四大部洲，皆包舉宇宙言之也。今依文爲圖，不得不中列《禹貢》九州，以成方千里者八十一，方三千里者九。全圖方九千里，適合騶衍八十一分居一之説，而與《周禮》九畿之説亦訢合無間焉。況《淮南》言九州之外，此九州爲《禹貢》九州。乃有八殯，是九州明在八殯之内矣。今於四極格乃注《淮南》九州者，此九州爲大九州，與《禹貢》名同實異也。惟内外九大州只列侯綏三服，其地太狹，方里不合，故後圖必以要荒二服加之，爲方五千里。每州皆以五起算，加八州、八風二層，每州方五千里，合九州爲方萬五千里。《尚書》只言十二州，大行人只言蕃服之三十六方千里，文尚不備耳。八風亦入其中，風爲虚物，不能稱地。不知《淮南》八風既詳八至，則與八殯、八紘、八極、八州同例，因原文只言九畿，故未合數。今合要荒計之，不得不以實要荒數目。本擬即《淮南》九山、九塞、九藪加入八風格内，以實其地，而原文只舉其名，未明言所在之方，未敢臆斷。大約山塞藪之地即在其間，以原文先言九州，後即詳列其名，繼方言殯、紘、極也，是其明證。以全圖計之，方千里者二百二十五，方五千里者九，合爲方萬五千里，適合《禹貢》五服五千、大行人九州外曰蕃之説，而中外大九州之勢，朗若列星矣。

《爾雅》四極四荒四海五方考 舊題資中詹言撰

地球五大洲之説，人驚以爲聞所未聞。及考之經傳，則比比皆是，同學各有論撰，無煩贅言。第考《爾雅》一書，本爲解釋諸經之作，故《釋地》數篇，亦兼及大小二統。而注疏家囿於聞見，拘牽舊説，僅以禹州解之，不知經文固顯分中外，一經道破，未有不啞然失笑者。考其首言九州、十藪、八陵，此釋中國之地也。次言四極、四荒、四海、五方，此釋外國之地也。若第就中國言，恐不免重複之嫌，而經文所言中國四方之異氣，更不得其解。今以全球説之，覺難解之結，古今之紛，一旦通釋，值此舟車大通之世，環遊地球一周者不乏其人，當不至以騶衍談天譏其荒渺也。條考如左。

四極

《淮南子·地形訓》以八極在八殥、八紘之外，《時訓解》以五帝居五極。南北二極，即今地球之南北冰海，東西無定，以中央起算，亦如南北皆在極盡之處。

岠齊州以南戴日爲丹穴。

中國爲齊州。郭注：齊，中也。戴日爲赤道，丹穴乃赤道以南。《淮南子·地形訓》八極，「南方曰南極之山，曰暑門」。

北戴斗極爲空桐。

《莊子·在宥》篇《釋文》引司馬云：「空同，當北斗下山也。」則斗極即北極，北極爲北冰海地。《地形訓》：「北方曰北極之山，曰寒門。」

東至日所出爲大平。

即東方之大平洋。《大荒東經》：「東海之外，大荒之中，有山名大言，日月所出，蓋即大平也。」大平、大言，古讀音近。《地形訓》：「東方曰東極之山，曰開明之門。」

西至日所入爲大蒙。

即《楚辭·天問》篇與《淮南子·冥覽》篇之蒙汜。《地形訓》：「西方曰西極之山，曰閶闔之門。」

大平之人仁。

《地形訓》注：「東方木德仁，故有君子之國。」《時訓解》：「東極萬二千里，東皇太昊所司，以木德王，故爲仁。」

丹穴之人智。

《時訓解》：「南極萬二千里，南皇炎帝所司，以火德王，故爲智。」

大蒙之人信。

《時訓解》：「西極萬二千里，西皇少昊所司，以金德王，故爲信。」

空桐之人武。

《時訓解》：「北極萬二千里，北皇玄冥所司，以水德王，故爲武。」《氾論訓》云：「丹穴、太蒙、反踵、空同、大夏、北户，奇肱修股之民，是非各異，習俗相反，故有仁智信武之不同也。」

四荒。

《書・禹貢》「荒服」《正義》引王肅曰：荒，政教荒忽，因其故俗而治之。然猶在五服内者，若此荒服爲政教所不加，故次於四極也。

觚竹。

即孤竹。

北户。

即南球。赤道在其北，故《吴都賦》云：「開北户以向日。」

西王母。

《西域傳・安息長老傳》：「聞條支有弱水，西王母亦未嘗見也。」又曰：「條支臨西海。」是西王母乃西海荒遠之國，從未有人至其地者也。

日下。

鄭樵以爲即今之日本國也。

四海。

《詩》惟《商頌》言「肇域彼四海」、「四海來格」，以中國爲海外，四極八州之人稱四海也。《臯陶謨》之「外薄四海」，《禹貢》之「聲教訖于四海」爲小統，《詩》之「四海來格」爲大統。

九夷。

《論語》「子欲居九夷」，即浮海之意。《魯頌》云「奄有龜蒙，遂荒大東，至于海邦，淮夷來同」，即指此夷。

八狄。

七戎。

《魯頌》「戎狄是膺」，與海邦之淮夷蠻同在一詩，則戎狄亦爲海邦，在四海之外。

六蠻。

《魯頌》「至于海邦，淮夷蠻貊」，即指此蠻。戎、狄、蠻、夷無定稱，各就所在而名。就《春秋》言，則内四州爲中國，外四州爲夷狄。就《尚書》言，則侯、綏爲中國，要、荒爲夷狄。就《詩經》言，則海内爲中國，海外爲夷狄，《爾雅》題夷狄爲四海，專指海外而言。

五方。

東方有比目魚焉。

《封禪書》云：「東海致比目之魚。」按：今沿海一帶有之，以海爲斷，則仍爲海外之物。

南方有比翼鳥焉。《海外南經》：「比翼鳥在其東。」

西方有比肩獸焉。

北方有比肩民焉。

中有枳首蛇焉，此中國四方之異氣也。《楚辭·天問》篇注：「中央之州，有歧首之蛇。」今中俗以兩首蛇見者必死，故孫叔敖見而殺之。按經言中爲中國，則四方爲四裔，故中國獨見枳首蛇，而不見比目魚、比翼鳥、比肩獸、比肩民也。

《尚書大傳》、《淮南·時則訓》五帝司五州 舊題陶家瑤撰

五帝當以五德爲正解。《月令》以太昊、炎帝、少昊、顓頊分主四時者是也。然一帝主一季，而不以地分。若《時則訓》之説，則尤可異焉。考泰西以爲地球五大洲，以合《民勞》五章，中爲京師，四方爲四岳，則五洲合之爲五，分則爲九，證之《大行人》、騶衍九九之數，無不通也。乃《尚書大傳》、《時則訓》之説，則以五帝分占五州，每州萬二千里，一州一代，順序而推，

乘時而帝者，各據方位，以章徽號焉。《尚書大傳》：「東方之極自碣石東至日出榑木之野，帝太皞，神句芒司之。南方之極，自北户南至炎風之野，帝炎帝，神祝融司之。西方之極，自流沙西至三危之野，帝少皞，神蓐收司之。北方之極，自丁令北至積雪之野，帝顓頊，神玄冥司之。」《淮南·時則訓》云：「五位，東方之極，自碣石山過朝鮮，以上今中國地。貫大人之國，以下海外。東至日出之次，榑木之地，青土樹木之野，當爲今澳洲。太皞帝爲君。句芒神爲臣，以下仿此。之所司者，萬二千里。此主東方，爲東岳，亦謂之東帝。南方之極，自北户孫之外，赤道以南乃北户。貫顓頊之國，南至委火炎風之野，當爲今非洲。赤帝祝融之所司者，萬二千里。《莊子》所謂「南海之帝爲儵」，所謂「南溟」、「圖南」。中央之極，即今中國，《詩》所謂「宛在水中央」。自昆侖東絶兩恒山，日月之所道，江漢之所出，衆民之野，五穀之所宜，龍門河濟相貫，以息壤湮洪水之州，東至于碣石，中東以碣石分。黄帝后土之所司者，萬二千里。《莊子》所謂「中央之帝爲渾沌」。案：當爲今亞洲。西方之極，自昆侖絶流沙沈羽，西至三危之國，石城金室飲氣之民，不死之野，少皞蓐收之所司者，萬二千里。當爲今歐洲。北方之極，自九澤窮夏晦之極，北至令正之谷，有涷寒積冰，雪雹霜霰，漂潤群水之野，顓頊玄冥之所司者，萬二千里。《莊子》所謂「北海之帝曰忽」，當爲今俄北美地。按：《大傳》與《時則訓》以五帝分據五州，南北爲經，東西爲緯，實發源於《山海經》之海外南、西、北、東四經。考四極爲四岳，一極分二州，合中央爲九州，一州之中，又分爲小州九，計共得八十一内州。是每州於方一萬二千里，截長補短，共得八十内州，三十二要荒州也。東西南北四極，於教化未通之先爲夷狄，爲海邦，中央用夏變夷以裁成之，如春秋之以内州化外州。開通以後，同尊聖教，則中央爲神京，四極爲四岳，如《禹貢》之四岳八伯，喜起賡歌。黄帝居中，如禹州之豫州，少皞在西，如周之都雍，太皞在東，如周公之居東。考五帝舊都，本皆在中國，今順五行之序，移之於四極，由小以推大，亦如太師摯適齊一章，廣魯樂於天下之意，此九州開通太平之極致也。又五極有五帝五神，將來如法黄帝以土德王者，留京行京皆在中央，中央爲君，四方之四神爲四岳。法太皞以木德王者留京在東極，行京在中央，東帝爲君，中央神后土，合南北西三神爲岳。法少皞以金德王者留京在西極，行京在中央，西帝爲君，中央神與東北南之三神爲岳，南北仿此。《詩》之所謂「顛倒衣裳」、「自西徂東」與「我征徂西」是也。北極以水德王者，留都在北，行京在中央。南極以火德王者留都在南，行京在中央，《詩》之所謂「黄流在中」、「南山有臺」、「北山有萊」是也。由此推之，則《詩》之四風即《地形訓》之八風，《詩》之四門即《地形訓》八極之八門，四海即《山海經》之海外四經，皆在中國之外。按《詩》三《頌》法三王三統，周火德，魯水德，商金德，此傳記之明文也。乃《詩》之三統則爲素、青、黄，所謂「緇衣羔裘」、「素衣麑裘」、「黄衣狐裘」者，周德尚赤而改爲尚黄，雖以東周都洛陽可謂尚黄，是則借小三統王道以明大三統帝道，魯以寓太昊，商以寓少皞，周以寓黄帝。大三統不用尚赤之炎帝，而以尚黄之黄帝居中建極，臨馭四方，所謂「充耳以黄」、「狐裘黄黄」，改赤爲黄，即明示以《詩》之三統乃黄帝、太皞、少皞，而非夏、殷、周小統也。三王三統，已詳於《書》，則《詩》不應重見，而帝道大同，無徵不信，不得不假託三代以起例。是《詩》之三統，全指中央、東極、西極之明證也。《左傳》、《詩譜》於國風中皆詳考五帝舊都，如衛爲顓頊之墟，魯爲少皞之墟，陳爲太皞之墟，唐爲堯都，齊爲爽鳩之墟，檜曹爲二火正之墟，皆寓移封之例。《禹貢》九州之内，兼寓全球，此以小化大之妙用也。又郯子論官，以太皞爲龍，少皞爲鳳。《易》之乾卦言龍，坤卦言鳳，朋古鳳字。《易》凡言朋者，皆屬坤。是乾爲陽，爲左，爲日，爲東北，爲先甲後甲，爲帝乙，爲魚。坤爲陰，爲右，爲月，爲西南，爲先庚後庚，爲高宗，爲虎。黄帝居中央，爲太極，統坎、離之中卦。乾卦内三爻「潛龍」、「見龍在田」，皆指太昊都東極；外三爻之「躍淵」、「飛龍在天」，則以中央爲行都之事也。内外六爻分兩京。坤卦内三爻「直方大」、「含章」，指少昊都西極；外三爻「黄裳元吉」、「龍戰于野」，則以中央爲行都之事也。考八卦方位，東震長男，北坎中男，東北爲男，爲一類；西兑少女，南離中女，西南爲女，爲一類。坤象「東北喪朋」、「西南得朋」，男女龍鳳之所以分也。《莊子》：「北溟有魚，其名爲鯤，化而爲鳥，其名爲鵬。是鳥也，海運則將徙於南溟。南溟者，天池也。」鵬，龍屬，東可兼北，可爲北溟之鯤，南方屬女爲鳳屬，故必化鵬乃可圖南，即乾爲群龍，坤西南得朋之師説。郯子之龍鳥名官，爲《詩》之師説，又爲《易》之師説，此又《詩》、《易》相通之證也。《易》以太皞爲東鄰，少皞爲西鄰。東鄰主文，西鄰主質。以下經三十卦推之，咸、恒十卦爲少皞，爲西鄰，爲質，爲野人，爲和卦，爲狷，爲西南。震、艮十卦爲大皞，爲東鄰，爲文，爲史，爲别卦，爲狂，爲東北。損、益十卦爲中央，爲黄帝，爲君子。

咸、恒十卦皆和，震、艮十卦皆别。質勝文則野，文勝質則史。惟損、益十卦居中，所統八卦，四和四别，所謂文質彬彬，然後君子。東長爲狂，西少爲狷，損益合中，故益兩言中行。孔子云「不知所以裁之」，「求也退，故進之；由也兼人，故退之」，又曰「過猶不及」。損、益居中建極，化成天下，如土德居中，化成萬物，此中央之所以貴於四極也。《時則訓》以五帝分據五州，爲大統之宏綱，《易》、《詩》之要義。古賢舊説，佚存於《淮南子》中，一字千金，所當急爲表彰者也。

道家儒家分大小二統論 舊題井研施焕撰

四益館説以九流皆出於四科，而道家爲德行之支派，或頗疑其新創，未足以爲定論，試爲申之。謹案木鐸之事，自孔子始。孔子以前，無著書立教之事。今諸子所稱神農、黄帝，《人表》所列諸古人，蓋皆出於依託。《文史通義》云：《管子》、《莊子》皆記二子之死，是非二子親著也可知。黄帝以七十二戰得天下，《史記》云「道家無爲，又曰無不爲」，初非清淨無爲。老子習禮，於典章文物本極詳明，見於《戴記》。《莊子》所稱黄帝、老子，自以爲出於寓言，不必事實。則道家者流，考其宗派，實發源於孔子。其稱述黄老，皆屬依託，非其實也。考諸子中道家於孔子尤近。以《論語》言之，「譬如北辰」、「天何言哉」、「無爲而治」、「惟天爲大，惟堯則之」、「蕩蕩乎民無能名」、「志於道，據於德」之類，與道家符同者不下數十條。當輯出，證以老莊之説，爲《論語道家考》一册。是孔子固嘗祖帝道，法大統，不僅煦煦爲仁，孑孑爲義，如莊、列所譏而已。孔子六藝四科，如天之大，九流諸子，皆在包羅之中。道家、陰陽家爲德行科，爲《易》、《詩》科；名、法、農、墨爲政事科，爲《春秋》、《書》、《禮》科；縱横、小説爲言語科，爲《詩》科；儒家爲文學科，爲《尚書》、《春秋》科。諸家雖同出孔子，而傳誦六藝，則爲儒家所專。如孟、荀之言堯舜、三王，經師博士之於《詩》、《書》、《禮》、《樂》，孔子之跡尤近，自認爲孔子嫡派。學者亦遂以孔子專屬儒家，而德行、言語、政事三科皆别求祖宗，以與文學之士異道而馳，互相駁難，再傳而後，愈失其真。諸子家數典忘祖，昧其所自出，儒家者流，遂自號爲孔子宗子。按六藝之傳，有帝、王二派。王統治禹州，地僅五千，風俗政教大抵相同，故可以《王制》之法畫一而治。至於帝統，地合全球，好尚不同，文質相反，如南北之異嚮，棧白之異種，不可以一隅畫定之法治之。故老莊之説，在於自然任人，而不自持一定之見。中國之化，不能以治全球，此道家所以異於儒也。《易》、《詩》、《樂》言海外百世不惑之事，在當時則無徵不信，如騶衍大九州，《尚書考靈曜》地有四游。大統之説，間有留傳，而不敵《春秋》、《尚書》之明備。學者以小統之説解《易》、《詩》、《樂》，而大統之説遂絶。即道家者流，亦不知其宗旨實出於《詩》、《易》，而惟黄帝、老子之是尊。故《莊子》説六藝以爲芻狗，爲糟粕，而不知《老》、《莊》宗旨全出於三經。以道家論，可以譏《春秋》、《書》、《禮》，而不可以譏《易》、《詩》、《樂》。《老子》云：「道失而後德，德失而後仁，仁失而後義。」説者以道德仁義爲皇帝王伯之宗旨。《論語》「志於道，據於德，依於仁，游於藝」藝當爲義，聲之誤。一章，即指皇帝王伯之事而言。道家爲皇帝之學，治大統。故老子著書，以「道德」爲名，而非毁仁義。莊、列、文、尹諸家屢引黄帝爲説。不知《易經》首伏義、神農、黄帝而及堯、舜，《大戴·五帝德》首黄帝、顓頊、帝嚳，而終以堯、舜。《易》、《詩》言帝道，言海外，《莊子》所謂周游六虚，游心四海之外，游於六合之内，乘雲御風，飛行六合者，其文義皆見於《易》、《詩》。是道家宗旨，即三經師説，老、莊、文、尹實即《易》、《詩》之先師。故其文其義統括於帝道大統之經，不能自外，非能出於六藝外而别成一派。班書譏《史記》先黄帝而後六經，蓋不知黄老即在六經之中，其説誤也。《史記·自序》引《六家要指》，其論儒家曰：「儒家以六藝爲法，六藝經傳以千萬數，累世不能通其學，當年不能究其禮，故曰博而寡要，勞而少功」云云，是儒家爲後世之經生博士，爲文學科流派之明證也。其論道家曰：「因陰陽之大順，采儒墨之善，撮名法之要，與時遷移，應物變化，立俗施事，無所不立，旨約而易操①，事少而功多。儒家則不然，以爲人主天下之儀表，主倡而臣和，主先而臣隨。如此，則主勞而臣逸。」是道家專爲君道，用賢任術，爲後世帝王之學，爲聖門德行科之明證也。按論諸子惟史公最古最確，非諸家所及。以聖門而論，如顔淵、閔子騫、冉伯牛、仲弓四賢，即爲道家祖宗，其學派爲

① 操：原作「探」，據《史記·太史公自序》改。

道家之黄老。上古之黄老不必如此。故《莊子》内外篇於孔子有尊崇，有詆譏。尊崇者大統君道，《易》、《詩》、《樂》之孔子，詆譏者小統臣道，《春秋》、《書》、《禮》之孔子也。《六家要指》：「道家有法無法，因時爲業，有度無度，因物與合。故曰：聖人不朽，時變是守。」孔子許閔子騫以孝，孝爲至德要道。許仲弓以南面，以敬簡爲主，即道家「虚者道常，因者君綱」之説。莊子稱顔子齊心，孔子與顔子論爲邦，皆君道之大綱，非諸子所得與聞。按孔子弟子又有君道、臣道二派。德行，君道也；政事、言語，臣道也。孟武伯、季康子所問三子，及言志之子路、冉有、公西華，爲智、仁、勇三公之事，專門名家，各修一職，爲儒家所稱道。曾晳之異撰，所云暮春服成，童冠詠歸，如帝王用賢，無爲而治之事，爲孔子所許。顔子農山言志，所謂由失其勇，賜失其辯，求失其藝，與曾晳之説，互相發明。《易》、《詩》爲帝王之學，爲道家之所祖。仲弓、顔子同列德行之科，與史公主逸臣勞、采儒墨、撮名法者相同，此又道家出於德行之明證也。莊、列所譏之孔子，皆儒家一家之孔子，而其所宗祖之黄帝、老子，實即大統之孔子，知十而不知二五，非通論也。蓋仲尼卒而微言絶，七十子喪而大義乖。莊老攻儒，儒攻莊老，皆門户一孔之見，爲通人所譏。又諸子之書皆非自撰，弟子治其學者，紀録以成一家之言，變本加厲，矯枉過正，務求自立門户，多至誣罔其師，皆末流之弊，使諸子執筆爲之，必不至此。如墨子尚儉、非樂、貴同、敬鬼，本原《論語》「禹無間然」一章宗旨，所謂「菲飲食而致孝乎鬼神，惡衣服而致美乎黻冕，卑宫室而盡力乎溝洫」，治其學者遂欲以薄葬短喪、喪三日、非樂、手足胼胝爲教，顯與聖經相背，攻之愈急，持之愈堅，相激而成，轉失本旨。諸家末流之弊，大率相同。故農家者流，欲使帝王並耕而食。名家者流，堅持「白馬非白」之義。刑名、法術、縱横家弊愈多，爲害愈著。蓋諸子專門名家，獨申一義，雖有奇功，而惡名亦甚著。如醫家之用重劑獨方，病愈人猶疑之，不如輕劑衆品者功多而過少。儒家讀書博，顧忌多，不能絶羁而馳，雖無奇功，亦無顯過。三代以下，儒家盛行，諸家廢絶者，職此之由。凡人能立一派，創一學，其精神才力必皆過人，其補救裁成亦别有妙用。學者後起，不得其精華，而徒襲其偏駁，著書立説，詈人以自申，此固學者之誤。然君子標立宗旨，不可不慎重矣。今論各家宗旨，皆就其始師考其踪跡淵源之所出，末流晚師，附會隱託，歧中又歧，不可究詰，其同異不足與深辨矣。

《大行人》九州即騶衍大九州考舊題陶家鈺撰

《夏官・大司馬》：「乃以九畿之籍，施邦國之政職。方千里曰國畿，其外方五百里曰侯畿，又其外方五百里曰甸畿，又其外方五百里曰男畿，又其外方五百里曰采畿，又其外方五百里曰衛畿，又其外方五百里曰蠻畿，又其外方五百里曰夷畿，又其外方五百里曰鎮畿，又其外方五百里曰蕃畿。」《職方氏》：「乃辨九畿之邦國，方千里曰王畿，其外方五百里曰侯服，又其外方五百里曰甸服，又其外方五百里曰男服，又其外方五百里曰采服，又其外方五百里曰衛服，又其外方五百里曰蠻服，又其外方五百里曰夷服，又其外方五百里曰鎮服，又其外方五百里曰藩服。」按《大司馬》曰畿，《職方》曰服，文異義同，至其所言九服、九畿，皆不數王畿，合王畿是爲十畿，方萬里。騶衍八十一州，《淮南》九州、八殥、八紘、八極，開方皆爲九千里，合九畿之數。《周禮》名曰九畿，實爲十畿。同學以騶衍八十一州、《淮南》九州、八殥、八紘、八極合《周禮》九畿，著爲論説，固無不合，惟《周禮》以十畿開方，溢出蕃畿一層，方千里者一十八，此不合者。又以《大行人》考之，云邦畿方千里，其外方五百里謂之侯服，歲壹見，其貢祀物。又其外方五百里謂之甸服，二歲壹見，其貢嬪物。又其外方五百里謂之男服，三歲壹見，其貢器物。又其外方五百里謂之采服，四歲壹見，其貢服物。又其外方五百里謂之衛服，五歲壹見，其貢材物。又其外方五百里謂之要服，六歲壹見，其貢貨物。九州之外謂之蕃國，世壹見，其各以其所貴寶爲摯。以《司馬》、《職方》之九畿校《大行人》，《行人》少蠻、夷、鎮三服，而有異名之要服。《行人》雖止七服，而蕃服之名與《司馬》、《職方》同，是《大行人》以要服包《司馬》、《職方》之蠻、夷、鎮三服言之，故九畿之蕃服與上二文同也。《大行人》以九州之外爲蕃，是八畿八服以内爲九州，蕃服爲九州之外無疑矣。考八畿以上開方得九千里，九州以方千里計，得三服方三千里。今以方九千里爲九州合九服，是以方三千里縱横六服爲一州，每州得方千里者九，九州合爲方千里者八十一，則《大行人》之九州即鄒衍之大九州，以方九千里分九州之説，無疑矣。鄭君不知《大行人》之九州爲大九州，因《大行人》合王畿止見七服，遂以爲《周禮》以方七千里爲九州，七七得方千里者四十九。王畿方千里者一，八牧八州各得方千里者六，六八四十八，合王畿得四十九全數，顯與九畿明説相背。且一牧之地大於天子五倍，種種乖謬，皆緣不知《行人》之九州即鄒衍之大九州，以此致誤耳。或曰鄒衍、《淮南》皆以方九千里開方，合於《周禮·大行人》之九州，是矣。但《周禮》九畿之蕃服，實以萬里開方。即以蕃服一服而言，已溢出方千里者一十八，則又何以説之？曰：考《禹貢》五服，九州爲甸侯綏，其外更有要荒二服。侯綏爲九州，要荒爲十二州。鄒衍、《淮南》但據侯綏之九州立説，已爲九九八十一州，以方十二州計之，中國一大州，十二外州以此推之，海外八州當得外州九十六，《周禮》蕃服溢出之一十八方千里，即海外要荒之外州九十六中之一十八也。以十二州起算，尚有六十方千里未見明文。又内州九，要荒當爲十六州，中國以東方邊海，故不置州。海外以十六州計之，該爲一百四十四州，於百四十四中除去一十八，尚有百二十六州不見也。《周禮》以方萬里分九州，故内州見八十一，外州見一十八。今合全球考之，截長補短，開方當在二萬里之外，僅以萬里封國，此大略之言，未盡其實。今於九服之外再加二服，合爲方一萬之外加二服，共爲方千里者五十二。於八十二中除去五十二，尚有三十州，必再加一畿，合爲二千里，得方千里者四十四，於百二十六中除去四十四，尚有八十二州。再於方一萬二千里方千里者二十八。以三十州除去二十八，不足者二州，乃合其數。是以方一萬五千里，可以封内州八十一，封外州一百四十四，合計地球實地，除去開方萬五千里之外，餘地尚多。或以其地荒确不封國，或以名山大川爲界，廣狹在所不拘，亦或臨時別有新章。總而言之，由小推大，今學畫井分州之制，得方萬五千里，而能事畢矣。《大行人》「九州之外曰蕃」一語，略見端倪，不再推廣。實則九服之外尚須再加五服，文義乃備。詳九州之內，而其外可推。以蕃服包外六服，亦如以要包蠻、夷、鎮三服也。由此推之，則《周禮》有兩九州，一小九州，一大九州。小九州則禹所敘之九州，《職方》之九州是也；大九州則《大行人》之九州是也。至於《職方》之幽、并二州，以小統言之，則爲侯、綏之外州，以大統言之，則爲海外之二州。《淮南子・地形訓》：正西曰并土，八殥。北方曰寒澤，八極。北方曰幽都之門。至於所言水地，先儒皆就中國解之，實則爲繙譯例，如三《頌》之淮夷、荆楚、氐羌、南夷、蠻貊，雖爲中國舊名，實則海外之國，所謂號從中國者也。以《周禮》爲海外大一統之書，不於此而益信哉！

四游説 舊題羅煦撰

西人地動天不動之説，中人詫怪，莫之或信。及觀《尚書考靈曜》所述，與夫《河圖帝覽嬉》之文，皆暢論四游之本旨，而《堯典》之「光被四表」，鄭氏康成以爲四表即四游，取義脗合。至於各經注疏家，詳四游者歷歷可指，可見中人已先西人啓其厥詣，非西人能爲中人創其奇聞也。夫王者巡守，亦重四游，巡守一年一終，如地球之四游一年一周。然王道小統，祇能四游即游於四岳。將來王者法帝道大統，必能四游於四海。《孟子》言「一游一豫，爲諸侯度」，游即指四游之游也。今中人弗道其義久矣，西人竟持其説以聳聞天下，是以吾家本有之物爲外人襲取，良可悲也。兹仍首録西人四游圖於左，次録大小二統四游圖於後，又次録經説，以顯明其理，而證以西人之言，乃知西人之説非出自我中人爾。

西人四游圖

中外大小二統四游圖

釋寤寐思服悠哉悠哉輾轉反側

四游引經説附西人説

附釋游

西人四游圖

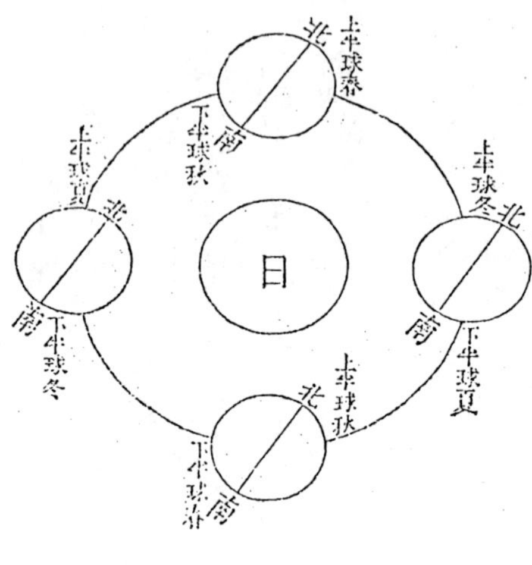

如圖，地球自轉本軸而成晝夜，又繞日而行以成四季。即如上球爲春，此時赤道與黄道交接，日光直照在赤道上，二極爲恰受日光之界，地面各處晝夜平分。越三月，地球行至圖之左爲夏。此時北半球向日，日光直照，晝長，圈上日長夜短，北方諸國炎熱，夏至之日至長。惟南半球則與此相反。過夏至後，日漸短。越三月，地球行至圖之下，爲秋。此時赤道亦與黄道交接，日光直照赤道上，地面到處晝夜均長。越三月，地球行至圖之右，爲冬。此時南半球向日，日光直照，晝短。圈上日短夜長，南方諸國炎熱。如此繞日一周，即爲一年也。

大小二統四游圖

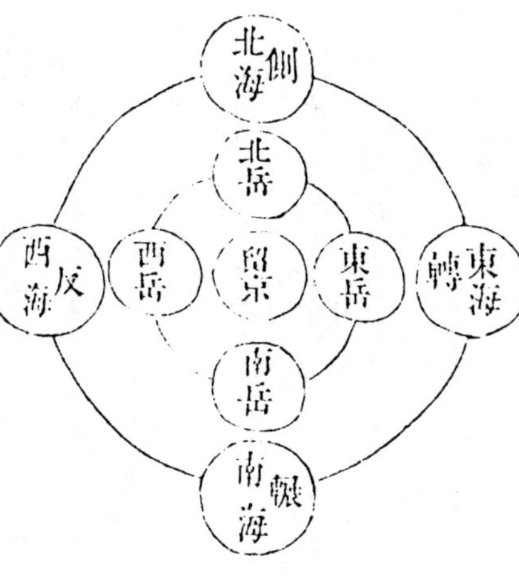

如圖中爲王者留京，內一層爲王道小一統，故四游於四岳。外一層爲帝道大一統，故四游於四海。巡守者游也，巡守一年一終，如地之繞日而游，亦一年一周也。

寤寐思服悠哉悠哉輾轉反側

按「悠」音義近「游」，「優哉游哉」、「優游爾休」可證。「悠哉悠哉」，即謂游行也。孟子「吾王不游」，以巡守爲游。「輾轉反側」即地球之繞日四游，成此輾轉反側四種之形。服者，五服，所謂侯、甸、綏、要、荒也。思即巡行，所謂京師，亦即《緑衣》之絲也。《文王有聲》曰「無思不服」，《駉》曰「思無疆」，《那》曰「綏我思成」，《烈祖》「賚爾思成」，皆以思爲王者巡行。王者居中，法日巡行地之四游。地以四游成四時，王者以四游平四海。小統王四游爲四岳，大統帝四游爲四海。「寤寐」二字，即中外之分，東北爲寤，西南爲寐，即幽明陰陽之義。故「輾轉反側」爲四游，爲巡行，爲内外。《中庸》「喜怒哀樂未發爲中，發而中節爲和」，即四游也。

四游引經説附西人説

《周禮·地官司徒》：「日至之景尺有五寸，謂之地中，天地之所合也，四時之所交也，風雨之所會也，陰陽之所和也。」

鄭注：「景尺有五寸者，南戴日下萬五千里，地與星辰四游升降於三萬里之中，是以半之得地之中也。」

賈公彦疏云：「地與星辰四游升降於三萬里之中者，《考靈曜》文。言四游升降者，春分之時，地與星辰復本位；至夏至之日，地與星辰東南游萬五千里，下降亦然；至秋分，還復正；至冬至，地與星辰西北游亦萬五千里，上升亦然；至春分，還復正。進退不過三萬里，故云地與星辰四游升降於三萬里之中，是以半之得地之中也。」

侯失勒《談天》云：地自轉，故地平界之東半向下行，而西半向上行。然其行人不能覺，故反疑諸曜漸移，見地平界吐星而曰星出地平焉，見地平界掩星而曰星入地平焉。嗚呼，亦傎矣！

《禮記·月令》孔穎達疏云：「二十八宿之外，上下東西各有萬五千里，是爲四游之極，謂之四表。據四表之内，並星宿内，總有三十八萬七千里，然則天之中央上下正半之處，則一十九萬三千五百里，地在其中，是地去天之數也。」

鄭注《考靈曜》云：「地蓋厚三萬里。春分之時，地正當中，自此地漸漸而下，至夏至之時，地下游萬五千里，地之上畔與天中平。夏至之後，地漸漸向上，至秋分地正當天之中央。自此地漸漸而上，至冬至上游萬五千里，地之下畔與天中平。自冬至後地漸漸而下。此是地之升降於三萬里之中。但渾天之體雖繞於地，地則中央正平，天則北高南下。北極高於地三十六度，南極下於地三十六度。南極去北極一百二十一度餘，若逐曲計之，則一百八十一度餘。若以南北中半言之，謂之赤道，去南極九十一度餘，去北極九十一度餘，此是春秋分之日道也。赤道之北二十四度，爲夏至之日道，去北極六十七度也。赤道之南二十四度，爲冬至之日道，去南極亦六十七度。」

歌白尼論春夏秋冬四季之輪流，亦由地運動而生。地球所循之本輪，相應於渾天之黄道。地兩極之軸，斜行於黄道之軸，而地赤道斜行於本輪各二十三度半，是爲黄赤。距緯地循本輪，其軸恒斜，而其極恒向天之兩極。設地球之與太陽應者在赤道北二十三度半，此處見太陽於天頂，此時地旋轉於本心，則見太陽於夏至圈繞地左行，北方之晝長，南方之晝短。夏至後第八日，爲太陽最高之時，因此時地距太陽最遠故也。地循本輪與太陽應者漸近赤道，太陽正當地之赤道，此時地旋轉於本心，則見太陽於赤道圈旋行，而晝夜適平。秋分後地球與太陽應者漸距赤道向南，在赤道南二十三度半，此時地旋轉於本心，則見太陽於冬至圈繞地左行。冬至後第八日，是爲太陽最卑之時，因此時地距太陽最近故也。地循本輪與太陽應者漸近赤道，則見太陽於赤道圈旋行。地行本輪一周，人從地面視之，則見太陽於黄道上循行一周，而爲一歲矣。

《禮記·月令》孔穎達疏云：地有升降，星辰有四游。鄭注《考靈曜》云：「天旁行四表之中，冬南夏北，春西秋東，皆薄四表而止。地亦升降於天之中，冬至而下，夏至而上；二至上下，蓋極地厚也。地與星辰皆有四游升降。四游者，自立春地與星辰西游，春分西游之極，地雖西極，升降正中，從此漸漸而東，至春末復正。自立夏之後北游，夏至北游之極，地則升降極下，至夏季復正。立秋之後東游，秋分東游之極，地則升降正中，至秋季復正。立冬之後南游，冬至南游之極，地則升降極上，至冬季復正。此是地及星辰四游之義也。」

《地球圖説》：水、金、地、火、木、土六曜之本輪旋繞乎太陽，太陰之本輪旋繞乎地球，而土、木二星又各有小星之本輪繞之。然太陽、地球、土、木非爲各本輪之中心，而微在其一偏，其相距之數各爲兩心差。歌白尼將此諸輪作不同心之圈，而刻白爾細察游曜之固然，證此諸輪皆爲橢圓。

《禮記·月令》孔穎達疏云：「日有九道。」

《考靈曜》云：「萬世不失九道謀。」鄭注引《河圖帝覽嬉》云：「黄道一，青道二，出黄道東；赤道二，出黄道南；白道二，出黄道西；黑道二，出黄道北。日春東從青道，夏南從白道，秋西從白道，冬北從黑道。立春星辰西游，日則東游，春分星辰西游之極，日東游之極，日與星辰相去三萬里。立夏星辰北游，日則南游。夏至星辰北游之極，日南游之極，日與星辰相去三萬里。以此推之，秋冬倣此。」

侯失勒《談天》云：金、水二星，如偕日而行，離日之度有定界，或在日東，或在日西。在日東則日入後見於西方，名昏見；在日西則日出前見於東方，名晨見。離日最遠水星不過二十九度，而金星則四十七度，在日東最遠，與日同速。

釋「游」附

《詩經》凡扼要綱領處，用韻多在今韻十一尤中。如《關雎》、《柏舟》、《長發》諸篇，不一而足。故洲、逑、流、鳩、游、求、悠、優等字層見迭出，皆爲大一統浮海涉川而言。如游字至於數十見，或以中國爲心，爲潛、爲守，海邦爲師、爲行、爲外。總之留都設於禹績，統以居爲大名，駕言涉於四海，統以游爲標目，而地有四游，尤爲游之切證。考王者居心建極，四方來朝，此北辰居所而衆星共之，法天之事也。斗柄四指，因時布政，地之四時游行與之符合。王者四時巡守四岳，春東、夏南、秋西、冬北者，即此法地之四游。《孟子》「吾王不游，吾何以休」，以游爲巡守，此即《詩》之本訓。考西人四游，地球繞日，有輾轉反側之形，則《關雎》之「輾轉反側」，以之訓四游，尤爲切合。日在中，地以四游繞之而成四時，都城在中，王以四巡環之而服四海。《關雎》之「悠哉悠哉」，悠與游音近義通。《采菽》之「優哉游哉」，《卷阿》之「優游爾休」可證也。地四游繞日，王者四游繞禹都，故游字爲大一統之標目。故《莊子》言游者尤多。考諸子立説，多緣《詩》出。如《左傳》、《國語》、《史記》於蔡國之君不稱公而稱侯，實因《春秋》一書葬蔡桓侯，因經一稱侯，遂無公稱。故《莊子》諸言出行，皆曰游。《内篇》言游者二十，《外篇》言游者四十。如《逍遥游》「出入六合」，「游乎九州」，此大九州。「予少而自游於六合之内」，六合之内，即四海之外。「予又且復游於六合之外」，六合之外，即爲《易》説，即釋家之三千世界。「乘道德而浮游」，「游乎萬物之所終始」，「乘雲氣，御飛龍，而游乎四海之外」，即《詩》之「海外有截」。「乘雲氣，騎日月，而游乎四海之外」，「游乎塵垢之外」，「彼游於方之外者也，帝大統之道。丘游方之内者也」。王小統之道。凡此言游，皆指大統巡行四瀛而言。至於「老聃曰吾游於物之初」，

「知北游於玄水之上」，「嘗相與游乎無何有之宫」，「若乘日之車，而游於襄城之野」，「惟聖人乃能游於世而不僻」，「老聃西游於秦」，「孔子游乎緇帷之林」，「吾所與吾子游者」，「游乎天地」，「人能虚己以游世，其孰能害之」，如此之類，可以不言游而亦言游者，以游爲目，故全書至於六十餘見也。

「思無邪」説 舊題宋維儀撰

《論語》：「《詩》三百，一言以蔽之，曰：思無邪。」舊説以思爲心思，邪爲邪正，説本平正，惟《詩》之立教，其功甚鉅。《詩》專在「無邪」，孰是經而教人以邪者？殊未足以達聖言立詩教之準。况原文「思無邪」之先有「思無疆」、「思無期」、「思無斁」三「思」字。「思馬」又連見四思字，連文並見。「無」字上四「思」字猶可解，「馬」字上四「思」字，非以爲語助詞，則不可解。邪從邑牙聲，當讀爲涯，《行露》「無牙」亦即此義。牙、邪音同，《莊子》所謂「其生也有涯，其知也無涯」，「無邪」與首章「無疆」同義，便文叶韻，並無二義。帝道大統，與「無疆」爲標目，故三《頌》言「無疆」者十餘見。按《尚書》爲三王之書，《禹貢》「聲教訖于四海」，以禹州爲斷，此所謂有涯也。《詩經》帝道大統，「海外有截」，孔子所云「思無邪」者，與《書》對文。《書》小統有邪，《詩》大統無邪，此小大二統之分，即帝王《詩》、《書》之所以别也。「無邪」當讀爲「涯涘」之

「涯」，非「邪正」之「邪」也。或曰：讀《駉》卒章之「邪」爲「涯」，以求合於首章之「無疆」可也，又何以解於「思」字之不辭乎？曰：《詩》言「思」字最多，舊解多以「思」字爲語助詞，其最難解者莫如《文王有聲》「無思不服」，《關雎》「寤寐思服」，《那》「綏我思成」，三「思」字與「服」字相比連文，不可以爲思念，不能以爲語詞。蓋能解思、服二字之義，方能解「思無邪」之「思」。按《詩》例，服字名爲衣服，義皆作「弼成五服」之服字解，據疆域而言，非「衣服」之服。如「既成我服」、「我服既成」、「服之無斁」，皆以衣服比疆域。《文王有聲》篇云：「自西自東，自南自北，無思不服」，於「服」上言「思」。據文義，當指東西南北四字而言，思必實字乃通。蓋服即指《尚書》之禹服，「無思不服」者，謂中國之外，東西南北四海之外，無不歸入版圖，定爲侯甸。就其疆域畫井分州，所謂「弼成五服」、「我服既成」者也。考《洪範》五事之例，「五曰思」，思居貌、言、視、聽四方之中，思如五行之土。《詩》例以心爲京，心之所發爲思，即以思爲行。京、心、思連文，音與京師相近，故《詩》言心者通指中國留京舊都，稱爲心，所謂中心、我心是也。海外行京巡守所至之地，則稱爲思，「無思不服」者，謂海外東、西、南、北各州皆弼成五服。海外東、西、南、北八大州皆倣《禹貢》之例，弼成五服。《關雎》之「寤寐思服」，《那》之「綏我思成」，實其明證。《蟋蟀》篇之「職思其居」，謂中國。「職思其外」，謂海外。合中外爲一統。《甫田》之「無思遠人」，「思遠人」謂收服海邦。齊爲小統，故不思遠人。《無羊》之「爾牧來思」，思爲實地，如《春秋》之師與京師，故可言來。其餘雜見之條，皆可由此推之。考《詩》、《書》、《禮》、《樂》古爲四教，《詩》與《書》對，

《樂》與《禮》對。《書》之外，所以必再以《詩經》立教者，《書》爲小統，《詩》爲大統，《尚書》有疆，《詩》則無疆，兩經分別之故。一言以蔽之，《詩經》以大一統爲綱領，《尚書》以禹小九州爲《詩》之《國風》，《詩》則以《國風》之大九州爲《書》之《禹貢》。《書》言帝王以往行事，徵諸目見，故可質言實舉。所謂書者如也，據事直書，如今之文。如其事而書之。《詩》言百世以後大一統之制，無徵不信，不能實指明言，故託之於《詩》，諷詠比興，言在此而意在彼。「詩言志」，心之所之爲志是也。未能見諸行事者，故謂之志。《尚書》如後世之文體，皆據事直陳；《詩》如後世之詩辭，皆微文託意。聖人恐人不識二經宗旨之異同與微文取義之旨，故大聲疾呼，曰「思無邪」，以定《詩》之大綱宗旨。他如《公羊》之所謂「大一統」，《莊子》之所謂「游於四海之外」，《中庸》之所謂「凡有血氣者，莫不尊親」，一言以蔽之，曰「思無邪」。學者苟能知此，則於《詩》教思過半矣。

法界安立圖四洲説 舊題釋智誠撰

昔之言四洲，始於我佛説《長阿含經》。言九州者始於戰國騶衍，漢後儒者不知地球之大且廣也，遂譏佛經爲幻説，鄙騶衍爲荒唐。至今日而中外開通，輪舟來往，遍及五洲，乃知古人之説固信而有徵也。考佛説《長阿含經》云：世界之衆，多於恒河之沙。恒河一名競伽河。世界之起，而成、住、空、壞之增減乘之。一須彌山，一四部洲，一日月，合之而爲一世界也。四洲之内，我佛所化，惟南贍部洲耳。又名閻浮提。此洲之北，有須彌山焉。其洲之背有洲名北俱盧，又名鬱單越。其山之左有洲名西牛賀，又名俱耶尼。其山之右有洲名東勝神，又名弗子逮，又名弗盤提。而日月迴旋，迭成晝夜，此佛經四洲之説也。《史記·孟荀列傳》云：騶衍之説「先驗小物，推而大之，至於無垠。先序今以上至於黄帝，學者所共術，大並世盛衰，因載其禨祥制度，推而遠之，至於天地未生，窈冥不可考而原也。先列中國名山大川、通谷禽獸、水土所植、物類所珍，因而推之，及海外人之所不能睹。稱引大地剖判以來五德轉移，治各有宜，而符應若玆。以爲儒者所謂中國者，於天下乃八十一分居其一分耳。中國名曰赤縣神州，赤縣神州内自有九州，禹之序九州是也，不得爲州數。中國外如赤縣神州者九，乃所謂九州也。於是有裨海環之，人民禽獸莫能相通者。如一區中者乃爲一州，如此者九，乃有大瀛海環其外，天地之際焉」。此騶衍九州之説也。然考之讖緯，證之諸子，四洲、九州之説，佛之前有開其先者，衍之後有述其義者。考《河圖括地象》言：中國爲赤縣神州，曰中土，《禹貢》之小九州也；《淮南·地形訓》亦言大九州，東南爲神州，正東爲申土，此其説皆可與佛説、騶子相證者也。今以西人所説大地五洲證之緯子佛經，愈知地球之説，古人固已引其端，今人乃推其遺説耳。近湖南張自牧《蠡測卮言》云：《河圖括地象》言天有四維，地有八柱，神州爲中國曰中土，東方暘州曰農土，西方弇州曰并土，南方迎州一作次。曰沃土，北方玄州曰成土，東北咸州一作薄。

曰隱土，西南戎州曰滔土，西北柱州一作台。曰肥土，東南亦曰神州、曰申土，是爲大九州。佛言四大部洲，泰西人言四大土，或析之爲八，或合之爲四，或並中國而爲五、爲九。雖名稱不同，其實一也。竊就泰西地圖考之，則中土、農土、隱土、沃土、申土，爲亞細亞之全域。暘州以近日出得名，高麗古暘谷地與日本、琉球同屬東洋。三韓有辰韓、弁韓之名，乃辰土之遺稱也。隱土在亞細亞北境，今俄羅斯所屬西伯利亞、高加索地，極於北海，是爲大鹹，即咸州也。南交回國及南洋群島當爲迎州，地暖而腴，歲常三四穫，所以爲沃土也。又南海有沃焦之山，今吕宋等國猶多火山云。東南申土，惟澳大利亞足以當之。其亦名神州者，以其廣輪頗類中國也。今西人稱其地爲南亞細亞，亦其義也。五土皆在佛氏東勝神洲弗子逮之域。《長阿含經》所謂東天下，《順正論》所言身州也。西域、藏衛、印度、土耳其、買諾、猶太等國，本屬亞細亞，自當括於中土之中矣。阿非利加蓋西南戎州矣。在沙門爲南贍部閻浮提，《瀛寰志略》言其地廣寞，天氣炎酷，土脈粗頑，人類混沌，殆滔土所由稱乎！歐羅巴北境當爲元州，今俄羅斯地，《唐書》稱骨利幹爲元闕州是也。其南境英、法、德、奥諸國，當爲柱州，地小而物産豐盛，故名肥土。其人強而多智，用心專，四海之内無利不到。地有八柱，而獨此州以柱名，自神州而外，允推獨步，釋氏所謂北俱盧洲鬱單越也。佛以印度爲天下之中，而自附於東勝神洲。阿非利加在印度之南，歐羅巴在印度之北，故以南北目之。西方弇州者，今亞墨利加也。其地在地球之西半，與中國相對。中國在地上，亞墨利加在地下，故名弇州，言弇於地球之下也。其地分南北兩土，中有細腰相連，故曰并土，言并兩土爲一土也。佛經爲西牛賀洲一作貨。俱耶尼，牛當作半，傳鈔之譌耳。《史記》：神農之世，地過日月之表。黄帝時，九大土皆統於一尊，年湮代遠，書闕有閒。洪水已後，聲教阻絶，遂自限於化外。數千年後，舟車復通，此天地自然之理。歐羅巴人每侈言航海探地之能，豈知所探之地固在皇古版圖之内哉！由此觀之，九州古固相通，皆爲内地，而赤縣神州爲皇帝之所居，所以尊於八州，非别州之比。後世衍佛説者以此一地球爲南贍部洲。按崑崙爲葱嶺，已有確證。使此地球爲南贍部洲，則崑崙置於何地？況云崑崙爲日所出，日出□□□今考地球日出之地，實無大山足以當崑崙者，是舍葱嶺别無所謂崑崙也。且佛經經六朝及唐人繙譯，恐有差誤，非佛説之實事。是四大部洲仍爲今五大洲之地。考之緯子及近泰西人地輿，東勝神洲爲亞細亞地，可無疑矣。又《列子·湯問》篇言，海中之山，一曰岱輿，二曰員嶠，三曰方壺，四曰瀛洲，五曰蓬萊。今地球既分五洲，其五山當五洲之山名，一曰岱輿，當爲崑崙，崑崙爲東方發脈之祖，黄河之所自出，《爾雅》所謂「河出崑崙墟」是也。佛經以爲葱嶺，所謂葱嶺四河，流入四海，入中國中即黄河。以此證之，知葱嶺即崑崙也。名岱輿者，中國以東之泰山爲岱宗，崑崙在東方，較泰山更高大，名岱輿者，以其大足以負泰山，故曰輿也。其餘四方必彼四洲之山名，惟相傳既久，譯語差異，不能確指其名耳。今考崑崙爲亞細亞名山，則彼四山爲四洲之名山，可無疑矣。又近人言地球者，謂亞、歐、阿三洲爲佛説之東勝神洲，亞墨利加爲佛説之西牛賀洲，其南贍部洲、北俱盧洲當在南北極下。近日西人窮探冰海，未抵其極。以西人所言星度推之，南北極下當無大地足與此二洲相匹者，則四洲之説仍以緯子、佛經爲定也。又鄒衍言中國之外各有裨海者八，而大瀛海環之。竊以諸大土分之，曰太平海，中國之東洋，而亞墨利加之西洋也。洋面極浩瀚，約五萬餘里。曰印度海，北至亞細亞，東至澳大利亞，西至阿非利加，實爲中國之南洋，明人所稱小西洋也。曰大西洋，歐羅巴之西洋，而亞墨利加之東洋也。曰北冰海，承北極；曰南冰海，承南極。海中有大魚，長數千丈，《莊子》所謂南溟、北溟也。五大水滙涵地球，是爲大瀛海。其在甘肅外徼有青海，天山東南喀拉沙爾有星宿海，西藏布達拉西北有騰甲海，哈薩克之西、布哈爾之西北有雷翥海，波斯之北有裹海，其南有紅海，天方之西、埃及之東北有東紅海，土耳其中境買諾之北、其西境君士但丁之東北有黑海，土耳其東境、猶太之西南、歐羅巴之南、阿非利加之北有地中海，俄羅斯之西、瑞典之東有波羅的海，即騶衍所謂裨海。以今證古，殆無不合。我佛説地球之衆，多於恒河之沙，今泰西人謂日月五星及天王、海王二星皆爲地球，其餘衆星亦各一小地球。審是，則佛所説地球之衆，如恒河之沙，固爲西説之所同出也。今人讀泰西書，動驚其奇闢，試求之緯子之言辭，佛經之實事，然後知泰西人之説不足奇也已。

跋

先大父《地球新義》二卷，創始光緒丁酉，成於己亥。以事屬新創，不敢自署，因託爲先父及胡翼等課藝。原擬編爲三卷，見《家學樹坊》所録提要原稿。戊戌十月《縣志》提要、《知聖續編》言丁酉者誤。在資州排印首卷，《孟荀傳》、《薛氏出使日記》外，即此本《釋球》以下十題也。己亥夏，新繁羅秀峰復爲刻二十題，凡二卷。卷上曰《繙譯名義序》、曰《薛京卿出使四國日記》、曰《道家儒家分大小二統論》、曰《淮南子地形訓圖説》、曰《尚書大傳淮南時則訓五帝司五州論》、曰《堯與三代九州無沿革論》、曰《大行人九州即騶衍大九州者》、曰《周禮九畿與騶子大九州淮南八殥八紘八極相同圖説》、曰《大雅民勞篇解》、曰《八行星繞日説》。卷下曰《讀易紀聞》、曰《齊詩六情釋》、曰《玄鳥長發三統五瑞解》、曰《四游説》、曰《爾雅四極四荒四海五方考》、曰《書出使四國日記論大九州後》、曰《周禮師説多祖易詩微言考》、曰《百年一覺書後》、曰《思無邪説》、曰《法界安立圖四洲説》。以校排印本，收其七題而遺其五，《孟荀傳》及《釋球》亦缺而不載，《知聖續編》謂合原本，排印本。共三十題，羅秀峰急於出書，僅刻二十題，次序亦未精審是也。按《縣志》提要云：「未排印者二十題。」《家學樹坊》載提要原稿，有其目，即《周禮爲周知天下之禮》、《皇統大號非姬周之周説》、《周禮土圭之法三萬里考》、《商頌解》、當即羅本《玄鳥長發三統五瑞解》。《讀易小識》、當即羅本《讀易紀聞》。《莊子小大表》、《周禮皇帝分大小表》、《周禮大傀即大塊地求即地球證義》、《北冥南冥即南北冰海説》、《周禮注疏中國爲神州外八州界畫考》、疑即羅本《周禮九畿與騶子大九州淮南八殥八紘八極相同圖説》。《爾雅四極四荒地輿考》、羅本作《爾雅四極四荒五方考》。《易首伏羲神農黃帝五帝德首黃帝顓頊帝嚳説》、《論語皇帝道德王伯仁義分章表》、《易以皇爲主説》、《道家言大統帝道爲詩易遺説考》、《儒家專指博士派言小統王道爲春秋尚書遺説考》、羅本《道家儒家分大小二統論》當即合以上二題爲之。《騶衍大九州即大行人九州考》、羅本有。《莊子六合内外春秋經世之志分屬易詩春秋尚書考》、《郯子論官分五帝説》、《左傳顓頊以下德不及遠證》、《寒暑反易爲南北球晝夜反易爲東西球説》、《治化由近及遠小大不同説》、《繹史皇帝政教專屬大統考》、《七緯皇帝大統政典考》、《易屯蒙三皇草昧下推帝王伯條例考》、《易西南得朋即南半球北半球考》、《尚書緯地形四游即輾轉反側考》、羅本作《四游説》。《易詩書皇上帝帝皆人鬼非天帝考》、《周公即皇佐不指周旦説》，共二十八題，中有八題爲羅本所有，惟題名間有分合差異。羅本中如《繙譯名義序》等六題又此目所無也。以排印本、羅本合之此目，除去重見者，共得四十五題，見存二十五題，仍依縣志作二卷，餘二十題或已佚，如羅秀峰僅刻二十題，餘多未刻。或本未作。排印本久絶版，羅本不見印行，版之存毁不可知。兩本流傳絶少，行且絶迹，故重爲編次刊行，而識其原委於此。此書所録，多非先大父定論，然大統之説，於此發軔，當其初出，舉世駭異，固未可廢也。民國第一丙子七月二十二日，次孫宗澤謹識。

六書舊義

廖平 撰
楊世文 校點

校點説明

據廖宗澤撰《六譯先生年譜》，光緒十二年（一八八六）春，就舊作《轉注假借考》補爲《六書舊義》一卷，「以四象爲造字之法，形爲實字，意爲虛字，事在虛實之間。以轉注與假借三家名目全同，爲當時用財通名，轉注如今捐輸津貼股份公司，事一名多，所以馭繁。假借因無爲有，所以濟窮。」廖平認爲，造字之序，始形，次事，次意，次聲，四門而止；聲又所以濟形、事、意之窮。故造字之主，衹前三門，後二門乃用字，非造字。又認爲：「象聲生於假借，象意生於轉注。」「未造形聲字以前，則皆假借。未造會意字以前，則皆轉注。假轉意聲，衹争有本字、無本字之别。」（引文見本書）其説多與清代小學家異説，而獨標捷解。書成後於光緒十三年成都尊經書局刊行，收入《六譯館叢書》，今據此本整理。

目録

六書舊義自識①

予丙子爲《説文》之學者數月，後遂泛濫無專功。辛巳冬作《轉注假借考》，頗與時論不同。丙戌春間，乃知形事之分，援因舊藁，補爲此編。葉公子義聞有此書，勸爲刊行，並助以貲，因檢以付梓人。一知半解，本無深義，知必見嗤乎通人，藏之家塾，聊備童髦之一解而已。丁亥孟冬，廖平自識。

---

① 「自識」二字原無，據文例補。

總論六書名義

班志説	鄭注説	許序説
象形	象形	象形
象事	處事	指事
象意	會意	會意
象聲	諧聲	形聲
轉注	同上	同上
假借	同上	同上

説字爲古學，皆源本劉氏、歆。《班志》。蓋《七略》舊文，鄭、許後師，悉本劉氏家法。今以《班志》説爲主，取其先出，文義較明，鄭、許二家文異義同，坿解之，以明其淵源。

《班志》前四書皆名象，此説最古，得真實義。鄭、許意雖相同，但名目改易，遂啓後來異説，使班氏最初之意反不明，故當急明班説以救之。

三家四書名目，上字有變改，下字皆從同，可見改者隨文便稱，不改者實義所關也。下形事意聲四字不改，而班氏只以形事意聲爲名，上同名象可知，當就下四字立説，上四字或同或異，所不拘也。

近人講六書，惟知許義，不能推見原始，皆就《敘説》名目穿鑿坿會，又但知詳上四字，而不求下四字實義，故説解林立，而真解仍秘。形、聲二書，異説尚少。解指事者皆就指字立義，以爲指畫之形，而不知事字爲何義。朱、王二家指事門雜引象形中緟象字以爲指事，猶不過百餘字。會意中牽引象事門中合體字，但知會合之義，無復意旨之分，于是六書之名掍而不清，皆解上四字，不解下四字之過也。

造字之序，始形，次事，次意，次聲，四門而止。最初造字只如作畫，象形在先。象形皆實字，有物即有事，故于象形外別出象事一門，從象形中脱化而出，面目仍爲象形，實義則專在事，未嘗非象形，而義則遁于空靈，故象事在半虛半實之間。如[illegible][illegible]爲象形，而[illegible][illegible]則爲象事矣。牛馬爲象形，而解馽則爲象事矣。此從實化虛也。至象意則全爲虛字，但有其意，並無形事之可言，如武、信二字，既不同日月有實形，又不如上下讀如上下其音之上下。可動作，虛有武信之意而已。作二字以達其意，故象意皆虛字。一實一虛，一半實半虛，可造之字盡此三門。至于象聲，則後來續造，以濟形、事、意之窮者，初無深意，最滋繁衍。余謂前三門爲造字之主者，此也。

《班志》前四門皆曰象，後二門則曰轉注、假借，不言象注、象借也。前四門名目與許、鄭有異，而後二門則皆從同，以此見後二門乃用字，非造字，故取用財之轉注、假借以名之，不如前造字之以象名也。以轉注與假借對文，假借爲用財名，則轉注可知，不如俗説展轉相注、宛轉流注也。

用班義有二善：前皆曰象，可見當以下四字爲主，則後來拘于上四字之説，可以破矣。後二門實字對文，可見此爲用字之法，皆用賦名，則後來從轉注望文生訓之説可以破矣。

近人講六書，可謂極才竭智矣。然列指事字多不過百餘，心知其誤，無説以通之，然因陋就簡，猶不以爲怪。至轉注則無人不疑，無人不思，立説愈多愈亂。前一説之誤誤在解不得事字，後一説之誤誤在不知轉注爲用財之名，不當就《説文》求之，試即班説考之，然乎否乎？

形、事文也，意、聲字也。倉史造文，初如作畫，但有形、事而已，至于夏殷，乃有轉注、假借。一事之義，以數字形容之，此古之轉注也。本無其字，以聲定名，此古之假借也。通行既久，其法愈巧，乃以數字形容一字者造爲一字，遂有象、意之名，所謂會合見意也。于假借取聲之字别添形屬偏旁，遂爲象聲字，聲在前，形乃後來所加，于是而轉注、假借皆有本字矣。此其去造字之始大約在千年之後。周時乃定六書之名，則以雖有意、聲用字之法，亦不能遂無轉注、假借，故以配前四門而成六書。轉注乃會意以後之會意，假借爲形聲以後之形聲，實則未有意、聲，已先有轉注、假借，非備造四書，而後立用字之二門。

許序六書解語，皆先師相傳之説，非許君自撰。故許説于形、事二書每不得本意，蓋不免循末忘本之失。形、事二門，皆能繪畫，許于象事字多以象形言之，意本不差，特六書名目，須使分明。許通部言指事者只上下二字，遂使人不知象事命名之義。許解上下以爲指事，究不知其屬指事者爲何義，遂使戴、段諸家以象形實字爲形，虚字爲事。今按上下讀如上下其音，上謂登高，下謂降階，一爲實形，在上爲上升，在下爲下降。此用力加功之字，非據見成而言。觀許所釋，似其時象事之説已晦蝕不明晰矣。

會意之「比類合義，以見指揮」，即轉注之建類一首，當意相受；形聲之「因事爲名，取譬相成」，即假借之本無其字，依聲託事也。「比類合義」，即「建類一首」之變文；「以見指揮」，即「同意相受」之變文。因事爲名，取譬相成，與本無其字、依聲託事之意尤切。余謂轉注乃會意後之會意，假借爲形聲後之形聲者，此也。

象聲，就許書求之，則形爲主，以聲相屬，頗于以聲爲象之義不合。此蓋末流之意，本來不如此。象聲即後來之假借，其初有聲無形也。當夏殷之際，只有形、事二書，而水木之名，則與物相始。如江河松柏，未造字①之先，已有此名，即所謂本無其字是也。因其名近工可公白，即借音以名之，所謂依聲託事是也。如⿰王車璖、芙蓉等字，當其初只作車渠、夫容也。此爲象聲之本，故以聲爲主。亦如假借無本字，但以聲爲主也。通行既久，乃各加偏旁，工可加水，公白加木，遂爲形聲本字。正如後人鳥名加隹，石類加玉者，此與命名之意有先後之分。

---

① 「字」下原衍一「字」，據文意删。

象聲本爲假借依聲託事之教，因加偏旁，遂成本字，爲形聲而假借，又遂别爲一門。今以一言決之，曰象聲、假借一也，加偏旁者爲象聲，不加偏旁者爲假借；取象聲而去偏旁，便爲假借，取假借而加偏旁，便爲象聲。

以文字分隸四象，頗難畫一。近人多以字形相近爲斷，而不知大有分别。如本末朱未束柰果朵，舊説以爲指事，而其中惟束字爲指束木之事，餘皆象形變例也。又如倒體、反體，反正之乏爲象形，倒𦥑之𦥔爲象事。而倒矢爲屰，倒人爲匕，則爲會意。而倒首爲具，反止爲爪①，則爲象形，反卯爲丣，則爲象事。總之，要就本字明其于形、事、意三者爲何屬，不可就點畫中求之也。

保氏六書舊法，當是四象各爲一册，略如王氏《文字蒙求》之例，故以六書爲目。許氏五百四十部首，大失保氏之意。蓋形、事字多不爲部首所統，而象、意字則不可偏入一部。予嘗欲依王例别撰《四象》一書，專以補正許説，其于保氏之意較許書親切矣。

初爲獨體無虚字之説，此就形定音義者也。今以意、形、事分門，則專以音義定四書，而形在所輕。然承用既久，實字每流爲虚字，恐承訛踵誤之音義，反足以亂四書，不若據形爲主者之得其實。然今之講音義，究必歸合于形象，雖以音義爲主，仍以形象爲據。

① 反止爲爪：「爲」原作「反」，據文意改。

説字須識時代。字有始初、後造之分。始初字承用既久，其義多爲假借所奪，後人字遂從假借制義，與前迥不同矣。如女本象女陰，所以異於男也，承用爲女子字，而母字後造，遂加二點以象乳形，則與女字初意不同。舌本象射，承用爲口舌之射，而甛字遂從口舌立義矣。又如言本干舌之繁文，亦象射箭，而承用爲言語字。言部之字，皆從此立義矣。不知此沿變之分，不能得四象本意也。

造字本始象形，後多用爲虛事。就本始言，則爲象形；就後義言，則爲象事。如交象交趾形，用爲交纏，則象事矣。熏象炎突形，用爲熏燒，則象事矣。此類二門皆可入，然就本始言，則仍爲象形。

轉注、假借用字之法，非造字。凡字四象備矣，則二書爲用字無疑。蓋四象既將字造全，用字之法則專立二書。《班志》前皆言象，後則轉注、假借對文，不言象。是其説雖班説有「造字之本也」句，原指上四象而言。近人乃六書皆爲造字，不主用字，非也。

六書事與形對，聲與意對。轉注之對假借，不惟其名目也，假借因無爲有，轉注化多爲少。假借所以濟窮困，轉注所以馭繁難。假借異實而同名，轉注異名而同實。假借爲象聲之古法，轉注爲象意之舊章。假借必單詞隻字，轉注爲駢語連文。假借事尚質朴，轉注意取文備。各立門户，而同取用財之名。近人言轉注功用者，莫如《通訓定聲》。今將其轉注義歸還假借，而別求轉注實義，以自樹壁壘。必如此，轉注一門乃不爲虛設，而訓詁、傳注互文異字諸例，於六書中乃有所歸。

造字四門，許有明文，用字二書，則部中並未言及，以本書專明本義故也。今人言假借，多以許書，以爲釋之，不知以爲言字形之變例，非以明假借，假借多不能詳述，故令長下不言段義，以實作虛，即號令長短亦即假借，非朋來之類，乃是也。

轉、段二書，以一字多、一無字爲分，東方朔有飽欲死、飢欲死之言，今以喻轉、段，則轉注飽欲死，假借飢欲死也。如朋黨、行來，但有朋凰、來麰之朋、來，并無朋黨、行來之朋、來，此所謂本無其字，段同聲字爲之。至于轉注，則因其字多，詞章中緟複言之，如《書》之「元首」、「股肱」，《詩》之「干城」、「腹心」。一字已明，而連用數字，如車之交轂、水之並流，故爲轉注，其例甚多，所關亦較重。二門意本相同，其必分二類，不許相混者，則轉注以意爲重①，假借以聲爲重。轉注本借義，猶可據本義求之，如來字轉注與麰、黍、菽、稷等猶不離穀種。假借以爲行來，與本義全別，毫釐之差，不止千里。必考二門，知其孰爲轉意，孰爲借聲，然後經義乃明。許氏言假借，本無其字，以與轉注「建類一首」之有字相反，故決言之。轉、段對文，轉之建類一首，即無字之反義；段之無字，即建類一首之反義。惟其二書同類，故詳略互見，彼此對勘。建類一首，明有字，故段直言無字。段言無字，則知轉之字多矣。

---

① 以意爲重：「意爲」二字原倒，據文意乙。

文字有限，而事理無窮。治《説文》者但明造字，囿于迹象，此小學初功，其精正在明乎轉、段，知此，則無書不可讀，小學之能事畢矣。而二者每相互用，如「初、哉、首、基」，以實作虛，此假借也。而月言哉，人言初，土言首，事言基，則又同意相受互用。是一字而轉注、假借並有也。又「君子」二字，君子作爲人稱，此假借也。既稱君，又言子，則又轉注也。大抵假借以實作虛，轉注以彼注此，定例也。而轉注有用本字、用段字之異，特所轉字必二字同意，如以恭轉敬、以馬轉駒，不能以吉轉凶、以順轉逆。此法不明，群經皆多轇轕。擬將全《詩》作轉注假借考，如顧氏《詩本音》之例，注于本文之下，則治經者將有平蕩之樂，而無轇轕之苦矣。

《説文》專發明本義，説造字之義，于四象甚詳，而用字轉段，則在所略。蓋據形説義，例不旁徵，而本義既明，則轉段自見。故部中不出二書名目，轉段用字之法，繇難較甚于四象，此治經述文之要秘，當就經傳文義中求之，言不勝言，故許君一概從略。若株守《説文》以言轉段，不足以盡其變。以本書言本字，不言用字也。

轉段貌同情異。朱氏混轉注于假借，于是假借行而轉注廢矣。朱以許言「以爲」者爲假借，而分段義之字以爲轉注，則轉注特坿於假借以見。不知許君著書，專據形以立義，而于通行虛字，多不得其本義。通行既久，古説無徵，則隨俗訓解，遂使假借多爲本義，而乃分轉注以補之。今還假借失地，復轉注故域，假借之義明，而轉注乃足以自顯。故爲《虛字考》一卷，專言假借。今不明虛字，不足以言假借。

假、轉二門，繁、簡二義足以括之。轉注所以馭繁，假借所以馭簡。辭章之文，意少而字多，不有轉注以馭之，字字求意，而文義不明；有此以馭之，則紛紜之際，一經合并，便歸簡要，有端緒可尋，如後表所列是也。故轉注一門，大有功詞章。讀《詩》、《書》、《楚辭》等書，非此不足以馭之。至于假借之以無爲有，人所易明，不待説矣。轉、假再以名實喻之，轉注所謂異名同實，假借所謂異實同名。即以《爾雅》言之，一大字之意，而其文至三十九字，大義所謂實也，三十九字所謂名。三十九名同一實，此謂異名同實也。假借之法，如一字借四五義，四五義其實也，一字其名也，此謂異實同名也。二者相反相濟，其用甚宏。

又再以文質二義喻之，轉注文也，假借質也。轉注爲詞章要訣，一意而以數字形容之，或取華贍，或齊章句，如《詩》與《楚詞》不能一意一字，此千古詞人之所同，所謂文也。至《春秋經》與《儀禮》儀節，則全書無一轉注。典章經制，最爲謹嚴，一字一意，不尚詞藻，此轉注爲文之説矣。至假借一字數義，窮促簡略，其爲質義，無待詳言。若假一音，而並以同音之字待之，如《爾雅》訓大之三十餘字，皆爲假借，無一本義，此假借之轉注與假借之本義不同。予云假借之中有轉注，又云二門互相爲用者，此也。

象形篇

許《序》：「畫成其物，隨體詰屈，日月是也。」形、事皆如作畫，但象形只是畫成其物而已，單物單形，更無別意，不如象事有功用也。

象形諸家無異説，然有誤入會意者。如玨、騳、林、森、㵘之類，此爲緟象，雖會合二字，仍爲物形，非意也。有誤入指事者，如牟、牢、叀、桼、彪之類，此爲加象，雖於象形字加筆爲字，然所加之字仍爲物形，非事也。象形門中當立此緟象、加象二例。

象形中有記識一例，如刃、本、末、朱之類，欲象刀之白、本之根杪，非畫全刀木不能見；但既畫全刀木，則刃與本末之意又不見，故加記識以分別之。然其字仍爲象形，舊誤入指事，今以爲象形之變例。

作畫有大寫、工筆之異，象形字亦如此。繁體工筆也，省體大寫也，二類形象不能不小異。舊説多以爲二字，囧、凵、燕、乙之類是也。今立繁象、省象二例補之。

予以相爲古杖字，此定説也。初以爲會意，繼乃悟杖有實形，非會意，蓋以木、目二字象杖形者也。杖爲木竹，既有大象，欲曲肖杖之形，非此木、目不能。他如以水、少二字象沙，以大一象天，以戈守一象或，皆以二字會象者，此爲一例，當推廣之。

象形有一形數字者，許書分隸各部，不惟不見會通之妙，後人遂指爲别一字者，如包、台、孕、壬本一字，當類聚之是也。

形有虚形，有不能與實形相比，然此類究當歸坿象形，不得入會意。如王氏會意中所收之眉爲气息，無實形之類是也。又令、用本象形字，後乃獨行，改借虚意。今當仍就本義考之。

象形除正例外，今分爲十例，撰《四象》當據以收之。

合象例

如甸、眉、爲之類是也。

緟象例

如玨、駂、棘、炎之類是也。

加象例

如牢、牟、叀、彪、閑之類是也。

虚形象例

如眉、气之類是也。

取意象例

如相、沙、或、苗、天之類是也。

記識象例

如朱、本、末、刃之類是也。

反體例

如乏、㐆、屮、亍、爪、丂、㐄之類是也。

省象例

如卩、了、𠄏、片、朩之類是也。

簡繁例

如凵、𠙹、燕、乙、自、白、𢆉、羊之類是也。

重字例

如包、台、焉、於、用、正之類是也。

象事篇

許《敘》：「視而可識，察而見意，上下是也。」象事與象形實同，特單象物者爲象形，兼有功用者爲象事。凡畫圖半爲象形，半爲象事。如畫山水、草木，此象形而不關事者也，有人物則爲象事矣。如釣魚圖，魚與竿鈎爲象形，持以釣魚則爲象事。伏虎圖，人虎爲象形，以人伏虎則爲象事。單畫[illegible]爲象形，有所持執則爲象事。此形事之分也。

《大學》云：「物有本末，事有終始。」物指形質，故言本末，事指功用，故言終始。有物必有事，故象形與象事並重。形與事之分，如物、知、意、心、身、家、國、天下者形也，格、致、誠、正、修、齊、治、平者事也。由物以至治、平爲終始，知此，而事不與形相混矣。

有此字即有此物，象形也。聞其字而即能動作，象事也。如[illegible]之類，聞之即可動作是也。以閱軍喻形事，名册點一名即有一人應聲而出，此象形也。軍令、放鎗、鬬技、舞劍、發矢，則全軍手足鼓動，如響應節，此象事也。

朱、王所列象事一門，不及百卅字，會意較象事則多至十倍，乃其指事中多誤采形意字，所取真指事不過十字。蓋前人皆不講事字，惟就指字立義，事字真義不見，故其所收不過形意之變例。因此門孤弱，遂強以坿此，實不知象事爲六書之大門，字最繁多，特因誤以入於形意，遂覺本門少耳。

《論語》云：「視其所以，觀其所由，察其所安。」視爲初見，察爲細察。象事字如畫之釣魚、伏虎圖，初見已知爲竿、爲魚、爲人、爲虎，此視而可識也。細察乃知以手持竿，以餌釣魚，以人伏虎，此察而見意也。象事半實半虛，視而知其實形，察而知其虛意。《公羊傳》「六鷁退飛過宋都」云，徐而察之鷁也。再察之，然後知其退飛，過宋都，意亦如此。

指事今分爲八例：

純就人身耦體事例：

如行、北、卬、步、癶、凵、受、[illegible]之類是也。

就身見事變體例：

如歪、周、看、臥、旻、拜、曳、史、因、从之類是也。

以人依物見事例：

如上、下、休、坐、登之類是也。

身物並見以爲事例：

如𠬝、尼、夾、兵、戒、隻、爨、采、伐、弔、塞、取、孚之類，半身半物，從以身舉物是也。

以物制物，合二物爲字，體繁，不再從身取義例：

如解、束、馭、牽、刵、分、劓、刖、縣、匊、班、困之類是也。

但舉事形例：

如𠃋、八、勹之類，但舉事形以爲象是也。

純物象事例：

如飛、不、至、𠂢、生、出、非之類，爲物之事，然終爲象事之例，與形、聲、意均不同是也。

就物生事例：

如吠、鳴、唬、贙、牟、臭、狺、集、突、竄、戾、流、衍之類是也。

象意篇

許《敘》：「比類合誼，以見指撝，武、信是也。」象意一類，一言以決之，曰皆虛字，無形可肖，無事可作，無聲可託，乃爲象意。如武、信二字，無形、無事、無聲是也。必如此類，乃爲象意。

象意皆虛字，此定說也。舊說不講意字，惟言會字，就許會意之名猶可坿會，若用班象意之名，則會字不可言矣。因誤據會字，遂將形事門中合體之字闌入會意，而六書亂矣。

四象中意字最少，朱、王所列，既獵取合體象形，又將合體象事全歸此門，竊取自富，實不如此。如玨、林形也，皆以爲意，艸、步事也，亦以爲意，不盡爲分別，真僞不見矣。

象意字有從象形字而見者，如倒矢爲屰，屰爲午逆，此象意也。其字乃倒象形獨體字爲之，此全從屰字音義而定，雖矢爲象形，而屰則全從午屰見意矣。

象意字以數字合成一字，如夫婦會合而生子，其子於父母之外自成形體，別具面目。如武字既不關戈部，又不可入止部；信字入人部既非，入言部亦不得□□爲一類，許以歸入部中，大失保氏四書之意。今當以此自立一類。

象聲者，以無爲有也。象意者，化多爲少也。凡意皆空虛，不如形體質實，無論何意，非數字不能形容，故必合數字，乃成許名會意。會即化多爲少之謂也。意如蝕金敗鐵，會如洪鑪大冶，必經鼓鑄，乃能融合。此本轉注之舊法，故同爲以數字説一意。余以轉注、會意爲一彙者，此也。

古人文多樸拙，後人文多靈巧。古會意字少，一義須得一字，又或以數字形容一意，既造會意字，則合數義以爲一字，義多字少，文便輕活。至於六朝以後，則不惟會意字多，且典故亦有會意之法，用一二字而所包甚廣，須數十字乃能注釋，非此一二字，則必繁言。乃明此亦會意之意，文所以日巧也。

意如題目，字如文筆，以字達意，故云象意。未造意字之先，以數字象一意，苦其繁冗，乃合數字造成一字。如信、武，非有此字，必須數字乃能達其意。又《爾雅》「善事父母爲孝」，「孝」字即會四字之意而成其事，頗與謚法相似。如「勤學好問曰文」，「勤學好問」一意而四字，此所謂字多意少，爲轉注文，以一字包之。此即造象意之法，未經鍛鍊，則爲轉注，已經鍛鍊，則爲會意。既有意、聲之後，則轉、段與無意、聲之前不能不小有差異，然其初則實相同，此移步换形之事也。

舊説以形事爲獨體，會意爲合體，此誤也。不論合、獨，但實物便爲象形，如燕爲虎苗之類，雖非獨體，仍爲象形，但是事便是象事。如爨、晝、棄、葬、舂之類，雖非獨體，仍爲象事。有此事物，獨體能象，則獨體象之；不能，則合體象之；非合象便不爲形事也。而象意之字，亦多獨體造字，如范金合土，取肖形模，豈拘獨合？此皆由①誤解會意，會字穿鑿上字，不顧下字之過也。

象意以意爲主，象聲以聲爲主。象意不兼聲，象聲不兼意，各爲門户，不相參雜。舊説有意兼聲者，誤也。爲此説者，本許書從某某亦聲。按：許書此類皆晚俗字，經典只用其得聲偏旁，無此僞體。如齊只作齊，而許書之齌、齎、齌、劑、齎，皆晚俗誤加偏旁以相别，當歸入俗體重文中。王氏會意兼聲二百五十文，皆此例也。此類晚俗所加，别爲一類，不可因此混意聲也。

東漢惟隸字通行，篆文不過於碑碣間用之，與今通用楷字，惟金石間用篆字相同。許書所録篆文，非盡據李篆全文而録之。楊、馬通人，作字亦爲隸體，許君以篆法寫之耳，故其中形義多不甚合，此所以必立流僞一門以統晚俗字也。

象意爲虚字，而字有從實誤虚者，不可以爲會意，仍當從形事説之。如午屰之屰，此從倒矢象意者也。而午字與屰形近，從屰字意説之亦可。然午爲杵之古文，象形非象意也。午屰二字，午爲假借，屰爲會意，從此類推，不致因晚近而誤。

予以獨體無虚字，凡許書以虚字説獨體者皆誤。又以象意爲虚字者，蓋以意與形事比較

① 由：原作「田」，據文意改。

耳。凡意皆有實，義不全虛，至於稱謂語詞、緟言形況諸門，則全無義理，以較象意，則象意爲實，此數類乃真虛字矣。此固萬不能造字者也。

象意字前人所列雖多，除去形、事二門則少矣。蓋此類皆有妙義，不易造作，欲歸此門，必當精審。舊以許書從某、從某者統歸象意，最爲刺謬。許書從某從某多象形，象事字尤多，以此爲會意者，誤也。

王氏有會意外別加聲六十八文，此類有當入象聲者，如碧、玉石爲形。⿱艹海、蓱、蕅、藻、藻水草爲形。是也。雙形一聲，多爲後人所加。如碧可作皀、珀，⿱艹海、蓱可作⿱艹毒、⿱艹开，此亦俗體變爲正字者。有當入象意者，如[illegible]之奉意已明，⿱竹⿱丯皿簠意已明，不必言丯甫之聲。此等如齒金龍禽，多爲後人所加，許書偶用或體耳。究之王氏所舉，多非象意，如碧 ⿱艹海等字，皆有實物象形，非會意奉御等，又爲指事字矣。

象聲篇

許《敘》:「因事爲名,取譬相成,江、河是也。」象聲字其初只如假借,取聲而已,無形屬偏旁也,故以象聲爲名。假借已久,後人於段字依類加形,遂成本字,故四象此門最繁雜。

舊説於象形、指事、會意皆有兼聲之説,非也。凡有聲者皆當入象聲,不得相兼。形、事、意、聲四門各別,無相兼之理。象形有聲,如齒字則本當作𡿨,有聲之齒乃𡿨之小名,從𡿨止聲者也。許因部中字從之,立爲部首耳。指事舊牽混,不具論。會意字如齋、齎、瓏、琥之類,舊皆以爲兼聲,其實皆俗體,爲古法所無之字。且實求之,則齋爲會意,而齎、瓏、琥皆爲實物,全爲象聲中之象形字,與會意字實不相干。故今概不從兼聲之説。

宋人以會意之法説形聲,見譏於世。今於象聲概不言義,以示區别。劉氏《釋名》專取聲訓,雖爲古法,然多坿會牽就。近人專主此説,遂謂有聲即有義,而象聲遂與會意混。今嚴立界限,即劉説亦不取之。

象聲字不言義,有不通之字,如仁、義、忠、恕本象意也,字則變爲象聲。忠、恕二字以例江、河,不見其異,而仁、義字則從人我得聲,仁者人也,義者我也,人我之爲仁義,此假借之本例,象聲之舊法也。二字行用已久,義不敵聲。如以形聲通例論之,則仁字當以人爲形,而别用聲字；義字當以我爲形，而別用聲字。因其義不敵聲，故即於聲字加筆以爲字，或二或羊，取别而已。此類爲象聲變例。

國書及外洋字母，專以託聲，無形象可别，用耳學不用目治。古人象聲之字實亦如此，但託其聲，而其聲之爲物爲事、爲彼爲此，全由聽者之自悟，此《公羊》所謂耳治也。字母之學，只是六書之一門，而倉史之功巨矣。

許書中有録象聲之小名，而奪象形之正篆者。如龍、金、齒、禽之類是也。舊説不知其源，以爲兼聲之例，今概歸入聲門，而别補㠯、㐬、囟、离等正篆歸象形部，以爲正字。凡兼聲字皆正篆小名，因遺正篆，遂爲兼聲，此以末爲本也。凡此類，皆當以此例推之。

象聲有形、事、意之分，然其名專由聲得，其見爲形、事、意者，由續加偏旁而定。此皆後起字，雖有形、事、意可言，然本原於依聲造字，終爲象聲，特於象聲中立三門以相等次，不得與前篇形、事、意混也。

省聲之説，人多疑之。然古字繁省不一，一字省與不省並見者，足見許説有本，惟此門一開，則啓規避之路，凡不得聲字隨便舉聲近字皆屬可通，取巧妄説。今定爲必有不省明證，然後以爲省文，無明文者甯闕之，不敢臆説。

轉注篇

許《敘》云：「建類一首，同意相受，考、老是也。」案「建類一首」，即本無其字之對文，比類合義之變字也。轉注本爲象意，象意既有本字，轉注乃退爲用字，專門與假借相對成義，故班、鄭、許三説皆同以轉注與假借對稱，不改字也。

許君以考、老舉例，蓋以二字連語爲説，所謂「建類一首」也；合二字以見義，所謂「同意相受」也。考、老疊韻而意相同，今故以雙聲、疊韻爲正例。《毛詩雙聲疊韻譜》所列皆轉注，如窈窕、崔嵬、流離、玄黄、輾轉、虺隤之類是也。《説文雙聲疊韻譜》所列之禱告、禍害、禁忌、嚴急、趨走、遵循之類，二字一義，亦皆轉注也。雙聲、疊韻本皆假借，然單字爲假借，既段之後，又以二字連文，則入轉注例矣。轉、段二門皆有雙聲疊韻，如玄黄爲病，論本義則假借也，而二字同意並見，則爲轉注矣。故雙聲、疊韻爲轉注之正例，凡駢語有不爲雙聲、疊韻者，均坿此例之後。

假借因無爲有，轉注化多成少，象聲生於假借，象意生於轉注，此六書先後之序，文字一定之例也。未造形聲字以前，則皆假借；未造會意字以前，則皆轉注。假轉意聲，止争有本字、無本字之别，然去形聲字之形旁便爲假借，而分象意之字不得爲轉注者，則以象意會二字以見義，所會多一虚一實，不必同意。如武之止戈，信之人言，不能同意是也。若就此法推之，《三傳》服傳之釋經，《戴禮》記文之解禮，皆得爲會意所包。惟會意既有續造字，則轉注不能如此泛濫，專就字之虚實意義相同者爲轉注，略示區畫。若推其例，則凡以文字連文見義者，皆得爲轉注也。

後世用字，類如理財，有餘揮霍，則一事而費數倍之資，不足則稱貸敷衍。因類取象，以示學童曰轉注、曰假借，在當時皆通行諺語，正如今幫補通挪之例。轉注因字多而累用之，假借因無字而通挪之，語意明白，故以教諭童蒙。若如舊説，轉注互訓互體、轉聲轉義，傳注省形諸説，不惟與假借不類，而轉注二字名義已迂曲難明，雖老師宿學猶不能解，何況童蒙？《班志》以轉注、假借對舉，明四字相對成文。若仍舊解，亦當云象注、象借矣。

轉注專以馭繁，以駢字爲主，無論虚實，凡《駢雅》所載者皆是也。原不必拘其偏旁，如拘其偏旁，則以同偏旁者爲一首，不同偏旁者爲建類，亦無不可。他如連語形況，如委蛇、蒙戎之類，既經同見，亦其變例。若傳與經對文，同意相釋，以及互文異字，義近相通，則亦變例矣。

訓詁之書，以此釋彼，以經注對觀，亦同意相受也，故訓詁亦得以轉注爲名。傳即轉之段字，轉運財物，與師弟傳受，皆從轉得義。注，挹彼注兹也。《詩》之挹注皆有通挪之意，則訓詁以注名，亦用通財之義。故傳注爲轉注之變例。

轉注古爲用財之名，古書有轉輸、轉轂、轉餉、挹注、傳注、轉運、轉販、灌注、輦輸等名目，雖與轉注聲義相近，而以轉注二字連文者無所考。然轉注與轉輸等音義皆同，既有旁證實義，正不必定求一連文爲證。予以《穀梁》、《公羊》爲卜商之轉語，意義甚合，亦無一實證。如欲求實徵，則假借二字亦無連文之實證，何以不疑，而獨疑轉注乎？

經傳轉注字用者本一意，而累文以達其間，亦不無淺深差別。如《詩》之言「采蘋」，《書》之言「股肱」是也。但二者雖似小有分別，仍當統於意，不必分之。至於累字足句、易文協韻、由此兼彼、錯綜雜出四例，漢唐以來説者皆據文釋義，不知變通。如《詩》之「輾轉反側」，《孟子》之「袒裼裸裎」，四字同一意，不必分別也。先儒不知此義，於此等字分別細目，徒爲繁説，與經義無當。又由此兼彼，及錯綜雜出，尤爲歧出。今概以歸於同意，一掃繁蕪之文。

或疑轉注用財之名無確證，恐不與假借對文。曰：今征賦有所謂捐輸矣，有所謂津貼矣，四字平對，皆取財之名，正與轉注、假借同意。如以轉注爲不可解，則捐輸、津貼獨可解乎？捐輸、津貼在今日則人人皆知爲取財，至於後世，此語不傳，其疑之也，安知不又如今日之疑轉注乎？

轉注爲詞翰之要秘，故典制之作，絶不用之，《春秋》、《儀禮》可證也。今之作時文者，專以替代字見宏富，如題有敬字，則凡肅、雍、穆、皇、恪、恭、虔、祇莫不備用，甚或一篇之中至數十百字。推其用字之法，皆爲轉注，以字相替，本爲假借之例，而別爲一門者，則以此類有本字，而所替代之字義皆相近。假借則本爲不能造字之義而設，與此不同。後來有本字，而又有隨手假借之字，然多爲單字，仍歸假借彙，不與轉注相混也。

考、老二字，古書連文者無可考，亦與轉注同。蓋四字皆周時語，久而無徵，經傳如此例最多，原不必定求實證。其以考、老連文者，惟見栲栳，蓋柳器之名。或頗欲以栲栳説考老，然二字晚出，考老疊均字連用，本非奇事，正不必拘定以栲栳説之可也。

轉注之字今略分爲十例

雙聲駢字例

如左右、股肱、叢脞、次且、流離、玄黄、寤寐、參差、好逑、權輿之類是也。

疊韻駢字例

如崔巍、窈窕、虺隤、蒙戎之類是也。

連語例

凡連語而非雙聲、疊韻者入此例。

案：此皆雙聲、疊韻、駢字同意者也。不論於《説文》中同部異部，但係二字連文而意同者，皆歸此例。

緟言足句例

如輾轉反側、袒裼裸裎、樂土樂土、君臣上下之類是也。

案：本用一字或二字意已明，其必緟言者，非此文句不足，但取足句，而意則實同。

變文協韻例

如《詩》之家室、室家、家人、干城、好仇、腹心、趾定、角子、姓族之類是也。

案：本同一意，因協韻屢變其文，並無别意。

互文足意例

《周禮》互文最多，彼此相助，其意乃足是也。

錯綜雜出例

如《曲禮》之告面，《詩》之采有、掇捋、袺襭，《論語》之迅烈，《夏小正》之剥零是也。

由此及彼例

如《孟子》言禹而及稷，《禮記》言車而及馬，大夫不得造車馬。言老而及幼，養老幼於東序。是也。至如言綱及目，如魚鮪、草莽、鳥烏、蝗蟲，説見俞氏《古書疑義》。亦其例也。

案：此類言雖兼涉，而意則一，此亦轉注也。

傳注例

案：轉注以訓詁爲一門，以彼字注此字，二字同意，亦如駢字，即以數字釋一字，又或虚實不同，字雖異而義則同，仍爲轉注也。

爾雅例

如初、哉、首、基、肇、祖、元、胎、俶、落、權、輿十二字爲轉注，凡在同意，皆可互相通用，如元首、權輿即用《爾雅》是也。

案：前三門爲正例，後七門爲變例。

假借篇

許《序》云：「本無其意，依聲託事，令、長是也。」令、長，如今州縣之稱，此當時通行之語，舉官名稱號不能造字者，以起例假借，豈二字能盡，不過借以示例而已。令長爲官名，此依聲託事也。官名既無形事之可言，又無實意之可會，不過託名以相稱號而已，所謂全虛不能造字者也。令長不足以概假借，據此足見六書所舉字例，不可株守，當盡力推求，不得拘二字以概其餘也。

許《序》：轉注曰同意，假借曰依聲，轉注與象意爲一例，假借與象聲爲一例，此一定之論也。假借之字，必以借聲者爲準。借聲而義不可通，至於同義通用，如今古異文，同義相借者，此爲轉注之變例，非依聲者不可以爲假借也。

假借以真虛不能造之字爲正例，因不能造，乃定此例以濟其窮。至承用既久，續造字多，經師寫經，猶好以同聲字相代，既有本字，又復相借，此假借變例也。若借字義與本字相同，即可以借字爲本字，既爲同義，便非依聲託事也。今將此類歸入轉注變例，如經典異文是也。其中唯借音者乃爲假借。

《說文》專明本義，《爾雅》則多非本義，此假借也。一字一義，《爾雅》一義至數十字，則又轉注也。治《説文》易，治《爾雅》難。《説文》有形象可憑，合者爲是，不合爲非。《爾雅》則義與字形全不依坿，一字兼見數義，俗體重文雜出其中。故説《爾雅》者皆影響坿會，不及《説文》之切實。《爾雅》之難過於《説文》十倍，以此見本義易明，而轉段之難説也。

假借專爲無字而設，乃文士喜新，隨意引用，此當立代用例，與假借不同，執此爲説，非也。如才爲草本初生，非始本義也，用作始義，則段實作虚，當以才爲假借字。乃載記中之哉、載、戴、裁、纔又隨舉同聲字以相代，原始義本於才，不得以才爲本字，而段諸字又不得以諸字直爲始之段字。必知乎此，假借乃明。不然，文士所用新字，亦當考其乃何字之代用，不得以爲假借。以假借化無字爲有字，六書之法甚謹嚴，代用則本有字而用替字。文章之事喜新穎，其意間於轉注、假借之間，若執此以爲假借，則清釐歸畫爲難。假借中須立此一變例。

全虚不能造字，如地名、人名、官名、連語稱號、記識語詞、重言形況、雙聲疊韻是也。此類既無形事可言，亦無實意可會，造字之法，至此而窮，不得不立借聲一法，以化無爲有。承用既久，段義行而本義廢。許君不盡知本意，多就段義坿會，其義與形不相坿，不能掩其破綻，尚可改正。其有本字，爲段義所奪，更造一字以代之，原字遂無所歸。此類尤多，故《説文》多一字變爲數字之例。

宋芸子以字皆由聲而造，字在聲後，其説是也。如日、月、牛、羊，皆先有此名，後造此字。然口舌之音無窮，而事物之形有限，實而按之，除形事外，唯象意字乃有實意可象。既有實意，則可憑藉其意以象之。若真虚字，既無所憑，何從起例？故真虚不能造字，全出於假借也。即形事與意，古人亦未盡造，多段別字爲之，故假借中亦多實字。假借之變例，亦如假借以無字爲斷，而有有字者，又假借之變例也。

假借十六例凡舊説已明者不録。

官名例

如令、長、士、吏、皇、帝、王、伯之類。

地名例

如秦、宋、吴、越之類。

姓氏例

如伊、姞、姜、尹之類。

記識例

如支干、數目之類。

品藻例

如大小、長短、高卑、美惡、好醜、是非、真僞之類。

稱號例

如君臣、父孫、昆弟、朋友、爾女之類。

單詞形況例

如率爾、皤然之類。

重言形況例

如朱朱、關關之類。

語詞例

如之、乎、也、而、已、矣、焉、哉之類。

雙聲連語例

如次且、叢脞之類是也。每□□□□□借合□□□□注。

疊韻連語例

如窈窕、蒙戎之類，亦如雙聲。

同聲通寫例

如利之爲賴、答之爲對之類。

疊韻例

如冰之爲掤、馮之爲淜之類。

合音例

如茺蔚爲蓷、蒺藜爲茨之類。

同音例

如德之爲悳、服之爲艮之類。

轉注假借對峙表

轉注	假借
同意字多浪擲過費。	有聲無字，稱貸于人。
如今津貼之名。	如今挪用之事。
專主駢字連文。	本於真虛不能造之字。
文辭用之以求華贍。	載籍用之以濟窮困。
《春秋》、《儀禮》無轉注。	四象不須假借。
化多爲少，所以馭繁。	因無爲有，所以濟窮。
既用同意，都爲本義。	但取其聲，實義全别。
同實異名，是爲目治。	同名異實，是爲耳治。
與象意爲一彙。	與象聲爲一彙。
同意字俱可連用。	同聲字乃可借用。
傳注是其變稱。	借用再無還時。
雙聲字二字同用。	雙聲字一字爲借。

疊韻字二字同用。
《駢雅》皆轉注。
《詩》、《書》、《楚詞》最多轉注。
假借之後有轉注。
包乎傳注，互文、異文。

疊韻字一字爲借。
《爾雅》多假借。
《説文》專釋本字不詳假借。
轉注之中有假借。
包乎□□□□詞語。

文字源流考

廖平　撰
楊世文　校點

校點説明

據廖宗澤《六譯先生年譜》：民國元年（一九一二），廖平授意門人李堯勳作《中國文字問題三十論》，先將題解刊於《國學雜志》。是書包括敘文二篇和《文字源流攷三十論》，收入《六譯館外編》。其《敘二》原爲《中華大字典序》。廖平於民國二年（一九一三）出席北京全國讀音統一會，主中國上古即使用字母文字，六書古文爲孔子所作。因其説過奇，在京名士王樹枏等多不以爲然，廖氏遂于返川後藉爲《中華大字典》作序之機，作此文以答海内人士之非難。其後弟子柏毓東于一九二二年刊《文字源流考》時，故取此文作爲本書《敘二》。其説認爲，六書文字創自孔子。孔子爲中國教宗，六經爲中國國粹；無教宗無以繫人心，無國粹無以固國體。中國文字分兩階級，倉頡造字純爲字母方言，孔子正名繙經，始有六書文字，傳之萬世，統一全球。自有史以來，世界文字淘汰消滅不知幾千百種，亞洲文字獨中國六書字體行之最久且遠。此書主要有成都昌福公司民國十年（一九二一）本、民國十二年（一九二三）成都排印本、民國二十二年至二十三年（一九三三—一九三四年）《藝林月刊》（第四一—五九期）連載本。今據民國十二年成都排印本整理。

目録

敘一

六書文字，創自孔子，中國文字分兩階級，倉頡造字純爲字母方言，孔子正名繙經，始有六書文字。傳之萬世，統一全球，《禮記・禮運》言「大同」，《中庸》言「同文」，孔子制作，固非爲一時一隅計，此所以爲「大哉孔子」也。非中國文字不爲功。學者不察，醉心歐化，習海外語言，語言在識外情，通科學，非變易中國文化。忘中國精粹，病六經，詆孔子，並文字亦屢議變易，近人勞乃宣、江亢虎皆變易文字。江亢虎仿英文字母拼音辦法，已試習於北京女學校，卒不能適用。不大惑乎？夫文化階級，由漸而進，人類交通初用語言，繼以文字。文字規定，由單簡進於複雜，始卑邇終於廣遠，自然之勢也。自有史以來，《史記》以前古書，凡稱史者，皆爲字母書，經、史之分部，即古文與字母之別。世界文字淘汰消滅不知幾千百種，亞洲文字獨中國六書字體行之最久且遠。一統之世，尚不足論，六朝紊亂，五代迭更，元、清入主中原，異文羼雜，終歸同化，其勢力優勝已如此。匪特國內也，日本、高麗語言各異，同用漢字。崇拜歐風，日本爲先，屢議廢止漢文，中東戰後，日本趨重歐學，文部省屢議廢止漢文未決。卒不能行。山本憲日人。著論斥之，且言中國文字將來必循布於宇內，見去年《東方雜誌》，其比較中西文，謂西文不如中文，條例甚詳。卓哉！其深通字學，識孔子同文之制也。迺生長於是邦，不究其求，輒附和一二歐人學漢文不便者，山本憲言，漢文不便係出一二歐人學漢文者。思變易之，遽謂歐西言文一致，易於科學，是豈然哉？言文不能一致，亦不必一致。歐人高深學術，非盡人能解，方言各異，欲於語言假音，字母連綴，謂可通行，必無是理。歐洲現行各國文字，不能强同，皆限於字母方言不能爲標準也。中國六書形、聲、義學具，望而即知，不必由音造此大同文制也。至於方音，絶無妨礙，惟統一語言，審定音則，同趣官話，是當留意耳。豈文字不如歐人乎？若歐人字母文字，不過語言之進步，實中國已經之階級。當草昧之初，所有語言假音，亦必同用字母，考中國藩國如蒙、藏、回疆、安南、緬甸、廓爾喀皆用字母，内地各行省上古時亦然。《易大傳》言：「上古結繩而治，後世聖人易之以書契。」湘潭王氏説以結繩象字盤曲之形，太史公稱字母爲百家言，六經爲孔氏古文，《史記》八言古文，皆屬孔子，與古史字母對針，非東漢以後古今文也。此中國上古用字母之徵也。所稱後世聖人，必爲孔子無疑。《説文》言孔子作字者數條，《左傳》言武、蟲，緯書官字體者尤多與《説文》不合，此古今之分派也。中土字母，秦漢以後，久已銷沈，別無踪迹可尋。然讀《莊子・天下篇》與《史記》本紀、表、傳，當時尚有兩種文字，即百家語言與古文六藝。書籍並行於世，是以孔子以前，但有語言假音，孔子繙經正名，乃特創六書雅言。當時二體通行，亦如今之中文與字母分體爲書，並行不悖。蓋字母利於通俗，凡卜筮、種樹、農工技術用之易曉；至於國家政治、禮樂刑罰，則必於語言之外，別立文字，折定一尊，不與土音相傳比，而後通行及遠。考春秋百餘國，分土而治，自成風氣，不下百種語言。齊魯學者同傳孔氏學，語言已自不同，戰國兼併爲七大國，《始皇本紀》謂天下諸侯并作語。《説文・序》曰：「戰國分爲七國，田疇異畝，車塗異軌，律令異法，衣冠異制，言語異聲，文字異形。秦始皇初兼天下，丞相李斯乃奏同之，罷其不與秦文合者。」秦無焚《詩》、《書》事，《史記·敘傳》：「秦撥去古文，焚滅《詩》、《書》。」古文與《詩》、《書》對舉，亦如下文六經與百家對舉。「撥去」當爲「撥正」，《詩》、《書》當爲「史書」。謂焚滅字母史也。去、正形近，詩、史相通，因而致誤也。蓋文字參差，方言錯雜，從政困難，莫爲治理。《論語》云：「名名古訓字。不正，則言不順；言謂命令，殊方異語，字母難於通行。言不順，則事不成；事不成，則禮樂不興；禮樂不興，則刑罰不中；刑罰不中，則民無所措手足。」謂此也。故始皇折定一尊，崇孔氏古文爲秦文，擯字母史書爲雜語。《史記·自敘》云「厥協①六經異傳，整齊百家雜語」是也。舊説謂始皇焚書係孔氏六經，史無明徵，袛有百家語言。通考史稱百家言，皆與古文對比，知百家語言係字母各書，與孔氏古文絶異。始皇焚百家語言，絶非孔氏古文。六書文字遂流傳至於今日。今世界大通，文物錯陳，無異一大春秋、大戰國。考海外各國，無論程度優劣，同用字母，徵之中史，殆《史記》所謂「百家言不雅馴，薦紳先生難言之」者歟？又考歐西文化，莫古於希臘。希臘文化，拿基小亞細亞，沿海岸而西。《三藏記》②稱「造字之祖，凡三人：長曰梵，其書右行；次曰佉盧，其書左行；又次爲倉頡，其書下行。」右行、左行二家皆爲字母，則中國下行文字，其初亦爲字母可知。當孔子時代已歷字母階級，進於六書。今外國左行、右

① 厥協：原作「協厥」，據《史記·太史公自序》乙。

② 三藏記：全稱當作「出三藏記集」，梁僧祐撰。

行二體，歷時雖久，未與字母體製相離，以至聖不再生，故因陋就簡，歷久不變。然準秦始同文之例，由中及外，驗小推大，又何必更生孔子乎！孔子古文，統括古今，萬方無慮，音語扞格，一通以文字，觸目即解，歐西拼音成字，曷克臻此？此孔子之功也。山本憲謂必徧布於宇内，亦勢有必至。夫孔子，中國教宗也；六經，中國國粹也。無教宗無以繫人心，無國粹無以固國體。一時勢弱，何遽自棄？今且論中國文字源流，立三十題，各爲一論，文多不及畢載，每題略注數語，標明宗旨，全文續出，並摘附山本憲條例一通，以質今之言字學者。

敘二

環球各國，無論其建立新舊，程度優絀，皆以方言拚音，有聲無字，《公》、《穀》所謂「耳治」，六書所謂「象聲」。惟吾國六書以圖畫補耳學之窮，四象之中，聲占其一，正名繙經，冠絶全球。《易》曰：「後世聖人易之以書契。」或以六書見《周禮》，爲孔子以前事，駁詳《周禮凡例》。說者據《史記》八引古文，歸功至聖，《僞經考》以此八條爲歆，今以專指孔氏六書爲古文。非但人言，且代天語。去年，余以讀音統一會赴京，會中紛挐，含意未申。說者謂語文合一，則識字易，可以普通文明。按語文通俗則便於鄉音，致遠則貴乎形象。吾國久沐同文之化，試官之去取詩文，讞員之審決情實，固已無所不通。東洋、高麗即可筆談，每須譒譯。如以方言爲便，蘇白小說，蘇人能讀之，五百里外，則不知爲何語；吾川高腔劇本，刊刻最多，而外省則無人留閱。商工契券，固與博士不同，語文合一，市井鄉曲所通行，不足奇也。若誥敕、奏章、獄訟、刑判，必責以方言俗語，所謂名不正則言不順，禮樂刑罰皆失，民無所措其手足。始皇同文，專爲法律，故醫卜種樹通行字母不廢也。又廣州凡力役及婦女幾無人不識字，而其程度不高于鄰省。工役識字，以言語難通；婦女識字，利用於賭。若以難易論之，中文分高下，海外普通記，固所易曉。科學名詞，彼此嚮壁虛造，而不相通。字典數年一增修，繁重十倍，普吾國恒患其不足。我國通字典尚有人，彼則絶無全記誦，或猶各科學名詞者。以此比較，難易何異寸木岑樓，循末忘本，亦見其惑矣。此條詳《東方雜誌·中國文學之將來》。六書文字未有之先，非至聖不能興；埃及古碑乃誤以畫爲字。既立之後，雖東洋不能廢，《采風記》以埃及因古文不便乃改字母者，誤也。其中自有天心，亦兼人事。主此議者，欲以異邦理想，見諸實行，圖窮匕首見，且亦不能自持其説。新出《大字典》凡四百餘萬言，意在通俗，然新語名詞，皆歸附屬，於兼通博采之中，寓保存國粹之意，與時流宗旨迥然冰炭；兼用圖畫，尤與四象相發明，可謂獨見本原，超越元著矣。草昧之初，人禽混雜，同以聲音相通。中國邊隅回、蒙、衛藏用字母，歐美雖號爲文明，亦不能立異，進化之理，中外所同。吾國當未有六書之前，亦必有字母之時代，所謂孔氏古文，不能不由結繩而改進，湘潭王氏以結繩爲字母。始皇同文之後，百家雜語，至子雲譒爲《方言》而盡絶，若東方曼倩、太史公皆於孔經外讀異書、識異字。史公所謂「文不雅訓，薦紳先生難言之。」余嘗主此義，命及門李堯勳著爲《文字問題三十論》，刊入雜誌。在京晤新城王君晉卿，以鄙論持之有故，言之成理，然非有古用字母之實蹟，不足以厭服人心。當時無以應也。今年與二三同學研究，共得十六證以應之。一象聲，四象由拚音而變。形即名詞，事即動詞，意即形容詞，聲即字母拼音法。二畫卦，舊説以八卦爲十文。三舊史，《莊子·天下篇》：「舊法世傳之史，尚多有之。」又：「《詩》、《書》、《禮》、《樂》，鄒魯之士，能言之。」蓋孔氏古文，初只行於鄒魯一隅之地，外人不能識不能讀也。四《論語》「闕文」，「吾猶及」，《莊子》「尚多有之」，同史，與上同謂字母書。闕文指字母。「有馬者」，馬即今之碼字，字母爲馬號。《禮記》①一馬二馬同。「借人乘之」，字母②拼音爲借人乘。今往古來，「今」指後世。「亡」，中國字母自楊子雲以古文譯《方言》，其字遂絶。「矣」，讀作俟。下俟百世也。五馬號，《禮記》③所謂馬，今作丨川川乂，古文作弌弍弎𢎙，與亞拉伯同。六魯鼓，以口〇記節奏。附工尺，以五七馬號記音，如字母。七掌紋，《左傳》所謂掌紋，如魯友虞，皆以字母言，非掌紋同於古篆之魯友虞也。八花紋，苗人銅鼓花紋，皆苗字。古鐘鼎花紋即字也。今人所藏器，間有真者，古文則作僞者補刊。不知花紋即古字母。九符籙，古人所書，魏晉六朝間有存者，人皆不識，故以爲符籙。十方音，《左傳》楚人謂虎曰於菟。在中文只一虎字，《楚語》則作二字。此如今中文、西文之別。楊子《方言》乃以古文書譒異方雜語。字母變爲六書，楊子之力大矣。十一異文，《三傳》地名、人名音同字異，常例也。正文又不如此，可見古無定字，皆以馬號拼音，既譯成雅文，則彼此不一，亦如譯書外國名詞。十二合讀，二音合一字，即拼音之法僅存者，如不律爲筆，邾婁爲鄒，猶後世之反切。十三切韻，有音無字之〇與《等韻》七音之〇〇●〇〇〇〇七式。十四譯官，立官專掌，則語言文字當并譒之。史云：「罷其不與秦文合者。」又曰：「文字異形。」是諸侯並作語，即並作文字，如今世界各國文字。十五語傳，《孟子》有齊語傳、楚語傳，即今語言學堂，既以文書往來，非徒學其語言，並當通其科學文字。十六同文，必先有不同，如今海外各國文字異形，而後可言同文。使古中國同用古字，則秦不得云「罷其不與秦文合者」矣。未嘗無蹤蹟可尋。當作十六論以發明之，至金石文字，謂有在孔子前者，非僞器則誤釋，更不足難矣。

---

① 禮記：原作「緝禮」，據《禮記·投壺》改。

② 字母：原作「數母」，據文意改。

③ 禮記：原作「儀禮」，據《禮記·投壺》改。

且夫多少通塞，至無常式，余箸書百餘種，用字不及《字典》十之二三，不憂不足，所謂寸有所長，殤子爲壽之説也。《大字典》固較《字典》詳盡，然全球語言，日益新出，數千百年後，繼長增高，一部字典，雖重至百四十斤，千四五百斤，亦當有不足之患，所謂尺有所短，彭祖爲夭之説也。大統合一之時，非再有始皇、李丞相出，盡焚諸侯並作語之文書，使必盡通全書，乃得爲吏，雖停廢百學專科研究，老死不能盡。後之視今，亦如今之視昔，然未來之事，固不能預測，則此書爲切時備用之名箸，推中文於全球，未始不由此基之。每怪學界如飲迷藥，推崇字母如天書，不知古文與字母二千餘年，交相爭戰，優勝劣敗，事在歷史。古文其初發明，囿於鄒魯，見《莊子·天下篇》。今則東西南北，萬里而遥，所有齊語楚咻方言百家語外國語，無不爲其所吸收，《傳》所謂「器從名，地從主人」者是也。遼金元皆有國語、國書，如字母可通行，當其盛時，何不全用國語，議廢漢文？用字母則文明，謂三族程度高於漢家可也。至今讀三史人名、地名者，亦莫不以播譯蠻語爲苦，此猶遠事也。降而至於清，其拼音結繩，與海外同也，祖宗推重國書，設專科，箸禁令，其保存之心，無微不至。字母易識，婦女皆識，得其程度之高下，於漢人不必論，試問旗人習國文者多於漢人乎？謄黄印章，滿漢並列，漢人固不識清書，旗人已經全讀漢文。滿州以一隅取中國，謂其初兵力之强由國書而致，似矣，何以既主中國，以帝王之力，不能廢漢文，而其清語亦與蒙古、回回近於銷滅。竊以中文比於乾陽，土寄四時，萬方同化，婦女生子，從夫之姓，遼金元清，已嫁之婦，歐美非澳，待年之女，一統同文，秦非前事之師乎？請查今東三省地方通行爲漢文乎？抑清文乎？亦如回部幾不知有回文矣。方讀音統一會之開，創字母，正音讀，種種條呈。余常爲私議云：創始難，守成易。前清所頒清文書記，各種俱備，無待改作。請諸人先就旗人立爲模範，事半功倍。果如計畫，然後推行各省，此已往成事，不足鑑乎？《大字典》所以專主中文也。又近時新説，謂以字母譒經，則可以推行孔經於海外，尤爲大誤。孔子譒經必用雅言，六經六書，相爲經緯，絶非字母所能譒，如《易》之「乾，元亨利貞」；《春秋》之「春王正月」，「霣石於宋五」；「六鷁退飛，過宋都」；《書》之「曰若稽古帝堯」；《詩》之「關關雎鳩，在河之洲」。使以字母譒之，皆不能成語。吾國注疏傳説解經，即所以譒經，有此思想，同此文字，每經一條，雖數十百説，而意義無窮，推闡不盡。海外無此名詞，《采風記》以外人不能譯孝字，以無此名詞。無此讀法。先實後虛。以一二人單獨鄙陋之見爲譒經，與乞丐説皇帝、餓鬼説菩薩，無以異也。外人所譯中經同有此病。故漢文可以譒梵咒，字母不能譯聖經。《大字典》以中統外者，用此義耳。或以爲《書》多采俗語，不爲典雅。考行遠之書，必求通俗，漢之《説文》，清之《字典》，同以通俗，乃能盛行。若《三倉》當西漢末，字數猶僅三千，許氏加入流俗異體，數乃近萬。許氏引漢初法，必讀九千字，乃得爲吏。所謂九千字者，後人據《説文》改益，其初不過一二千字，孳乳相生，繁衍衆多，既有事物，不厭其推廣。是書以六年乃成，至四萬餘言，因時制宜，克副窮通之變。鄙人學業迂僻，不合時宜。不有求正之見，或反見咎於大雅，用是發攄鄙見，以求教正爲幸焉。

文字源流考三十論

井研　廖平撰

受業　李堯勳　筆述

（一）人物皆以聲音相通，而表式聲音，必用字母。世界公例，雖野蠻之國，亦有其法。既稱文明，如今歐美亦不能出其範圍，别有制作。

（二）中國未有六書文字以前，亦如地球各國同用字母。二十二行省即地球各國之小影，歷史《四夷列傳》所引横行、左、右行文字，同爲字母。中國京官，使皆以語言相通，必盡學二十二行省方言，乃可從政，則無一人能勝其任矣。禮樂刑罰，彼此參差，吏胥舞文弄法，賞罰何以能平？以文字通，則無扞格，此又始皇之第一大功也。

（三）造字三家，倉頡與梵與佉盧同爲字母。

《三藏記》：梁僧祐①。昔造字之主，凡三人：長曰梵，其書右行。次曰佉盧，蒙古所本，其書左行。小者倉頡。其書直行。梵及佉盧，在天竺，倉頡在中華。夫梵及佉盧皆字母，則倉頡亦字母可知，是中國古時文字與今西歐同無疑矣。

---

① 僧祐：原作「僧佐」，誤。僧祐著有《出三藏記集》。

（四）聲音，直言之，數十年一小變，數百年一大變，故《爾雅》專爲通今古語而設。遼、金、元《國語解》，入主中國不廢字母。乾隆時，改譯三史，譒爲中文。此語言歷久必變之確證。

（五）聲音，横言之，每因大山大川所囿，自成一種，即以中國言，方音不下數百種，一人精力萬不能通。《會典》於沿邊屬國列清語、蒙古語、藏語、回語、唐古忒語、越南語。由外可以推内，各行省古初亦必藩屬各國。

（六）字母專爲耳學，圖畫則爲目學。無古今中外彼此之殊，盡人可曉。若方言囿於方隅，萬難統一。《公》、《穀》説《春秋》「隕石於宋五」即「耳治」也，「六鷁退飛過宋都」即「目治」也。字母文法，實字在前，虚字在後。五、六二字，一在尾，一在首，准六書文字，有此神妙，使以外國文法譯之，則不辭甚矣。

（七）六書本於圖畫，緯以聲音，耳目皆用，可以行遠。言六書者重形聲，形即圖畫，聲即語言。

（八）六書之聲、形、事、意即字母之拼音，名辭、動辭、形容辭可見。四象依語言門類而作。自來言六書者專言象、指、會、諧上四字，而於下四字形、事、意、聲從略。攷班氏《藝文志》曰「象形、象事、象意、象聲」，四門皆曰「象」，則以下四字爲主可知。按：語言學，凡實物即爲名辭，與象形相合；動作爲象事，與動辭相合；意者虚有其意，無形可象，無事可作，如謚法，如攷語，所謂形容辭矣；拼音但用耳聽，即所謂象聲，後來乃加偏旁，詳其門類，今所謂形聲字是也。蓋未有文字之先，皆以耳治，故專用字母；四象即取圖畫之意，兼用目治，故四象之文字雖變，而其門類，則仍與語言之門類相同。

（九）結繩爲字母，易以書契之後聖，專指孔子。

結繩爲字母，書契爲古文。舊説以六書文字始於羲皇，則爲上古，不得爲後之聖人也。凡言「易」者皆有兩法，易結繩爲書契，是爲兩種文字。《易》言伏羲畫卦，則爲神物，非今之八卦也。

（十）六書、六經，地球有一無二，孔子欲繙經，乃特創古文。

古文繙經，意義無窮，欲作經，不能不用此文字垂之久遠。

（十一）六經不能用字母繙譯。

近來學者皆欲以外國文繙六經，如「元亨利貞」、「春王正月」之類，使以西文繙之，復成何語。

（十二）《論語》雅言、正名、闕文，《莊子》「繙經」，《説文》引孔，皆爲孔作古文之證。

雅言、暨譯通古今語。正名、正字。「黄帝正名百物」即名家之所由出，所謂辨論學。闕文、與「闕如」同，爲字母書，即《史記》所謂之「百家語言」。《莊子》、「繙十二經」以説老。《説文》。「君子於其言，無所苟而已矣」若干條。又：孔子曰「視犬之字如畫狗」之類。

（十三）秦焚史書非孔《經》。

《六國年表序》：「秦既得意，燒天下詩、書，古來史記。諸侯史記尤甚。」六國新史。爲其有所刺譏也。詩、書所以復見者，多藏人家，而史記獨藏周室，以故滅。惜哉！惜哉！獨有《秦記》，《本紀》①云：「史非《秦記》皆燒之。」又不載日月，其文略不具。然戰國之權變亦有頗可采者。

《秦本紀》②：「吾前收天下書不中用者盡去之。」字母史書。

又李斯奏：「臣請史官官字衍。非《秦記》皆燒之。《六國序》：「燒天下詩史書，諸侯史書尤甚，獨有《秦記》」云云。非博士官所職。敢有藏《詩》、《書》百家語者，悉詣守、尉雜燒之。有敢偶語《詩》、《書》者棄市。」「詩書」二字，後人竄入。《高祖本紀》：秦法「偶語者棄市」，無「詩書」二字。應注：「禁民聚語，畏其謗己。」《高祖本紀》應注：「秦禁民聚語。偶，對也。」臣瓚曰：「《始皇本紀》曰：偶語經書者棄市。」按：應所見本無二字，瓚所見作「經書」，今本作「詩書」，又不知何時改也。

《李斯傳》：「臣請諸有文學《詩》、《書》百家語者，蠲除去之。」又：「收其《詩》、《書》百家之語，以愚百姓。」愚者，安静之意，所謂「不識不知，順帝之則」是也。蓋當朴野之時，百姓真愚，則必開通之。至於紛争之世，處士横議，則欲寧静之。故曰「以愚百姓」。與《論語》「修己以安百姓」、「不違如愚」，《老》、《莊》「大智若愚」同意。

---

① 本紀：原作「本記」，據《史記・秦始皇本紀》改。

② 秦本紀：原作「秦本記」，據《史記・秦始皇本紀》改。

按：宋王氏《野客叢書》①、明張氏《千百年眼》②皆謂始皇未焚六經。今細考《始皇本紀》、《李丞相傳》皆無焚經之事。古人言若此者多，今姑録二條以示其例。經籍廢墜，實由楚漢兵火及高祖賤儒所致，漢儒不敢斥，故歸之秦始。

（十四）秦坑策士，非真儒。

《秦本紀》：「始皇長子扶蘇諫曰：『天下初定，遠方黔首未集，諸生皆誦法孔子，今上皆重法繩子，臣恐天下不安。唯上察之。』始皇怒，使扶蘇北監蒙恬於上郡。」

又置博士七十人。

張蒼③、叔孫通皆爲博士。

又始皇曰：「吾前收天下書不中用者盡去之，悉召文學方術士甚衆，欲以興太平。」

按：始皇惟獨尊孔子，故太子敢引「諸生皆誦法孔子」爲説，使其父深惡孔子，其子何敢以此進言？蓋始皇尊孔，諸國策士因六國已亡，無人養客，麕集京師。因始皇重儒，遂儒冠儒服自附於孔子之徒，造言生事，猶昔日挾策干時之故態。始皇自以爲天下一統，德邁三皇，三王自不足法，何論戰國從横之學説，故絶意除滅之。太子雖有是言，在始皇則以真儒吾甚尊重之，故多

① 野客叢書：原作「野客叢話」。案宋王楙著《野客叢書》。

② 千百年眼：原作「千百年手眼」。案明張燧著《千百年眼》。

③ 張蒼：原作「張倉」，據《漢書·張蒼傳》改。

置博士，廣招方士，至於策士非儒，而冒爲儒，去僞存真，在所必除，故太子力諫不足以回其聽也。後世因古文家歸獄於秦始焚書，遂深惡而痛絶之。攷孔子作《經》，空言垂教。劉向云：當時惟七十子信其説，諸侯皆不用。秦始乃能獨尊孔子，實行經制，除鄒衍五帝運，齊人獻於始皇，尊而行之外，凡制度典禮、金石①文辭皆山東儒生七十子再傳弟子之條陳。其學説偶與儒書不同者，儒生多言王霸，始皇所用皆爲孔子皇帝大同之説，以致小有參差耳。

《儒林傳》：高祖圍魯，魯中諸儒尚講誦習禮樂，絃歌之聲不絶。

按：儒術興於山東，如果欲焚滅六經，誅除儒生，則當專以魯、齊、燕、鄒爲主。攷載籍所坑者僅京師因事牽引之四百餘人，而山東未嘗遣一使逮捕搜索，但以魯一城論，兵臨城下，絃誦不絶，魯及城内之六經其未經搜索焚燬可知。

（十五）秦因實行同文制度，乃焚字母書。秦始以前通行字母，古文六經惟鄒、魯弟子能言之，秦始欲求同文，乃撥正古文，焚滅史書之百家語、百家言、百家雜語，專用孔氏古文。

《秦本紀》：置廷宮中。一法度衡石丈尺。車同軌，書同文字。按：下二句出《中庸》。又：「異時諸侯並争，厚招游學。今天下已定，法令出一，百姓當家則力農工，士則學習法令辟禁。今諸生不師今而學古，以非當世，惑亂黔首。」《李丞相傳》：同文説、同文書，《正義》：「六國制令

① 金石：原作「經石」，據文意改。

不同，今令同之。」斯皆有力焉。又「上書曰：『古者天下散亂，莫能相一，是以諸侯並作，語皆道古戰國。以害今，統一。飾虛言以亂實，人善其所私學，以非上所建立。今陛下並有天下，别黑白而定一尊，而私學乃相與非法教之制，聞令下，即各以私學議之，入則心非，出則巷議，非主以爲名，異趣以爲高，率群下以造謗。如此不禁，則主勢降乎上，黨與成乎下。禁之便。臣請諸有學《詩》、《書》、百家語者，蠲除去之。令到滿三十日弗去，黥爲城旦。所不去者，醫藥、卜筮、種樹之書。若有欲學者，以吏爲師。』始皇可其奏，收去《詩》、《書》、百家之語，以愚百姓，安静之意。使天下無以古非今。」「詩」字並改作「史」。

秦刻石金器皆用篆文。

今原石拓本猶存。又《説文·序》：斯作《倉頡篇》，中車府令趙高作《爰歷篇》，太史令胡母敬作《博學篇》，皆取史籀大篆，或頗省改，所謂小篆者也。

徐邈所作隸書，即今楷字，皆屬古文。

《説文解字·序》：「分爲七國，田疇異畮，車塗異軌，律令異法，與《中庸》説相反。衣冠異制，言語異聲，由音而生文字。文字異形。必爲字母無疑。秦始皇初兼天下，丞相李斯乃奏同之，罷其不與秦文合者。」

（十六）百家非子書，由各國語言學術而異，故爲私學。非孔氏所傳之九流，後世乃以爲子書。秦重儒，故戰國策士皆自託於儒；所坑爲策士，非真儒。所焚乃字母，非古文。子書如今所傳諸子。〇今外國學説，各國紛歧，各有歷史習慣，彼此言語不同，所謂私學。

秦詔令不及子書。

秦焚書以後，《紀》、《傳》猶引用子書共十二條。荀一、孔、墨一、韓子六、申子三、商君一。

西漢以下，絶無焚子書之説。

《莊子》：「百家衆技」，如今外國國學與工藝。「百家往而不返」。非下文①「古之道術」而興起之子家。

丞相衛綰奏：「所舉賢良，或治申、韓、蘇、張之言，亂國政者，請皆罷。」奏可。罷謂所取用賢良除其名不用，如後世磨勘，非罷斥其書也。按：《容齋續筆》②言綰奏在建元元年，董子《賢良策》在其後，《通鑑》顛倒其辭。後人遂誤以百家爲蘇、張、申、韓之書。按：武帝重儒，董子亦儒家，儒列九流之一。董子所謂罷斥者，自當與《秦本紀》同，専指策士。字母學説非九流之子書。攷申、韓、蘇、張，經傳本皆爲古文，蓋爲紛争世界學説，如今萬國林立，爲外交家救亡扶危之要策。漢武統一此等學説，當時無用，不得不推崇儒術，定爲一尊。當今爲大戰國，蘇、韓、申、張之學亦須研究。綰請立明堂以朝諸侯。此可見始用經説立明堂，非前有明堂也。《董子傳》：董説與《李斯傳》如出一手。「春秋大一統者，天地之常經，古今之通誼也。今師異道，人異論，百家殊方，旨意不同，秦焚坑後至漢初，猶未絶史。《史記》所存皆古文，棄絶不道耳。是以上亡以持一統，法制數變，下不知所守。臣愚以謂諸不在六藝之科六經、孔子之術者，九流古文所書之諸子爲道術。皆絶其道，勿使並進，邪闢之説滅息。」

（十七）秦漢以前所謂史皆字母書。太史公《史記》在《春秋經》類，故《漢書・藝文》無史部。蓋以前史書皆

---

① 下文：原作「下聞」，據文意改。

② 容齋續筆：原作「容齋五筆」。案以下所引實出自《容齋續筆》卷六《漢舉賢良》條，據改。

字母，秦火焚後，久而絕跡，故東漢惟孔氏古文書獨行。

《論語》：「吾猶及史之闕文。闕文即字母，有馬者，符號爲馬，《禮經》一馬二馬皆爲記數馬號字母。借人乘之，字母拼音爲借乘，本音外，又拼數馬爲一音，二合三合，後世反切之所出。今來今。亡已夫？」其後①字母之書絕跡矣。

「野哉由也。野謂野人，未離蠻野，專用字母，以爲可以，不必正名。君子於其所不知，即上「今已亡矣」，文明之時，字母絕於世界。蓋闕如也。」律言：書者，如也。闕如謂字母之書。

《孟子》引孔子作《春秋》「其文則史」。未修《春秋》爲字母史書。

《莊子·天下篇》：「舊法世傳之史，字母。世多有之。」

（十八）《史記》八言古文，皆歸屬孔子。按：《僞經攷》不明古文爲孔子六書，遂以《尚書》二今文古文，解此古文。古文之學始莽、歆，遂指《史記》八言古文，爲劉歆所羼入。按：當時字母與古文並行。字母例如今之外國文，古文例如今之中文。

《仲尼弟子傳》：「則論言弟子籍，出孔氏古文近是。」按：「孔氏古文」即指《論語》而言，與下「《詩》、《書》古文」、「《春秋》古文」，蓋皆六書古文。緟《經》者，凡《經》皆稱古文。

《封禪書》：「群儒既已不論辨明封禪事，又牽拘於《詩》、《書》古文而不能盡。」封禪，《詩》、《書》中無其明文，故諸儒不敢說。

---

① 其後：原作「來後」，據文意改。

《吳世家・贊》：「余讀《春秋》古文，乃知中國之虞與荆蠻二字當爲衍文。句吳兄弟也。」同姓姬，與別書舊史不同。

按：「孔氏古文」、「《詩》、《書》古文」、「《春秋》古文」，言《詩》、《書》而《禮》可知，言《春秋》而《易》可知。

《五帝本紀・贊》：「學者多稱五帝，尚矣。然《尚書》獨載堯以來；而百家言黃帝，其文不雅馴，薦紳先生難言之。孔子所傳《宰予問五帝德》及《帝繫姓》，儒者或不傳。余嘗西至空桐，北過涿鹿，東漸於海，南浮江淮矣，至長老皆各往往稱黃帝、堯、舜之處，風教固殊焉，總之不離乎古文者近是。」

按：以孔子新造之字繙古史爲經，方言皆俗語，故古文乃雅馴，即今六經所載文字是也。其不雅馴者皆爲字母可知。

《三代世表》：「余讀諜亦古文字母書。記，黃帝以來皆有年數。以上字母。稽其曆譜諜、終始五德之傳，古文咸不同，乖異。夫子之弗論次其年月，豈虛哉！」

《十二諸侯年表》：「於是譜十二諸侯，自共和訖孔子，表見《春秋》、《國語》古文。學者所譏盛衰大指著于篇，爲成學治古文者要删焉。」

《敘傳》：「年十歲則誦古文。」當時古文之外，習字母書如今習外國文。

又：「撥去正。古文，焚滅詩史。書。」撥正謂撥亂反正。專用古文，焚滅史書，即「罷其不與秦文合者」。詳《六國表・敘》。

（十九）西漢以上古文與字母書並見。爲經、史之分。孔子以後，經皆古文，孔子以前，史皆字母。其證甚多，今僅即所見以發其凡。

「後世聖人易之以書契。」 《詩》、《書》、禮、樂，鄒魯之士能言之。」 「正名」。 「其義則丘竊取之矣」。《孟子》「不以文害辭」，皆指古文。孔子作《春秋》，繙字母爲古文，即《莊子》「繙經」，《論語》「雅言」。 「孔子所傳《宰予問五帝德》及《帝繫姓》。」孔子古文。「總之不離古文者近是」。「予觀《春秋》、《國語》，其發明《五帝德》及《帝繫姓》章矣。」「予並論次，擇其言尤雅者，故著爲本紀書首。」 「若欲有學法令，以吏爲師。」法令必須同文，即《論語》「名不正，則言不順」。 孔子「序《尚書》則略，無年月；或頗有，然多闕，不可録，故疑則傳疑，蓋其慎也」。又「稽其曆譜諜、終始五德①之傳，孔子所傳。古文咸不同，乖異。夫子之弗論次②其年月，豈虚哉！於是以《五帝繫諜》、《尚書》集世紀黄帝以來訖共和爲《世表》③。」	《易》〇「上古結繩而治。」 《莊子·天下篇》〇「舊法世傳之史世多有之。」 《論語》〇「闕如」。 《孟子》〇「其文則史。」 《史記》〇《五帝本紀·贊》：「百家言黄帝，其文不雅馴，薦紳先生難言之。」 《秦本紀》〇「惟種樹、卜筮之書不焚。」小事便用字母。 《三代世表·敘》〇「余讀諜字母古史。記，黄帝以來皆有年數。」又：「集世纪黄帝以來訖共和爲《世表》。」

① 五德：原作「五帝」，據《史記·三代世表》改。

② 論次：原無，據《史記·三代世表》補。

③ 「集世紀」至「世表」十三字：原無，據《史記·三代世表》補。

《六國年表・序》：「太史公讀《秦記》，至犬戎敗幽王，周東徙洛邑，秦襄公始封爲諸侯，作西畤用事上帝，僭端見矣。」秦戎狄僭禮。	「《禮》曰：『天子祭天地，諸侯祭其域内名山大川。』今秦雜戎狄之俗，先暴戾，後仁義，位在藩臣而臚於郊祀，君子懼焉。」
《十二諸侯年表・序》：「是以孔子明王道，干七十餘君，莫能用，故西觀周室，論①史記舊聞，興於魯而次《春秋》，上記隱，下至哀之獲麟，約其辭文，去其繁重。」	「於是譜十二諸侯，自共和訖孔子，表見《春秋》、《國語》。古文。學者所譏盛衰大指著於篇，爲成學治古文者要删焉。」
《敘傳》：「整齊百家雜語。」整齊，猶繙譯化同。《史記》兩言「百家語」，一言「百家」，一言「諸侯並作語」，一言「百家雜語」，合之皆爲語言，語言即字母方言。	「厥協六經異傳」。六經，《論語》：「子所雅言，《詩》、《書》執禮，皆雅言也。」
又：「余所謂述故事，整齊其世傳，非所謂作也。」	「而君比之《春秋》，謬矣。」
《説文・敘》：「罷其不與秦文合者。」	秦爲同文，乃焚書。

① 論：原作「諸」，據《史記・十二諸侯年表》改。

（二十）《王制》、《周禮》繙譯之官皆因文字不同，若太平用同文之制，則不立譯官。言語學爲將來政治第一困難事。同文之制度，所以取銷譯學，必取銷而後有通材。蓋萬國方音，至死不能盡其學；全球同文，而庠序之頌聲作矣。

（二十一）揚子雲《方言》即中國初用字母遺意，特以文字繙譯言語。五方氣禀有剛柔清濁之殊，因之言語有緩氣、急氣、緩舌、急舌、長言、短言、横口合唇，踧口開唇、閉口、籠口之别。以其音之不同，而别擇一字以當之，或更增一字以實之，此方言所以日多也。惟能通聲轉之源，不以俗字入書，不爲望文生訓，而後於方言可以會通。

（二十二）醫藥、卜筮、種樹、技藝之事，以方言字母爲便，故秦始不燒此等字母之書。或疑中國文字語言離而爲二，不如外國文言一致之便。此分方之小識，不知同文之主義者也。蓋就一國言則貴合，就天下言則貴離。離去土音，以圖畫濟之，然後可以通行天下。如今之語言學，地球更有新出方言不下數十百種，如不同文，即此一事，將終身不能通，故不能不講同文。如欲同文，則必各去其土音，而以圖畫目治通之，六國並作語，即今諸洋之現象。

（二十三）禮樂刑罰非同文，則官吏人民上下皆困。《秦本紀》：「欲學法令，以吏爲師。」蓋醫藥、卜筮、種樹囿於方隅，其行不遠，故以方音爲宜，即如坊間俗醫學歌括、鄉農謡諺，人人易曉，以便通行；至於法令，必定黑白，折一尊，天下方能得其平。六國之士囿於方音，始皇於京師諸郡特開同文法令學校，以吏爲師。凡國民以上之資格，如王公子弟，凡民之俊秀，先學文字，後學法令，以畫一整齊之，《説文・序》所謂諷詠九千字乃得爲吏者是也。今中國學校有外國語言，如英、法、德、俄、日等，將近十種。以地球論，十種語言不過占十分之一，且皆其本國之特別一種語言，求之其本國人，亦不能全通。南美、非、澳文明以後，又必特別新出若干語言，不惟中國學人以此事爲困難，實則外國同受此病，誠能如《中庸》所謂天下「書同文」，則彼此皆便。

（二十四）中國簡字法，日本欲去漢字，皆不能用。日本和文即中文通行全球之先導。

凡草昧之初，風俗簡樸，拼音方音，足以給用，文明日啟，人事繁賾，經説言「黃帝正名百物」，蓋王伯疆域小，自爲風氣；大一統之世，必須整齊化一，實行同文之制，再造文字。如西人化學名詞，本非中國所有，習化學者，必以中文編定其名辭，此秦時李斯、趙高、胡毋敬、程邈皆各作文字所由來也。外國有名無姓，中國開化早，則姓氏字已近千字，此萬不能消滅者也。中文一音有至數十字者，人取名號，每異字，以求別異。音同而異字者，每一人各可以至二三十字之不同，如漢口之九如齋，北京之王麻子，皆音同字異，至於數號口皆同一音，中文可別，而字母則不能別。又以中國之榜示賬簿言之，音同而人號不同，至於數十見，何以自別？即如遼、金、元三史，其人名每多雷同，譯爲中文，乃可識別。此日本所以不能缺漢字，中國所以不能行簡字也。

（二十五）莽、歆徵求古文，東漢古文學由此而起，六書六經皆附會周公。

莽、歆與博士爲難，於隸古定六經之外，則求古文，漆書、蝌蚪猶可歸之孔子，至牽引周公，以詆孔子，則六書文見《周禮》、六經，皆在孔前，與《史記》「孔氏古文」之説，全不合矣。

（二十六）古籍舊題在孔前者，如《老》、《管》皆屬依託。

黄帝之書如《靈》、《素》之類，皆出秦漢著述，非史頡有古文也。

（二十七）鐘鼎、泉刀、彝器款①識，非贋作即誤釋。竹書僞作非真，有蝌蚪古書，太公樞題和字，出於附會。《攷工記》古本亦同。《岣嶁碑》乃道士符籙，非禹真書。石鼓北周物，近人有明説。餘可類推。

（二十八）八體同爲象形，六書變體，非列聖代作。

《説文・序》所列八體，皆古文之變體，用爲圖畫之别裁，舊以歸之倉頡、史籀、大禹、文王、伏羲者，同出後人傅會。

（二十九）埃及碑即真，亦圖畫，非文字。

教士言，彼國有古碑，中有圖畫形狀。彼以爲彼國象形文字，因不便利，乃改爲字母，實係誤説。其碑畫不審真贋，即使有之，圖畫亦不可直當文字。《采風記》言，外國初用六書文

① 款：原作「欲」，據文意改。

字，其倫理亦同中國，後來改爲字母與耶教，蓋爲彼説所誤云。

（三十）將來四海統一，折衷一是，於地球中擇善而從，必仍仿秦始盡焚字母各書，獨尊孔氏古文。說詳《東方雜誌》日本山本憲論。

謹案：先生此論，立於民國二年，哲想既高，徵引復確，千古疑獄，決於一時。當日京城名士王晉卿、龔向農首挹清論，並見許爲石破天驚。《中華字典序》所舉孔子造字之證據十六事，即先生回川前後答覆海内專家之問難也。今冬，同人提倡國學會課，區區之誠，采出此藝，以要邦人士討論之指歸，同將《字典》原《序》，與《四川國學雜誌》所載同門李堯勳筆述，重新釐正，訂爲一册，其或大雅君子，更有高明，言之中否，幸承研究。蓋學術競争，文字亦今日一大樞紐，並不敢入主出奴，拘拘然墨守一家言也。柏毓東識於辛酉陽月下澣。

莊子經説敘意

廖平　撰
邱進之　校點

校點説明

廖平於戊戌年（一八九八）由「古今」轉爲「小大」之學，並治諸子學，認爲九流分治海外，諸子出於四科。《井研縣志·藝文四·諸子凡例》提要稱：「老、莊、荀、列、名家、縱横，已别有專書，其餘但有凡例。」其大旨以子學皆出於四科，道家出於德行，莊、列盛推顏、閔，又多用經説。孔子以前之黄帝、老、管、鬻者，皆出依託。子爲六藝支流，源皆本於六經。到「四變」之時，廖平又以「天學人學」分諸子。今《六譯館叢書》中《莊子》解數篇，又爲「四變」時改本。《莊子經説敘意》共分十九題，以爲莊傳孔學，莊子砭儒，愈以尊孔。《莊子》傳六經道家之天學，故其心同於《詩》、《易》，而與《山海經》、《楚詞》、《靈樞》、《素問》相出入。此書原載於民國元年（一九一二）《四川國學雜誌》（第一號）、民國五年（一九一六）《國學薈編》（第十一期）。收入民國十年（一九二一）四川存古書局印《六譯館叢書》，今據此本整理。

目録

莊子經説叙意

（一）尊孔

莊傳孔學，關令、老聃，皆以爲出於古之道術，則實以古爲孔。古與詁通，謂古文經也。故推六經爲神化道術，指仲尼爲玄聖素王，又稱爲至人；孔門弟子，稱美尤詳。共數十見，較多於老聃。蓋至聖無名，四通八達，老聃能大而不能小，囿於一偏，有同耳目。故單言孔子，則至誠神化，極其推崇；與老聃宗旨相同。若孔、老並見，則以孔爲儒家，每遭詬訕。觀本書述孔言不一，道德行藝，無所不包，語雖推獎老聃，品格實爲方術。故以儒言，則孔不如老；以道術論，聃實聞古而興起。又，編中於孔聖有微辭，於弟子如顔、閔、仲、曾、端木，亦如《史記·弟子列傳》，志其崇拜，絶無反對之語。蓋以如天之聖，理無悔尤，不妨異端以示意；至於弟子，則跡近疑似，故不敢放言高論以諆訕之也。

（二）宗經 以經爲古

莊師田子方，或不信其説，不知凡今所傳六書爲孔氏古文，凡古文之書，皆出孔後。蒼頡所造，爲字母、方言，《史記》所謂「百家語」、「諸侯並作語」，《天下》篇所謂近世「世傳之史」字母書。世多有之」。此乃爲古史。孔子繙經，乃創古文，《史記》所云孔氏古文，《天下》篇所云「《詩》、《書》、《禮》、《樂》」，孔子新字、新書。鄒魯之士能言之」。惟孔子弟子乃能讀，亦如今日西人之讀中文書。古子如管、老，題名有春秋以前人者，班氏所謂依託。故今定一例：凡引據六經者，皆爲孔派。《莊子》以《天下》篇爲自序，以六經爲神化，老聃與己皆爲方術，又尊經稱古。古於文從十從〇，十如大方，〇如大圓，故有同天之説；古爲天地，單稱之爲天；古又爲鵠之本字，從半從〇，象矢中鵠之形。爲後來立法。莊書所云上古，即天道；經説中古，即《尚書》人學，非以洪荒草昧爲至治而曰退化也。道家之説本多同《論語》、《中庸》，今與《墨子》書同立宗經例，輯引經者爲一類。古之道術有在道家者，老聃與莊聞而慕之，「古」即《詩》、《易》天學。以下諸子所聞之「古」則爲人學，《書》與《春秋》。墨子所傳，先進初步，正與道家文明作反比例。

（三）砭儒

六經古文皆自孔出。春秋以前，皆屬酋長結繩，百家屏絶，蹤跡無考，子、史事文頗極詳明，皆經説，非古史。《莊子》云：「萬世之後一遇大聖，知其解者，猶旦暮遇之。」指經爲俟後例。又云「利澤及萬世」，非至聖，孰當此語？顧篇中語多詬詘，豈其智反出孫叔武叔下哉？考《史記》，莊子附傳云「作《漁父》、《盜跖》，以詆訿孔子之徒」，不曰詆訿孔子而曰其徒者，蓋爲防僞存真計，真孔則必不在詆訕之列矣。如世界進化，經義每先文後野，後人遂以六經爲古史，非力攻古史，則芻狗糟粕，俟後之旨不明。後儒如馬、鄭、杜、王、程、朱，非陳迹芻狗耶？若王莽、劉歆借經術文奸，非《詩》、《書》發冢耶？若緣飾①經術、聖賢自命，非借行誼以耀聲名耶？故預防②未來學孔之流弊，愈以張微言制作之真傳。砭儒愈以尊孔，僞儒不祛，真孔不明。

（四）六經分天人

孔子制作六經，乃爲萬世立法，非帝王已往之成迹。每經各有疆域，特别爲一時一地之用，故以天、人爲大界。天人之中又自分大小，如《詩》、《易》爲天學，《春秋》、《尚書》爲人學。人事如史筆，人地事跡皆可指數；天道則如詞賦，託物起興，言無方體。緯書所謂「《書》者如也，《詩》者志也」，言《書》以包《春秋》，言《詩》以包《易》；《禮》近於人，而兼有天；《樂》主於天，亦兼有人。《莊子》傳六經道家之天學，故其心同於《詩》、《易》，而與《山海》、《楚詞》、《靈》、《素》相出入。全書屢言天人大小之分，俱此義也。

---

① 緣飾：「飾」字原無，據文意擬補。

② 預防：原作「頂防」，據文意改。

(五)各經疆域時代不同

六經同以帝、王、堯、舜、夏、殷、周爲符號，實則時地迥然不同。如《春秋》爲王霸學，疆域三千里，《尚書》爲皇帝學，疆域三萬里；一小一大，立爲標本，六合以内，皇帝王伯之功用無所不包。別有《詩》、《易》二經，飛鳥潛魚，專詳上下；《楚詞》所謂離世獨立、上征下浮，《莊子》所謂游於六合以外者，是也。《春秋》行事，借中國當時人地以立號，下至全球一統，非數千萬年，不能見諸施行。此人事二經，帝王、地名、政事，名同實異，不可混合。至於《詩》、《易》，人、地皆爲神祇與諸天星辰世界，《莊子》所謂「乘風御雲，游於無何有之鄉」，亦如《天問》所有帝王卿相皆屬神祇鬼神，故篇中「人耶非人耶」至數十見也。

(六)六經諸子用功次第

《論語》「未知生，焉知死」，「未能事人，焉能事鬼」，升高自卑，先人後天之次序。《詩》、《易》二經，冒昧讀之，初不知爲何語，此躐等之弊。欲讀《易》，必先《詩》；欲讀《詩》，必先《書》；欲讀《書》，必先《春秋》。《莊子》云：「六合之外，聖人存而不論」，《詩》、《易》天學也；「六合之内，論而不議」，《尚書》人學也。《春秋》經世，先王之制，議而不辯，辯詳於議，議詳於論，論詳於不論；故治經必由《春秋》人學始，由小推大，然後由人希天。至於諸子，則儒墨、刑名、法術、縱横爲王伯學，陰陽五行爲皇帝道德説，天學中之真人、神人、至人又在皇帝之上。莊子著書，分爲十變，儒墨刑名、是非賞罰，亦如耳目口鼻，各有其用，而心官爲之主宰。後世言子學者不先治諸子，驟讀神化之書，亦如治經者不先讀《春秋》，遂治《詩》、《易》，貽世詬病，非善讀《莊子》者也。

（七）游魂夢覺

人學以聖人爲止境，所謂帝高陽顓頊。天學則爲真人、神人、至人。於天學中分大小，則《易經》爲形游，所謂履虚若實，入石不碍，無待風雲而行；《詩》爲神游，《易》之游魂，《楚詞》所謂形雖去而神留。鬼神之學，不見不聞，非可言喻，魂夢則智愚所同，故經之天學每借夢境以立神游之法。《周禮·掌夢》，「六夢」文與《列子》全同，《楚詞·招魂》以爲掌夢職事；《莊子》云「夢爲鳥而戾天，夢爲魚而潛淵」，《詩》所謂「匪鶉匪鳶，翰飛戾天；匪鱣匪鮪，潛逃於淵」，即此義也，故《詩經》全部皆爲神游夢境。蝴蝶化莊周，莊周化蝴蝶，全書亦以夢境爲門徑。《中庸》云：「質諸鬼神而無疑，百世以俟聖人而不惑。」故天學必借魂夢而後顯。黄帝、周穆王、秦穆公、趙簡子，亦同以夢境明天學。

（八）辭章

《藝文志》於經、子、技術外別有辭賦一門。辭賦體同《詩》、《易》，司馬《大人》、左思之《游仙》，是其正宗，其原皆出《楚詞》，道家之支流也。蓋孔門所傳，識小爲儒生，識大爲方士；《封禪》所言鬼神禱祀①皆發源於方士，即《莊子》之所謂方術、方技。方士者流，大抵出於天學。始皇三十六年，命博士作游仙詩賦，被之管絃，即今之《楚詞》。每怪文翁初化蜀，遣司馬至京師，而《封禪》、《大人》皆屬詞賦學，經何得有此迂怪之説？《山經》、《楚辭》、《穆傳》、《淮南》言之尤詳，果何師承，傳習不衰？久乃知出於道家天言。今立此例，故凡游仙出神、六合以外之説，通入此例；範山摹水，指事言情，歸入儒家。《莊子》固詞賦家之所祖。

（九）楚詞

今世所傳《楚詞》，秦始博士所擬游仙之作，故天學。神游得意之詞，既不出屈子，更非愁憂憤懣之詞，故其《遠游》篇與司馬《大人賦》如出一手，武帝讀之，飄飄有淩雲之志，則其爲道家言決矣。故莊書與《楚詞》叠矩重規，以明鳶飛魚逃之宗旨。《詩》喜言「游」，莊全書言「游」

---

① 祀：原作「紀」，據文意改。

者百十見，《素問·上古天真論》真人離俗游於渺冥者，爲《楚詞》之提綱，亦爲莊書之要義。所謂大塊即地球，游於六合以外、游於四海以外等語，皆引《詩》文證之，而更引《楚詞》以證，不但《天運》、《天問》二篇之偶同。《周禮》「周游六虛」，《楚詞》作「六漠」。

（十）山經

《人間世》即《周官》「世一見」之世，釋子所謂世界，離世獨立，即謂出塵。《山海》爲古天官宗祝巫史之書，即所謂鬼神學。五《山經》有神而無人民，爲五天，《癸巳類稿》謂《山經》以山名爲星辰，緯書以《禹貢》導山之文分配列宿，此皆上察之星辰世界。《海外》、《大荒》乃有人民，《詩》之「下民」，即所謂地獄，先儒以《招魂》四方上下所見即地獄變相者是也。《楚詞》引據，十有七八出於《山經》；莊書亦同此例，如藐姑射山、西王母、崑崙，凡與《山經》同文，皆引以爲證。又，《左傳》傳《春秋》，人學而兼言天。故凡《傳》中巫卜史祝所言地名皆非本世界所有，人名亦屬天神；如豢龍，見鬼，夢見上帝，古帝之子爲社神與爲稷神。與凡夢卜筮相，皆別抄爲一彙，以明《左氏》兼言天道，《曲禮》天官「六太」之爲鬼神學也。

（十一）神仙

儒生好談神仙與誹詬，二者皆非。天學以人道爲基礎。世界進化資格，以禽獸、野人、庶人、士①、大夫、君子、諸侯、天子分八等；今日中國，孔教開化二千年，可謂由庶人以進士，海外其高者則常在庶人之域。以時局言，又爲一大戰國，所謂處士横議、諸侯放恣之世界。必數千百年地球共推數大國爲主，然後爲帝局；全球人民略有人、士之程度；又數千百年而後地球大一統，如秦始之並合，而後爲皇局；人民程度由士、大夫以進天子，則更非數萬年不能。然此爲人皇，《尚書》之學至此始滿其量，乃由人而企天；至其歸極，人人有至人資格，釋氏所謂衆生皆佛，即《詩》之「衆維魚矣，兆維旟矣」。另有詳説解此。人人可以上天入地，同行同歸，其程度之進步，則釋書所謂刼數；精進不已，又歷數千百刼，而後能生此淨土，成果成真。此乃天下公同，自然之資格，非一人好生惡死，求訣得傳，以爲秘密私利之術。至此世界，所謂西方素統，西皇。天堂，凡俗不生，神仙所集，盛極而衰，由天降人，又由皇帝降王伯，又由士人降禽獸，地球亦隨之消亡。即《列子》杞人憂天之説。故六經皆有順逆兩讀之法，爲進化退化之大例。

（十二）陰陽五行運氣

《靈》、《素》出於七十弟子所傳聖門新學，而依託於黄帝、岐伯二伯也。諸人，即《莊子》所

---

① 士：原誤作「土」，據文意改。

謂寓言也，其書言醫學者半，治法者半。良醫、良相，治身、治天下。運氣則爲天學，提挈天地，包裹陰陽，上下相通，以星辰爲世界；故於六合以外分九天九野，又以五行星爲陰陽五行之主。凡言陰陽五行，皆皇帝以上學派，治疾則不須用此可也。又，天學中三才説，以本世界爲人爲世，亦稱萬物。以日屬世界言之，水、金近日，爲上爲天；火、木、土在外，乃爲下爲地。離世神游，欲至水、金則化鳥飛，欲至火、木、土則化魚逃，非以本地球爲地。若上下無常之例，則隨處皆天。所謂「風斯下矣」，其視下亦如是。《莊子》屢言五行六氣六極，今皆據《靈》、《素》之理以説之。上下，即所謂上帝下民、天堂地獄。

（十三）道家無用之用

學經有行道、傳道二派，見諸實行，爲行爲學，空傳其説，留待後世，爲知爲思、先行後知、學有用思無用，此行知先後之分。孟子言仁義，當時以爲迂闊；商君説帝王，聽者倦而思卧；莊子所學，神化又加於帝王之上，當時如何能行？有誰用之？此道家傳道必出隱逸，不能取富貴功名於當時，一定之例。而留此一派，以爲萬世先覺，即所謂無用之用。今人每疑百世之學如何能待？學之無益，此不知無用之用、傳道之學者也。

（十四）人天遠近

草昧時勢每與文明之極相同，故《莊子》有赤子嬰兒之説，如洪荒之民不識不知；過此境界，則以技巧知慧、競争權利爲主，至於知力之極，則必返樸還淳，無思無慮。《莊子》每言至治聖人無思無慮者，此也。如「老死不相往來」、「剖斗折衡而民不争」，近人皆以爲老氏主破壞，不知草昧之初不往來，無斗衡，後來進化，以交通爲利，造斗衡以平欺詐。然但恃斗衡，其貪詐之心未忘，且有爲弊於斗衡之外者。至於皇帝之世，人民程度各明職分，久無僞心，剖折斗衡亦各得其量，此去斗衡資格高出競争之上，不可以王伯之風俗疑皇帝之學説。又，人學以光明聞見爲主，天則與人大反。《詩》、《易》、《中庸》每言不聞不見，《莊子》於幽冥恍惚尤詳，《中庸》以慎獨爲隱微，君子之不可及，爲人之所不睹；蓋獨即獨往獨來，凡鬼神隱微，凡俗不聞不見，至人别以天耳天眼通之，就凡俗言爲不睹不聞，就至誠言爲莫顯莫見。經傳一切幽渺隱顯無聲無①臭之説，於釋家爲五通。道家此例最詳，皆本經傳。泰西學説專用耳目求聞見，初級也。

① 無：原脱，據文意補。

（十五）德行道藝

道、德、仁、義，舊以爲皇、帝、王、伯之分，而《論語》作「道德仁藝」，《周官》則作「德行道藝」，「行」與「仁」形近，「義」與「藝」同音，據《周禮》，德行爲一門，道藝爲一門，則王爲行，伯爲藝；作「仁義」者，字誤也。蓋仁義不足以分王伯。「行」統仁義，「藝」則技巧器械。《大學》、《王制》屢言執技，即藝技也。西人技巧爲藝學。《周官》以帝王居中之德行爲一門，本於四科，而王與霸首尾雜合而稱道藝；道不可言，每藉技藝以形容之，《莊子》所謂「技也，而進於道矣」，道也，非技，是也。故莊書如屠牛、牧馬、承蜩、斲輪、操舟、相馬、射御、牧羊、蹈水、爲鐻之類皆爲技，而每借之以談道。技中有道，道因技而後顯，此技藝爲伯學，與道始終相去甚遠，皆出於《論語》之大例也。

（十六）寓言

《史記》以「《畏累虛》、《亢桑子》之屬皆空言無事實」，即本書所謂寓言。以其如此，故盜跖可與孔子共語，商太宰蕩即《論語》太宰。亦問孔子於莊子，而「楚狂接輿」章乃與《論語》符合，全書接輿凡三四見。《論語》亦通用此例，長沮桀溺、丈人晨門，即畏累虛、亢桑子之比也。故孔子與弟子語，則弟子爲儒，孔子爲道；孔子與老聃語，則老子爲道，孔子爲儒。今據輯孔老相同者，以明此例。若《天下》篇，則老聃學派實出於六經，則老聃亦屬寓言，與漁父、盜跖事出一律，非孔子之前已有道家學派，如前人所言。考今本《老子》乃皇帝學之傳，其經不可考見，故《列子》稱爲皇帝書，所引《老子》語多不在其中。

（十七）繙十二經

倉頡初造字母，與梵書、西文相同，孔氏乃作圖畫之古文，故凡用經說者皆爲孔學，以古文著書皆在孔後，一定之例。《史·贊》言「百家言不雅馴」，以孔氏所傳古文爲近是。字母方言，故不雅馴，六經繙以古文，一歸爾雅，故《論語》以經爲雅言；雅言即繙譯，《莊子》所謂繙經也。舊以六經六緯爲十二，今以六藝六經爲十二。秦漢六經亦稱六藝，而不知大小不同。六經有定解，六藝明文出於《周官》。以今學堂譬之，六藝爲繙通學，人人皆得習之射、御、書、數，爲實業技藝；六經爲治政之書，今之所謂法政學堂，非王公子弟與俊秀不能入，大約治六藝者百中不過一二可語六經。舊以六藝六經視同一律，非也。又，女商女商，疑即子夏。言「橫說之以《詩》、《書》、《禮》、《樂》」，橫被四表，即四學四教分占四方者；「縱說之以《金版》、《六韜》」，上下爲縱。以《易》與《春秋》配天地，上下四旁，共爲六宗，《春秋》、《金版》、《易》爲《六韜》，謂六爻周游六虛；韜爲隱晦，即史所云「隱以之顯」。

（十八）清談

自晉人清談誤國，學者遂以無爲爲老、莊詬病，不知儒書言無爲者多，儒可言，道獨不當言，可乎？《莊子》本言無爲而無不爲，《外篇》云君本臣末、君要臣詳，以上下均無爲爲①不可；其説原出《論語》「舜無爲」，「舜有臣五人而天下治」。不解晉以下人讀《莊子》但讀上句「無爲」，下句「無不爲」三字竟忘之，何怪後人之詬厲。考道德行藝爲皇帝王伯之宗旨，由小推大，屢次迭加，藝如州縣，行如司道，德如督撫，道如政府。初以州縣爲能吏，由州縣而推司道，不能再用州縣法，故貴藝行，德與道推法亦如此。當地球大一統，惟皇帝二三人言道德，同時並見王霸，如孟、荀儒學。亦如今日，政府惟主道德，司牧才學不能廢也。

（十九）丹汞

世人學仙，喜以《莊子》附會鉛汞家言，不知此派始於魏伯陽。《莊子》以求生爲不達，所有神游亦出自然程度，初非黃婆姹女、嬰兒結胎。《莊子》本爲神仙之學，特爲經術化世，初非自私自利崖穴枯槁妄求飛昇者比。

---

① 此「爲」字原無，據文意擬補。

莊子新解

廖平 撰
邱進之 校點

校點説明

《莊子新解》撰成於宣統二年庚戌(一九一〇),時廖平五十九歲,爲廖平「經學五變」時期的著作。本書曾刊載於民國四年(一九一五)《國學薈編》(第一期),收入《六譯館叢書》。《井研縣志·藝文志》曾著録《莊子新義》四卷,舉《詩》、《易》以解《莊子》,但此書成否未知。《莊子新解》實只解《天下》篇,以「天人小大」説《莊子》,認爲《漢書·藝文志》先六經而後九流,以九流爲經之支裔;《天下篇》先六經而後六家,六家聞古之道術而起,亦以爲經之支裔;各經異義,實皆同出至聖。《天下篇》所列六家,皆道家支派。莊子時字母與古文並行,故發爲此論。秦火後,百家尚有存者,即《史記》所謂「百家語」、「外家語」。自武帝罷黜百家,而後字母絶。廖平並認爲孔子製作六經文字;今人所云三代以前制度,大抵皆出六經古文學説,至於真古事,不過芻狗糟粕。此次據《六譯館叢書》本整理。

目録

天下篇

班書《藝文志》先六經而後九流，以九流爲經之支裔；此篇先六經而後六家，六家聞古之道術而起，亦以爲經之支裔。

天下之治方「方生方死」、「方可方不可」。指地域因方異術，與方言之方同。術者《史記》「百家言黃帝，其文不雅馴」，按字母書皆方言土語，宜其不雅馴。東方曼倩、董江都、太史公皆常讀其書。多矣，中國字母書當時通行，古文初出，惟行鄒、魯。雖後來必絶，而當時尚通行。皆以其有彼此相反。爲不可加矣。各是其是。古《史記》「孔氏古文」、「《詩》、《書》古文」，八引古文皆謂孔經。春秋以前字母通行，孔子繙經，乃作古文，所謂正名、雅言。〇不作古今之古，讀爲訓詁之詁。古與告字通，聖經所立標準，如正鵠然。《記》曰君有君鵠，四句「鵠」即「告」之段字，古又「告」之省文。告子於文從〇，象侯形，丵篆象矢，非牛字。之所謂道術者，《史記》：百家所傳史與古文咸乖異。〇《賈子》有《道術》篇。果惡乎在？問古經在道術之古文與方術之字母。曰：「無乎不在。」方術中亦有經義。曰：「神神人，天學。何由降？《詩》降、生。明與「靈」同。何由出？」《山經》之「神靈所生」。〇二句問詞。「聖帝。有所生，聖人在第三。王有所成，賢人在第四。〇以人答之。皆原於一。」天下定於一。一者，八十一分之一。〇各經異義，實皆同出至聖。此篇所列六家，皆道家支派。墨家專名，惠施、公孫龍後爲名家，乃道之支派；法、農、申、韓、蘇、張皆所不及，謂專詳道家可也。不離於宗，天。謂之天人；《易》。不離於精①，至精。謂之神人；神，一作「真」。《孟子》：「聖而不可知之之②謂神。」○《素・上古天真論》：「余聞上古有真人者，提挈天地，把握陰陽，呼吸精氣，獨立守神，肌肉若一，故能壽敝天地，無有終時，此其道生。」不離於真，配天道。謂之至人。《詩》。○《素・上古天真論》：「中古之時，有至人者，淳德全道，和於陰陽，調於四時，去世離俗，積精全神，游行天地之間，視聽八達之外。此蓋益其壽命而強者也，亦歸於真人。」○至人復返於真。以上天學三等。以天爲宗，法天。以德爲本，《帝典》「俊德」。以道爲門，三「以」。兆於變化，《中庸》「變化」。謂之聖人；《尚書》。○《素・上古天真論》：「其次有聖人者，處天地之和，從八風之理，適嗜欲於世俗之間，無恚嗔之心，行不欲離於世，被服章，舉不欲觀於俗，外不勞形於事，內無思想之患，以恬愉爲務，以自得爲功，形體不敝，精神不散，亦可以百數。」○《孟子》：「大而化之之謂聖。」以仁爲恩，王。儒家。以義爲理，伯。墨家。以禮爲行，別。以樂爲和，同。○四「以」。薰然慈仁，仁義禮樂，莊子未嘗不重之，特有人天大小之別耳。謂之君子；《春秋》學。○《天真論》：「其次有賢人者，法則天地，象似日月，辯列星辰，逆從陰陽，分別四時，將從上古合同於道，亦可使益壽，而有極時。」以法爲分，法家。以名《春秋》名、分二字從此出。爲表，名家。以操爲驗，行事。以稽爲決，智慧。其數此出六藝，爲孔以前所有之學，亦如今海外。一二三四是也，四方生成者，如九疇。百官此《孝經》卿大夫。以程度言。以此相齒；王以下五等，以德優劣分高下。以事爲常，職守。以衣食爲主，嗜

---

① 精：原作「宗」，蓋涉上文而誤，據《莊子》改。

② 之之：原脱一「之」字，據《孟子・盡心下》補。

欲。蓄息蓄藏，富、養，謹身節用。〇秦焚字母，以求同文之政。所有醫卜種樹不焚者，以其利於鄉曲，與政事無干。老弱孤寡爲意，皆有以養，以養父母。民之理也。此《孝經》士庶人之孝。〇以上人學四等。《管子·宙合》篇同有等次，《文子》作二十五人。古六經雅言，古文。之人孔子。其有備乎！六經六藝。以經統天下學術之全。配神明，天人。醇天地，育萬物，神人。《中庸》：「天地位焉，萬物育焉。」和天下，澤及百姓，聖人。明於本數，道統。係於末度，行藝。〇此《大學》本末之説，《易》曰「原始要終」。六通六宗。天學言上下。四辟，四方。人學不離五。小大精粗，六經平分，三大三小，三內三外。其運無乎不在。六經六藝無所不包。其指字母。明而在數九九，算術。度絜矩，丈量。者，能以言傳者。舊法所謂真上世。世傳之史中國六書未興以前通用字母，《論語》所謂闕文之史。尚多有之；《論語》所云「吾猶及」。六書一出，字母日見消亡，楊子雲翻以方言而後絶，《論語》所謂「今亡矣夫」。〇如小六藝書籍所傳。其指古文。在於《詩》、《書》、《禮》、《樂》者，孔氏古文六經。言四教以包《易》、《春秋》，《左氏》韓宣子所見，又舉《易》、《春秋》，包《詩》、《書》、《禮》、《樂》，乃互文相起之例。鄒、魯之士，《孟子》：「去聖人之居若此其近。」《商鞅傳》作魯、衛，《文翁傳①》作齊、魯，義同。搢紳先生，《史記》「薦紳先生難言之」由此而出。多能明之。孔子古文初出，外人所不能讀，惟弟子乃能識，故古文之行初囿於一域，所行不過百里，今則四通八達，萬里而遥矣。《詩》帝立於南學。以道志，哲派，天學。《書》帝立於北學。以道事，實行，人學。《禮》帝立於西學。以道行，行，當爲「别」，《樂記》：「禮之别，樂之和。」《樂》帝立於東學。《王制》四教：春夏教以《詩》、《書》，秋冬教以

① 傳：原脱，據文意補。

《禮》、《樂》，如後世四門、國學，非一年通習四經。以道和，四經爲四教。四方四學。《易》泰西所立。以道陰陽，《易》上天學大成。《春秋》泰學立二，一始一終。以道名分。上以名爲表，以法爲分。○人學之初基，配四教爲六相。其指字母。數散知之説。於天下，全球文字皆始結繩。而設於中國者，舊法、世傳古史。百家《史記》秦所焚之書稱百家，謂各國之方言字母書。之學《史記》所謂私學。時當時中國通行字母。或稱而道之。《史記·五帝贊》云「百家言黄帝者文不雅馴，搢紳先生難言之」者，與此義同。天下大亂，戰國，處士横議。賢聖不明，道德不一，《史記》：李丞相議曰：「異時諸侯並争，厚招游學，今天下已定，法令出一。」又云：「天下散亂，莫之能一，是以諸侯並作語，皆道古以害今，飾虚言以亂實，人善其所私學，以非上之所建立。今皇帝並有天下，别黑白而定一尊；私學而相與非法教，人聞令下，則各以其學議之，入則心非，出則巷議，夸主以爲名，異取以爲高，率群下以造謗。如此弗禁，則主勢降乎上，黨與成乎下，禁之便。」天下多得一察焉以自好。許氏《説文序》①：「分爲七國，田疇異畮，車②涂異軌，律令異法，衣冠異制，言語異聲，文字異形。秦始皇初兼天下，丞相李斯乃奏同之，罷其不與秦文合者。」譬如耳目鼻口，以身喻。皆有所明，所謂耳目之官不思。不能相通，心君乃能得之。猶百家方言利於行近。衆技也，六藝爲舊，六經皆新。《王制》以技事人者。皆有所長，以技喻。時有所③用。百工專門。雖然，不該④不徧，一曲之士也；以

① 説文序：「序」字下原重出「説文解字序」五字，今删。
② 車：原誤作「東」，據四庫本《説文解字》卷一五上改。
③ 所：原脱，據《莊子·天下》補。
④ 該：原作「周」，據《莊子·天下》改。

上駁百家方言字母、史書舊學。今人所云三代以前制度，大抵皆出六經古文學說，至於真古事不過芻狗糟粕。且酋長土司①記載，秦火以後，東漢遂絕。判剖。天地之美，各持一端。析分析。萬物之理，察分別。古人之全，寡能備於天地之美，稱神明之容。九家九弊，與此相同，《班志》所言得益彰。是故内聖六合之内，聖人爲尊。外王六合以外，天人至人。王，讀作「皇」。之道至聖，本末終始。闇而不明，以中國爲天下。鬱而不發，以儒爲聖，以聖爲至神。天下之人各爲其所欲焉②如秦詔所論。以自爲方。一州一方，爲方術。悲夫！不能通貫。百家往離經。而不反，必不合矣！如今海外，各有字母，各有學說，彼此相反，不能别黑白而定一尊，以收同文之效。後世之學者，後之帝王。不幸不見天地之純③，六經。古人孔子。之大體，四科。如漢、宋以訓詁禪理説六經，且以王法蔽六經，至以村學解聖、神，不惟不能學經，並不知經與聖、神爲何説，各以儒自囿。此害亦如洪水。道術將爲天下裂。莊子時字母與古文並行，故發爲此論。秦火後，百家尚有存者④，《史記》所謂百家語、外家語。自武帝罷黜百家，而後字母絶⑤。〇此段總述古經與字母優劣。

---

① 土司：原誤作「士司」，據文意改。
② 焉：原作「爲」，據《莊子・天下》改。
③ 純：原作「全」，據《莊子・天下》改。
④ 存者：「者」字原缺，據文意補。
⑤ 絶：原誤作「紀」，據文意改。

墨辯解故序

廖　平　撰
邱進之　校點

校點説明

伍非百著《墨辯解詁》，請廖平作序。本文作於民國十一年壬戌（一九二二）廖平七十一歲時。廖平以《墨辯》即名學，即孔子「必也正名」之意。廖平壯年嘗究心《墨辯》，得啓發於《管子》之七法：則、象、法、化、決塞、心術、計數。認爲象説即在經上經下，經説上下。舉則爲綱，行以六書分配之，即孔子正名造字之説。廖平去世後，伍非百挽曰：「强爲我著千言，曾將管法通墨故；誰繼公明六變，莫道前賢畏後生。」並説云：「季平先生學經六變，窮究人天。於壬戌夏用左腕書爲著《墨辯解詁序》千餘言，刻《六譯館叢書》之首，取《管子》七法説明墨辯之義，并勉以『前賢畏後生』之語。謙光盛德，追懷莫繼。謹撰此聯，用誌景仰。」（見《六譯先生追悼録》）。此次據《六譯館叢書》本整理。

目録

墨辯解故序

自畢氏以後，天下英雄群趨《墨經》無慮數十家，以孫氏已刻之本爲最要，其書旁行，自然與《史記》旁行上下爲一律。考譜牒之學，祖宗上下，葉落歸根，今刻本《三代世表》由上而下，適得其反，蓋中國忸於上下，外國文字則多旁行也。吾壯年亦常究心於《墨辯》，得啓發於《管子》之「七法」：則、象、象形。許序：「畫成其物，隨體詰屈，日、月是也。」法、象事。許序：「視而可識，察而可見①，上、下是也。」化、象聲。許序：「以形爲名，取譬相成，江、河是也。」決塞、轉注。許序：「建類一首，同意相受，考、老是也。」心術、計數，假借。許序：「本無其字，依聲託事，令、長是也。」其文曰：「根天地之氣，寒暑之和，水土之性，人民鳥獸草木之生物，雖不甚多，皆②均有焉，而未嘗變也，謂之則。義也，《經上》：「義，利也。」《經說上》：「義，志以天下爲芬，而能能利之，不必用。」名也，《經上》：「名，達、類、私。」《經說上》：「名，物達也。有

① 可見：原作「見易」，據《說文解字》卷一五上改。

② 皆：原作「尚」，據新編諸子集成本《管子校注》改。

實，必得之名①也。命之馬②，類也，若實也者，必以是名也。命之臧③，私也，是名也，止於是④實也。聲出口，得若姓字麗。」又，《經上》：「名、實、合、爲。」《經説上》：「所以謂⑤，名也。所謂，實也。名實耦，合也。志行，爲也。」以外言名文多，不備録。下倣此。時也，《經上》：「始，當時也。」《經説上》：「始，時⑥或有久，或無久，始當無久。」《經下》：「堯之義⑦也，生於今而處於古，而異時，説在所義⑧。二。」《經説下》：「堯之義也，是聲也於今，所義之實處於古。」似也，《經上》：「似，有以相攖，有不相攖也。」《經説上》：「仳，（注：疑似字。）兩有端而後可。」類也，《經上》：「名，達、類、私。」見前「名也」下。又：「同，重⑨、體、合、類。異，二、不體、不合、不類。」《經説上》：「有以同，類同也。不有同，不類也。」比也，《經

① 得之名：孫詒讓《墨子閒詁》卷一〇作「待文多」。
② 馬：原作「焉」，據《墨子閒詁》卷一〇改。
③ 臧：原作「藏」，據《墨子閒詁》卷一〇改。
④ 是：原脱，據《墨子閒詁》卷一〇補。
⑤ 謂：原作「爲」，據《墨子閒詁》卷一〇改。下「所謂」之「謂」同。
⑥ 時：原脱，據《墨子閒詁》卷一〇補。
⑦ 義：原誤作「善」，據《墨子閒詁》卷一〇改。
⑧ 義：原誤作「異」，據《墨子閒詁》卷一〇改。
⑨ 重：原作「異」，據《墨子閒詁》卷一〇改。

下》：「異類不吡，（吡即比。）説在量。」《經説下》：「木①與夜孰長？智與粟孰多？爵、親、行、價，四者②孰貴？麋與霍孰高？蝱與瑟孰瑟？」**狀也**，《經上》：「舉，擬實也。」《經説上》：「告以文名，舉彼實也。」**謂之象**。《班志》六書前四門皆曰象：象形、象事、象意、象聲。 **尺寸也**，《經上》：「倍，爲二也。」《經説上》：「倍，二尺與尺，但去一。」《經上》：「體，分於兼也。」《經説上》：「體也若有③端。」「若見之成見也。 體若二之一，尺之端也。」**繩墨也**，《經上》：「平，同高也。」「中，同長也。」「直，參也。」**規矩也**，《經上》：「圜，一中同長也。」《經説上》：「圜，規寫攴④也。」又，《經上》：「方，柱⑤隅四讙也。」《經説上》：「方，矩見攴⑥也。」**衡石也**，《經下》⑦：「貞而不撓，説在勝⑧。」《經説下》：「招負⑨衡木，加重焉而不撓，極勝

---

① 「木」上原有「異」字，據孫詒讓《墨子閒詁》屬上句，今删。
② 四者：原誤作「暑」，據《墨子閒詁》卷一〇改。
③ 若有：原作「若尺有」，據《墨子閒詁》卷一〇删「尺」字。
④ 攴：原作「文」，據《墨子閒詁》卷一〇改。又，孫云，「攴」疑當爲「交」之誤」。
⑤ 柱：原作「徑」，據《墨子閒詁》卷一〇改。
⑥ 見攴：原作「見交」，據《墨子閒詁》卷一〇改。
⑦ 經下：原誤作「經上」，據《墨子閒詁》卷一〇改。
⑧ 勝：原誤作「朦」，據孫詒讓《墨子閒詁》改。
⑨ 負：原作「貞」，據《墨子閒詁》卷一〇改。又，上文「貞而不撓」，據孫云，「貞」當作「負」。

重①也。右校交繩，無加焉而撓，極不勝重②也。衡加重於其一旁，必捶權重相若也。相衡，則本短標長，兩加焉重相若，則標必下，標得權也。」又，《經下》：「推之必往，説在廢材③。」《經説下》：「誰④竝石、絫石耳。夾寢者，法也。方石去地尺，關石於其下，懸絲於其上，使適至方石，不下，柱也。膠絲去石，挈也。絲絶⑤，引也。」「今也廢石於平地，重不下，無踦也⑥。未變而名易，收也。」斗斛也，角量也，謂之法。《經上》：「法⑦，所⑧若而然也。」《經説上》：「法，意⑨規圓三也⑩俱，可以爲法。」又，《經上》：「法同，則觀其同；法異，則觀其宜。」漸也，順也，《經下》：「宇進無近，説在敷。」《經説下》：

---

① 極勝重：原作「權朦重」，據《墨子閒詁》卷一〇改。

② 極不勝重：原作「權不朦重」，據孫詒讓《墨子閒詁》改。

③ 廢材：原作「廢石」，據《墨子閒詁》卷一〇改。

④ 誰：原作「雖」，據《墨子閒詁》卷一〇改。按，「誰」訓「唯」。

⑤ 絶：原作「繩」，據《墨子閒詁》卷一〇改。

⑥ 「今也」至「無踦也」：據《墨子閒詁》卷一〇，乃錯簡，當刪。

⑦ 「法」上原衍「取」字，據《墨子閒詁》卷一〇刪。

⑧ 所：原脱，據《墨子閒詁》卷一〇補。

⑨ 意：原誤作「易」，據《墨子閒詁》卷一〇改。

⑩ 也：原作「者」，據《墨子閒詁》卷一〇改。

「傴宇①不可偏舉，宇也。進行者先敷近，後敷遠。」靡也，久也，《經上》：「久，彌異②時也。」《經說上》：「久，古③今旦④莫。」又，《經下》：「行修以久，說在先後。」《經說下》：「行，行者必先近而後遠。遠近，修也；先後，久也。修必以久也。」服也，《經上》：「服執說⑤。」《經說上》：「執服⑥難成，言⑦務成之。」習也，《經上》：「爲，窮知而縣於欲也。」謂之化。《經上》：「化，徵⑧易也。」《經說上》：「化，若鼃爲鶉。」〇象意，許序：「比類合誼，以見指撝，武、信是也。」予奪也，《經上》：「賞，上報下之功也。罰，上報下之罪也。」《經說上》同。險易也，《經上》：「平，知無欲惡也。」《經說上》：「平，惔然。」利害也，《經上》：「利，所得而喜也。害，所得而惡也。」《經說上》：「利，所得⑨而喜，則是利也。其害也，非是也。害，所得而惡，則是害也。其利也，非是也。」難易也，開閉也，殺生也，《經上》：「生，形與知處也。」《經說上》：「生，

---

① 傴宇：原倒作「宇傴」，據《墨子閒詁》卷一〇乙。
② 異：原脱，據孫詒讓《墨子閒詁》補。
③ 「古」上原衍「合」字，據《墨子閒詁》卷一〇删。
④ 旦：原脱，據《墨子閒詁》卷一〇補。
⑤ 說：原誤作「視」，據《墨子閒詁》卷一〇改。
⑥ 執服：原誤倒作「服執」，據《墨子閒詁》卷一〇乙。
⑦ 言：原作「說」，據《墨子閒詁》卷一〇改。
⑧ 徵：原誤作「微」，據《墨子閒詁》卷一〇改。
⑨ 所得：《墨子閒詁》卷一〇作「得是」。下「所得而惡」之「所得」同。

楹之生，商不可必也。」又，《經上》：「功，利民也。罪，犯禁也。」《經說上》：「功不待①時，若衣裘。罪不在禁，雖害無罪殆②。」謂之決塞。象聲，許序：「以形爲名，取譬相成，江、河是也。」實也，《經上》：「實，榮也。」《經說上》：「實，其志氣之見也。使人若己，不若金聲玉服。」《經下》：「或，過名也，說在實。」誠也，《經上》：「信，言合於意也。」《經說上》：「信，必以其言之當也。使人視誠得金。」厚也，施也，《經上》：「仁，體③愛也。」《經說上》：「仁，愛己④者非爲用己也。不若愛馬⑤。」度也，《經上》：「禮，敬也。」《經說上》：「禮，貴者公，賤者名，而俱有敬僈焉，等⑥異論也。」恕也，《經上》：「恕⑦，明也。」《經說上》：「以其知論物，而若知之也著，若明。」謂之心術。剛柔也，《經上》：「堅白不相外也。」《經下》：「一不堅白，說在⑧無。」輕重也，《經上》：「力，刑之所以奮也。」《經說上》：「力，重之謂下，與重，奮也。」又，《經

---

① 待：原誤作「得」，據孫詒讓《墨子閒詁》改。

② 雖害無罪殆：《墨子閒詁》卷一〇作「惟害無罪，殆姑」，當據改。

③ 體：原脱，據《墨子閒詁》卷一〇補。

④ 己：原誤作「也」，據《墨子閒詁》卷一〇改。

⑤ 馬：原誤作「焉」，據《墨子閒詁》卷一〇改。

⑥ 等：原誤作「其」，據《墨子閒詁》卷一〇改。

⑦ 恕：據《墨子閒詁》卷一〇當作「𢘓」，即「智」字。據此，則正文「恕也」之「恕」亦當作「𢘓」。

⑧ 此二句，《墨子閒詁》卷一〇作「不堅白，說在」，「一」字屬上句，「說在」下脱。

下》：「挈與①收仮，説在權。」《經説下》：「挈，有力也。引，無力也。不必，所挈之正於施也。繩制挈②之也，若以錐刺之。挈，長重者下，短輕者上，上者愈得，下者愈亡。繩直權重相若，則正矣。收，上者③愈喪，下者愈得。上者④權重盡，則遂挈。」又，《經下》：「倚者不可正，説在梯。」意亦同。**大小也**，《經上》：「厚，有所大也。」《經説上》：「厚，唯⑤無所大。」又，《經下》：「推類之難，説在之大小特盡⑥。」《經説下》：「謂四足獸，與牛馬與，物特盡⑦大小也。」**實虚也**，實，見上「實也」下。又，《經上》：「纑⑧，間虚也。」《經説上》：「纑間⑨虚也者，兩木之間，謂其無木者也。」又，《經上》：「盈，莫不有也。」《經説上》：「盈，無盈無厚，於尺無所往而不得。」**遠近也**，《經上》：「宇，彌異所也。」《經説上》：「宇，冢東西南北⑩。」又，《經

---

① 與：原作「其」，據《墨子閒詁》卷一〇改。

② 挈：原脱，據孫詒讓《墨子閒詁》補。

③ 收上者：此三字原脱，據《墨子閒詁》卷一〇補。

④ 者：原作「得」，據《墨子閒詁》卷一〇改。

⑤ 唯：原作「爲」，據《墨子閒詁》卷一〇改。

⑥ 「説在」句：《墨子閒詁》卷一〇云「之」上疑脱「名」字。又，《墨子閒詁》卷一〇無「特盡」二字，疑涉下文而衍。

⑦ 物特盡：《墨子閒詁》卷一〇作「物盡與」。

⑧ 纑：原誤作「瀘」，據《墨子閒詁》卷一〇改。下「纑」字同。

⑨ 間：原脱，據《墨子閒詁》卷一〇補。

⑩ 冢東西南北：《墨子閒詁》卷一〇作「東西家南北」。

下》：「景之大小，説在施缶①遠近。」《經説下》：「遠近、施正，異於鑑。鑑者近則所見大，景亦大；遠則所見小，景亦小。」又，《經下》：「宇或徙，説在長宇久。」《經説下》：「長宇，徙而有②處，宇。宇，南北在旦有在莫，宇徙久。」多少也，《經下》：「偏去莫加③少，説在故④。」《經説下》：「偏，俱一⑤無變。」又，《經下》：「一少於於二，而多於五，説在建。」謂之計數。」提「則」爲綱，象、法、化、決塞、心術、計數，六六三十六，以爲子目。聖人作經，於頤卦得其七數。頤初爻《禮》，二爻《春秋》，三爻《尚書》，四爻《樂》，五爻《詩》，六爻《易》。頤卦之彖屬《孝經》，其餘二爻分天分人，三男三女。「上經」「下經」，文見《素問》，爲《易》之兩篇。

仲尼造字，正名，雅言。《論語》：「子所雅言，《詩》、《書》執禮，皆雅言也。」六書依六經章程，舉故「故」字《經上》之始。以爲綱，其餘六書分配形、事、意、聲、轉注、假借。《經上》、《經下》爲《墨經》之上下兩篇，統《説》語，謂合而成貫。

夫黄帝正名百物，孔子曰：「必也正名乎！」《春秋》「五石」、「六鷁」之辭不正，則王道或幾乎息矣。美惡不嫌句同辭，貴賤不嫌句同號。夫禮者，所以別尊卑，絶嫌疑，明是非。言不

①缶：原誤作「出」，據《墨子閒詁》卷一〇改。「缶」即「正」。
②徙而有：原作「徙久而」，據孫詒讓《墨子閒詁》改。
③加：原誤作「如」，據《墨子閒詁》卷一〇改。
④故：原誤作「固」，據《墨子閒詁》卷一〇改。
⑤俱一：原誤作「居」，並脱「一」字，據《墨子閒詁》卷一〇改補。

順，則事不成，禮樂不興，刑罰不中。名之，必可言也；言之，必可行也。

《墨辯》之學，中國謂之名學，外國謂之辯論學。吾於《墨辯》未嘗卒業，故不如《詩緯》，得大解脱，切實明白，然後將其文字之脱誤别爲更正，如《詩緯》更正本，然後心安理得，而余未能也。伍君非百篤志於古，作《墨辯解故》，於舊説之外多所發明。雖宗旨不必同余，考其義例，得未曾有，洵前賢畏後生矣！非百浼胡素民君索序於余。時余舊病未癒，事務紛擾，加以非百印行期迫，倉卒草此，以報非百之命。苟不先狗馬填溝壑，或有進境，未可知也。歲次壬戌，夏四月朔旦，井研廖平未定稿。

楚詞講義

廖平 撰
邱進之 校點

校點説明

此書作於民國三年甲寅（一九一四）冬，時廖平六十三歲。據廖宗澤《六譯先生年譜》，此書本廖平隨手編撰，供學校講授之用。大旨以《楚詞》乃秦博士作，《秦本紀》始皇卅六年，使博士爲《仙真人詩》，即《楚詞》。著録多人，故詞意重複，工拙不一，年遠歲湮，遺佚姓氏。及史公立傳，後人附會，多不可通。又僅掇拾《漁父》、《懷沙》二篇，而《遠游》、《卜居》、《大招》悉未登述，可知非屈子一人作。而《漁父》、《懷沙》因緣蹈誤，亦不過託之屈子。《橘頌》章云「受命詔以昭詩」，即序始皇使爲《仙真人詩》之意。故《楚詞》本天學，爲《詩》、《易》二經詩説序。民國五年（一九一六）刊於《國學薈編》（第二、三期），收入《六譯館叢書》，今據此本整理。

目録

《秦本紀》：始皇三十六年，「使博士爲《仙真人詩》」，即《楚詞》也。《楚詞》即《九章》、《遠游》、《卜居》、《漁父》、《大招》諸篇，著録多人，故詞重意複，工拙不一，知非屈子一人所作。當日始皇有博士七十人，命題之後，各有呈撰，年湮歲遠，遺佚姓氏。及史公立傳，後人坿會改捝，多不可通，又僅綴拾《漁父》、《懷沙》二篇，而《遠游》、《卜居》、《大招》悉未登述，可知《遠游》、《卜居》、《大招》諸什非屈子一人撰，而《漁父》、《懷沙》因緣蹈誤，不過託之屈子一人而已。著書諱名，文人恒事，使爲屈子一人擬撰，自當整齊故事，掃滌陳言，不至旨意緟複，詞語參差若此。《橘頌》章云「受命詔以昭詩」①，即序始皇使爲《仙真人詩》之意。故《楚詞》本天學，爲《詩》、《易》二經師説。京氏《周易章句》於乾、坤八卦各言游神歸魂，即周游六虚是也。不但《卜居》、《漁父》二篇解咸、恒二卦，周游即《周南》，周，遍也；《召魂》即《召南》，召，招也。如「魂兮歸來」即「之子于歸」，「于」與「云」篆相近，「于」即「云」，「云」即古「魂」字；《韓詩》以「聊樂我云」，「云」字作「魂」；《遠游》篇「僕夫懷予心悲兮，邊馬顧而不行」，即《詩》「我僕痡矣」。

① 「受命」一句，見《九章·惜往日》，非出《橘頌》。

楚詞講義第一課

卜居　漁父

舊説以《楚詞》爲屈原作，予則以爲秦博士作，文見《始皇本紀》三十六年。《楚詞》爲詞章之祖，漢人惡秦，因託之屈子。《屈原列傳》多駮，文不可通，後人刪補，非原文。考洪氏《補注》，數十篇並無屈子作明文，惟《卜居》、《漁父》二篇中有屈子名姓，故曰後人遂以爲屈子作《楚詞》。

楚之分野占鶉火，與周同。《詩》二《南》之「楚」與《楚詞》之「楚」皆指赤道熱帶而言，非春秋戰國中國一隅之楚。

辭賦之學出於《詩》學，皆天學神鬼事，與人學之史事一實一虛。故漢以後賦詩有全指天學言者，爲《楚辭》之嫡派；有人事雜舉者，爲别派。可即兩漢、魏晉人作分别之。

《楚詞》即道家之神遊形化，《莊子》所謂遊於六合以外，故《楚詞》全與道家同宗旨。典故全用《山海經》，以《山海經》即古鬼神學，太宗、太祝之專書，所説皆天上星辰，不在本世界。或乃以《楚詞》爲憂愁憤懣之詞，至爲不通。如《遠游》篇之與司馬《大人賦》如出一手，大同小異，何遽仙凡苦樂之霄壤乎？

卜居　天道變化
- 《易》之咸、恒。
- 時言，時笑，時取。
- 上下無常，剛柔相易，不爲典要。
- 如風中幡。

漁父　地道安定
- 爲《易》之貞恒。
- 《論語》不言，不笑，不取。
- 守死善道，一定不移。
- 如恒星，如泰山。

秦博士借屈子之名，以明《易》咸或之義，文非屈子作。凡古人文中，人名皆屬寓言，且二義相反，如水火，如冰炭，一人行事，不能如此相反。

《易》少父母八卦泰、否、損、益、既濟、未濟、咸、恒，上六卦其義皆反，惟咸、恒二卦無反義。鄭注本一作「或」，二字形近而誤，據《表記》當作「或」，乃與「恒」對。

學生上課用工貴有恒。

聖神天道隨時變化，則貴或不貴恒。

《表記》：「不恒其德，句。或解「不恒其德」。承之羞。」「人而無恒，不可爲之卜筮。」《論語》誤作巫醫。「鬼神且不能知，而況於人乎①！」

《卜居》「龜策誠不能知此事」，即《表記》「鬼神且不能知」。

恒其德，句。貞。以貞解恒。

不恒其德，句。或。以或解不恒。

或繫之②，句。立心毋恒。解或字。

或鼓或罷，或泣或歌；或出或處，或語或默。

或從王事，或躍在淵。

《老子》八「或」字連文。

《北山》詩十二「或」字連文。

---

① 按，上引三句均見《禮記·緇衣》，似非出《表記》。又，據《緇衣》，「不可爲」下無「之」字，「鬼神」作「龜筮」。

② 或繫之：據《易·益》上九《象》，作「或擊之」，當據改。

《莊子》之廿餘「能」字亦同。如能柔能剛能短能長之數。

第二課

大招　招魂

或以爲屈子作，或以爲宋玉作，皆誤。此爲道家神游説，與屈子全無關係。

上帝命巫陽曰「有人在下」云云。乃上帝招人上天，與宋玉招屈子説大反。

巫陽辭謝，推之掌夢。

乃下招曰。

是掌夢招之，非巫陽也。

《周禮》掌夢之職，文與《列子》同。《詩》爲夢境神游，《易》爲覺後形游。○《易》「游魂爲變」，《易》「精氣爲物」。

夢即神游。八徵爲人間事，六候爲天堂事。

《列子・周穆王篇》：覺學仙爲夢，證果爲覺。覺更高於夢。有八徵，一曰故，二曰爲，「故」當與「爲」義反；故爲恒，下「爲」，造作變化。三曰得，四曰喪，以財、位言之。五曰哀，六曰樂，六情。上樂作哀。七曰生，八曰死。性，命。○凡《詩》中所言八字皆人事。

夢有六候，由人企天。○凡《詩》中用此六位者，皆爲夢説，天學。一曰正夢，二曰噩夢，當爲變，變與故，爲義同。三曰思夢，四曰寤夢，五曰喜夢，六曰懼夢，二字六情。○八徵配八方，六夢如六宗，即《楚詞》之上下四旁。

東	正夢	北	寤夢
南	思夢	上天	喜夢
西	噩夢	下地	懼夢

所有怪物皆出《山海經》。

凡夢中所見，皆不在本地球。

所有神怪如地獄之變象。

「故居」即天堂。由天上降生人間，覺爲妄，夢爲實，故以死爲歸。舊説以爲楚國者，大誤。

天宮「之子于歸，宜其室家」。　天衣無縫珠衣等説。

天女《法苑珠林》引天事詳矣。　天樂「之子歸，其嘯也歌」。

天廚酒食。　天禖戲「之子于歸，百兩迓之」。

與王趨夢兮，課後先。雲夢，即乘雲夢游。

《招魂》一博士作，《大招》又一博士作。

《招魂》詳於始招，《大招》詳於歸宿，互文見義。

江南即《召南》之南，《山海經》以南爲中。

「招招舟子」即招魂。《莊子》稱二《南》爲蜩、周。鷽召。鳩、二蟲即二公。《詩》樛木、喬木。調調。亦與周、召同音。

第三課

九歌 文見《尚書》。「啟《九歌》與《九辨》」，乃古書，非新作。

九歌十一篇圖

國殤癸	雲中君甲	禮魂乙
河伯壬	父大司命戊 祖西皇太一 母少司命己	湘君丙
山鬼辛	東君庚	湘夫人丁

東皇作西皇。西皇，文見《離騷》。即少昊，孔子之祖，以鳥名官，以西爲京。東君反在西，雲中君反在東。

三君一伯，即四正四岳；四篇爲四隅四伯，共爲八伯。大司命少司命爲二伯，爲父母，爲祖，祖爲鳳皇，《詩》亦曰黃鳥，又曰「先祖是皇」。鳳皇即西皇，不加「几」。大司命雎鳩，少司命鳲鳩，八伯爲八才子，即九扈。

畫	竊藍	行
竊玄	桑扈	竊丹
老	竊脂	宵

《桑扈》居中。上玄下黃。藍、脂、玄、丹，皆爲色。四方各以色見。竊，淺也。文見《爾雅》。或以竊脂爲食肉，大誤。

《始皇本紀》曰「湘君何神也」云云，又云「山鬼祇能知一年事」。太乙、東君、雲中、河伯，皆見《封禪書》，秦祀典有之。雲中君即黃帝，以雲名官，指地中而言。文有冀州，《地形訓》大九州，中曰冀州。東家之西即西家之東，無定向，故東君與雲中皆爲易位。

黃鳥鳳皇。○灌木，梧桐。

- 雎父。○《周南》「南有樛木」。周、樛同音。
  - 公子。
  - 公子。
  - 公姓。
  - 公族。
- 鳲母。○《召南》「南有喬木」。召、喬同音。
  - 公子之子。
  - 公孫之子。

春秋十一國圖

鄭	衛	齊
秦	周 晉 楚	魯
蔡	陳	吳

尚書十一國圖

和伯	和叔	和季
和仲	羲公 皇 和公	羲仲
羲季	羲叔	羲伯

歸寧父母。

《覲禮》曰：「歸視爾師，寧乃邦①。」

《文侯之命》曰：「歸寧乃邦。」非女子專名詞。

《韓詩》讀云爲魂，「云何吁矣」，云即魂字。云篆與亏相似，「之子于歸」即「魂兮歸來」，爲《招魂》所本。

① 按，此語見《書·文侯之命》：「其歸視爾師，寧爾邦。」而《儀禮·覲禮》則云「歸寧乃邦」。

第四課

大言賦

《中庸》「語大，天下莫能載焉」，博士以此賦解之。

楚襄王與唐勒、景差、宋玉游於陽雲之臺。王曰：「能爲寡人大言者上坐。」王因唏曰：「操是太阿剥一作「戮」。一世，流血冲天，車不可以厲至。」唐勒曰：「壯士憤兮絶天維，北斗戾兮泰山夷。」至景差曰：「校士猛毅皋陶嘻，大笑至兮摧覆思。鋸牙雲，晞甚大，吐舌萬里唾一世。」至宋玉曰：「方地爲輿，圓天爲蓋，長劍耿介倚天外。」王曰：「未也。」玉曰：「並吞四夷，渴飲枯海。跋越九州，無所容止。身大四塞，愁不可長。據地趻①天，迫不得仰。」

小言賦

《中庸》「語小，天下莫能破焉」，博士以此賦解之。

楚襄王既登陽雲之臺，令諸大夫景差、唐勒、宋玉等並造《大言賦》，賦畢，而宋玉受賞。王曰：「此賦之迂誕則極巨偉矣，抑未備也。且一陰一陽，道之所貴；小往大來，剥復之類也。是故卑高相配而天地位，三光並照則大小備。能高而不能下，非兼通也；能粗而不能

① 趻：原誤作「盼」，據岳麓書社《宋玉集》改。

細，非妙工也。然則上坐者未足明賞，賢人有能爲小言賦者，賜之雲夢之田。」景差曰：「載氛埃兮乘剽塵，體輕蚊翼，形微蚤鱗。聿遑浮踊，淩雲縱身。經由鍼孔，出入羅巾。飄眇翩緜，乍見乍泯。」唐勒曰：「析飛糠以爲輿，剖粃糟以爲舟。泛然投乎杯水中，淡若巨海之洪流。憑蚋眥以顧眄，坿蠛蠓而遠游。寧隱微以無準，原存亡而不憂。」又曰：「館於蠅鬚，宴於毫端。烹蝨脛，切蟣肝。會九族而同嚌，猶委餘而不殫。」宋玉曰：「無内之中，微物潛生，比之無象，言之無名。蒙蒙滅景，昧昧遺形。超於太虛之域，出於未兆之庭，纖於毳末之微蔑，陋於茸毛之方生。視之則眇眇，望之則冥冥。離朱爲之歎悶，神明不能察其情。二子之言，磊磊皆不小，何如①此之爲精？」王曰：「善。」賜以雲夢之田。

二賦頗似《柏梁》，爲聯句之祖。

洪稚存《卷施閣文集》有擬此二賦之文。

《四變記》：三變言大小。漢師分今古學，今以大小易之。

人學分大小。《春秋》小，《尚書》大。

天學分大小。《詩》小，《易》大。

《易》小過、大過、小畜、大畜、夬、小壯。大壯，小往大來，大往小來，大有、同人，合稱大同。

① 「如」字原脱，據岳麓書社《宋玉集》補。

《詩》小共大共、小球大球、小國大國、小雅大雅，小大稽古，小大盡喪。凡言小大者，皆先小後大，由小推大，《鄒衍傳》所謂驗小推大也。

《列子·湯問》篇：湯問夏革曰：「物有小大乎？」夏革，即《詩》之「不長夏以革」。《莊子》作「棘」。此二賦出於《列子》此條。

《莊子·秋水》篇河伯專言大小，亦此二賦之所出。

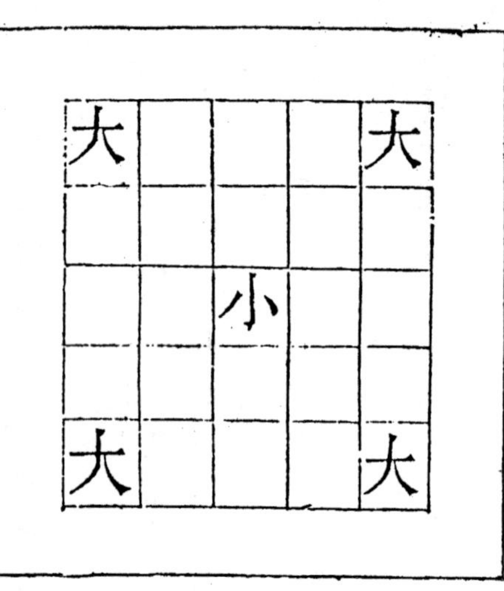

六合以外又分大小，驗小推大。

史公譏鄒衍洪大不經。由内以推外，由小以推大，《孟子》無極無盡。如佛經嚴華世界，全與《列》、《莊》同，即《詩》、《易》、鄒衍之所推。

《詩》：「思思爲「志」，古字通。無邪。」讀作「涯」，《莊子》「生也有涯，知也無涯」。

瑯琊從牙得聲，與此同。

車之邊爲牙圍。

「思無疆」，

「思無期」，　三字皆言疆域，非邪正之義。

「思無繹」。

《春秋》三千里，　有涯，

《尚書》三萬里，　有涯，

《詩》游神六合以外，爲無涯。

西人遠鏡爲大言，顯微爲小言。

《中庸》：「語大，大言。天下莫能載；語小，小言。天下莫能破。」

「小德川流，大德敦化，此天地之所以爲大也。」

第五課

彭咸解

《離騷》：「託彭咸之所居。」居與「行」對。《山經》十巫居靈山，若投水，何得爲居？何得與三、五對言？「雖不同於今之人兮，願依彭咸之遺則。」即從靈山上天下地。

《抽思》：「望三五以爲像兮，皇、帝，人學。指彭咸以爲儀。」二巫即天學。

《悲回風》：「夫何彭咸之造思兮，暨志介而不忘。孰能思而不隱兮，昭彭咸之所聞。凌大波而流風兮，乘風而行。託彭咸之所居。」靈山，十巫所居。

王注：「彭咸，蓋殷賢大夫。」又曰：屈子「從古賢俊，以自沈没也」。彭咸爲殷大夫，投水死。肊造典故，全無依據。洪興祖《補注》同。後説，補於此。

《山海經》曰：「又開明東有巫彭、巫抵、巫陽、《招魂》有。巫履、巫几、巫相。」上十巫，此六巫，合爲十六巫。注皆神巫也。皆星辰，非人。

又，「大荒之中，有山名曰豐沮玉門，日月所入。有靈山，巫咸、《楚詞》有。巫即、巫盼、巫彭、《楚詞》有。巫姑、巫真、巫禮、巫抵、巫謝、巫羅十巫從此升降，百藥爰在。」注群巫上下此山，采藥往來也。

《楚詞》全用《山海經》典故，彭咸當即巫彭、巫咸。開明東巫彭爲首，靈山巫咸爲首，共十六人。此舉其居首二人言之。神人上天下地，非投水而死之殷大夫也。

《漁父》：「吾寧死而葬於江魚之腹中。」後人據此以爲投水而死，稍知文義者，必悟其非。○此不過言守恒至死不變，不必爲屈子實事，況投水之事乎！

《悲回風》：「悲申徒之抗迹。」

此屈子投水之所本。

靈氛 卜。卜筮爲《洪範》天學，鬼謀、神告。《左》、《國》中所言巫卜似之，非今市上賣卜先生也。卿士從，庶民從，則爲上下議院，人謀之事。

巫咸 筮。

靈氛即巫彭。居開明東，爲六巫之首。靈山十巫，第四亦爲巫彭。靈、巫古字通，彭、氛音近。

否則靈氛即靈山第三之巫盼。

巫彭作卜。

巫咸作醫。

二語連文，出《呂氏春秋》①。天神所作在別世界，以我翻之，爲卜爲醫，其實不必同。如《易》伏羲所畫之卦、

---

① 按，《呂氏春秋・勿躬》：「巫彭作醫，巫咸作筮。」

河圖、洛書與四靈物皆爲神物，地球中初未發見，亦如《左》、《國》之神靈，舊説以爲已見者，誤也。

第六課

九章

較《九歌》、《九辨》，文最繁多，故不得不分爲九人所作。《離騷》疑亦數人所作，合爲一篇，故其文義重複。自來説者，皆不能貫通之。

《惜誦》　亂曰

《涉江》　亂曰

《哀郢》　亂曰

《抽思》　亂曰

《懷沙》　亂曰

《惜往日》

《思美人》

《橘頌》

《悲回風》　曰

《楚詞》之最不可解者，莫過於詞意重犯。一意演爲數十篇，自來説者，皆不能解此大惑，今定爲秦始使博士作。如學校中國文，一題而繳數十卷，以其同題，詞意自不免於重犯。如《九章》乃九人各作一篇，故篇末有「亂曰」者與「曰」者，尚有六篇可考。

《九章》文最冗長，以其非一人之作，彙集九篇，而加以「九章」之名。舊以爲屈原、宋玉所作者，誤也。

《懷沙》一篇，《屈子傳》曾單提之，必此篇别有單行本也。

《文選·登徒子好色賦》題宋玉作，最爲可怪。篇中登徒與宋玉對説，以後秦章華大夫乃駁二家，並斥宋玉所稱爲南夷邊鄙之人，何足稱道。是此篇宜以秦章華大夫爲主，宋玉已遭鄙夷，何反主之？試問此事如何解？

王晉卿先生《離騷解》凡各篇中同者皆引坿於正文之下，共有若干世俗字、黨人字。

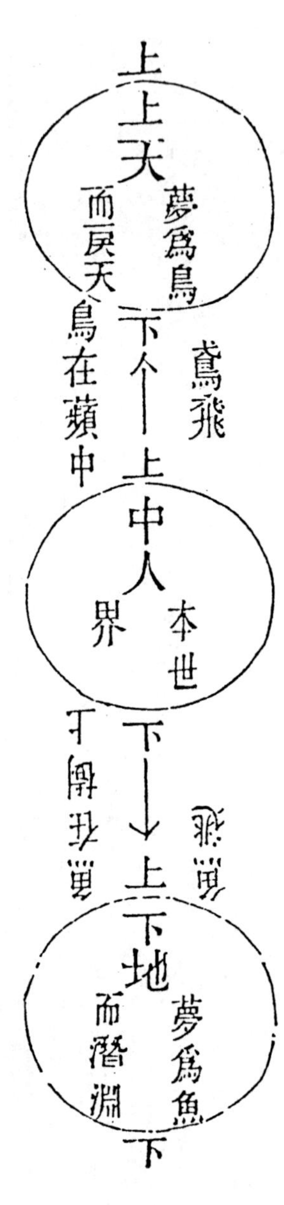

「匪鶉匪鳶，翰飛戾天。匪鱣匪鮪，潛逃於淵」，《莊子》解之曰：「夢爲鳥而戾天，夢爲魚而潛淵。」

上征下浮　凡《詩》、《易》等書，上、下皆指天、地言。

不鳥飛不下來也。　至「魴魚赬尾，王室如燬」。○二句音同，「魴魚赬尾」即「王室如燬」也。○解「至」作鳥，不如作魚，與「不」相對爲鳶矣。

第七课

離騷

帝高陽之苗裔兮。

《楚世家》首此句，故人以爲楚事；《秦世家》亦首此句，今故改爲秦事。其實皆非本義。高陽顓頊爲人帝，由人企天從此始。《五帝德》初問黄帝有「人耶非人耶」之説，即天人之分。

《尚書》顓頊以後，絶地天通。以下所引，皆一句師説。

《楚語》顓頊以前，人能登天乎？

《左傳》顓頊以後，德不及遠，乃爲民師而民名。

《列子》顓頊與共工戰，天柱絶，地維滅。此爲《尚書·吕刑》師説，非怪論，乃天人境界之所以分。

《淮南》同。

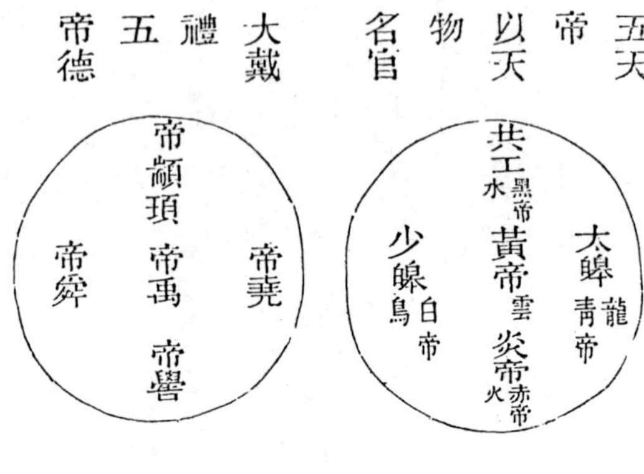

太史公《五帝本紀》

天帝五，獨黃帝以示例。人帝五，去一禹，合天人仍爲五帝，而有天人之分。俗以此説五帝者大誤。

董子説。

天帝　帝字在下。

人帝　帝字在上。

天帝爲真人，爲至人。

《列子》化人，化人即真人，真字從化。

欲由人而企天，必先具至人之資格，故從高陽爲上天之基礎。如欲學《詩》，必先明《尚書》，欲通《尚書》，先明《春秋》，一定之程度也。

第八課

釋楚詞真字

艾南英曰：五經無「真」字，《中庸》化即真，《列子》作化人。始見於老莊之書。《老子》曰：「其中有精，其精甚真。」①即《中庸》所謂至誠。《莊子·則陽》篇：「敢問何謂真？真者，精誠之至也。」《大宗師》篇曰：「而已反其真，而我猶爲人猗！」《列子》曰：「精神離形，各歸其真，故謂之鬼。鬼，歸也，歸字解。歸其真宅。」《漢書·楊王孫傳》曰：「死者，終生②之化，而物之歸者也。歸者得至，化者得變，是物各反其真也。」《説文》曰：「真，仙人變形登天也。」徐氏《繫傳》曰：「真者，仙也，化也。《列子》之化人即真人，《中庸》「至誠能③化」，《易》言化尤詳。經中無真字，化人即真人矣。從匕，匕即化也。反人爲匕，從目從匕，八其所乘也。」以生爲寄，以死爲歸，於是有真人、真君、

---

① 按，所引見《莊子·漁父》，非出《則陽》。

② 終生：原作「終身」，據《漢書·楊王孫傳》改。

③ 能：原作「變」，《中庸》：「唯天下至誠爲能化。」因據改。

真宰之名。秦始皇曰：「吾慕真人。」自稱真人，不稱朕。關東反後，二世乃稱朕，不敢稱真人。魏太武改元太平真君，而唐玄宗詔以四子老子、列子、莊子、尹文子。之書謂之「真經」，皆本乎此也。後世相傳，乃遂以「假」爲對。此後起之義。李斯《上秦王書》曰：「夫擊甕叩缶，彈箏搏髀，而歌呼嗚嗚快耳目者，真秦之音也。」韓信請爲假王，高祖曰：「大丈夫定諸侯，即爲真王耳，何以假爲！」又更東垣曰真定。竇融《上光武書》：「豈可背真舊之主①，事姦僞之人？」而與老、莊之言「真」，亦微異其旨矣。以上真僞之真。宋諱玄，以「真」代之，故廟號曰真宗，玄武七宿改爲「真武」，玄冥改爲「真冥」，玄枵改爲「真枵」。《崇文總目》謂《太玄經》爲「太真」，猶未離其本也。以上以真代玄。隆慶明。二年會試，爲主考者厭五經而喜《老》、《莊》，黜舊聞而崇新學，首題《論語》「子曰由誨女知之乎」一節，其程文有云：「聖人教賢者以真知，在不昧其心而已」，《莊子・大宗師》篇曰：「且有真人，而後有真知。」《列子・仲尼》篇：「無樂無知，是真樂真知。」始明以《莊子》之言入之文字。自此五十年中，舉業所用，無非釋老，彗星掃北斗、文昌，而御河之水變爲赤血矣。崇禎時始申舊日之禁，而士大夫皆幼讀時文，習染已久，不經之字，搖筆輒來；正如康崑崙所受鄰舍女巫之邪聲，非十年不近樂器，未可得而絕也。雖然，以周元公道學之宗，而其爲書，猶

① 主：原誤爲「王」，據《後漢書・竇融傳》改。

有所謂「無極之真」者，吾又何責乎今之人哉①！

艾氏宋學家，最不喜《老》、《莊》，故惡「真」字入《四書》文而發此議。講《楚詞》者正與相反，認定「真」字，則全書皆有統宗矣。

真人與至人相連。《楚詞》中共有若干真字。

賈子《容經》有真人至人。

《列子》魯哀公稱孔子爲至人。

《楚詞》「真」字「歸」字皆可由此得真諦，以此讀之，餘皆迎刃而解矣。

第九課

天問

《天問》一篇，本言天上人物史事，如佛經之華嚴世界；所用典故全出《山經》、《淮南》，以二書皆詳天學也。後人不得其解，乃謂楚之廟壁畫有神怪諸圖，《天問》乃據壁圖而作。試問

---

① 按，以上文字全見《日知録》卷一八「破題用莊子」條。此云「艾南英曰」，未審何據，俟考。

畫壁圖者何處得此藍本？甚至謂《山經》仿《天問》而作，尤爲本末顛倒矣。《天問》首一段與《莊子》天問全同。《天問》首尾言天地形體運動，尤不可解，以後史事，如《荀子・成相篇》，古帝王名猶見於《山經》，至於齊桓、秦穆、管仲、甯戚之類，則真不可解矣。若以爲人事，則不應在《天問》篇中，此當以繙譯説之。善言天者，必驗於人。人有皇、帝、王、伯，天神亦有之，借人事史籍以繙天神，名同而實異。天神亦有小康大同，有賢不肖，亦有刑賞戰征；凡人事所有者，無不具見於天神。此所以以世界人物繙譯天神爲《詩》、《易》二經之大例。

題天問後　朱子

此書多不可曉處，不可強通；亦有顯然謬誤而讀者不覺，又從而妄爲之説者。如「啟棘夢。賓商，天。《九辨》、《九歌》」，王逸則訓棘爲「陳」，訓賓爲「列」，謂商爲五音之商，固已穿鑿，而洪興祖又以爲急相符契，以賓客之禮而作是樂，尤爲迂遠。今詳此乃字與篆文相似而誤，棘當作「夢」，商當作「天」，言啟夢上賓於天，而得此二樂以歸耳，後人以《九歌》爲屈原作，《九辨》爲宋玉作者，其誤可知。如《列子》、《史記》所載周穆王、秦穆公、趙簡子等事耳。朱子亦以夢天解《楚詞》。若《山海經》云「夏后此天神之夏后。上三嬪賓。於天，得《九辨》、《九歌》以下」，則是當時此書別本，「賓」字亦誤作「嬪」，《尚書》「殯於虞」亦當作「賓」。故或者因以爲説。雖實怪妄，不足爲據，然「商」字猶作「天」字，則可驗矣。柳子厚「貿嬪」之云，乃爲《山海經》所誤，而或者又誤解之。三寫之訛，可勝歎哉！

《列子》夏革篇①《莊子》引作「夏棘」，革、棘本一字。今以棘與啟皆爲人名亦可，不必改爲夢字。言賓，即夢游可知。

《山經》夏、商皆爲星辰符號，商者其别名，天者其總號，不必改商爲天亦可。

第十課

離騷

此書解者無慮數十百家，無一人能通全篇文義者。

第一篇中屢言神游四荒四極，上征下浮，上下求索，與《遠游》、《大人賦》同，與屈子事不相合。

第二篇中文義自相重複，又與他篇意同，不過文字小異。一人之作，不能重複如此。如

① 此「篇」字當屬衍文，《列子》無「夏革」之篇。

「朝發夕至」篇中凡數見。

今故據《秦本紀》以爲始皇博士作，皆言求仙魂游事。又，博士七十餘人各有撰述，題目則同，所以如此重犯。彙集諸博士之作成此一書，如學堂課卷，則不厭雷同。漢初人惡其出於秦，乃以有屈子名，遂歸之屈。其實不然。

《招魂》與《大招》同題，故二人各一篇。文義互有詳略，不能偏廢，故並存之。《史記·屈原列傳》經後人羼亂，非《史記》原文，故文多不可究詰。

《離騷》與《遠游》文義全同，《遠游》有條理，《騷》則雜沓不堪。當以《遠游》之例讀《騷》，則得矣。

《九章》各有「亂曰」，今定爲九人之作，人各一篇，故有五「亂曰」。《騷》又以《九章》推之，亦當爲多人所作，彙爲一書。中有九天、九死、九辨、九歌、九州同例。今依《九歌》例，以爲九人所作，合爲一大篇，附二篇，如《大司命》、《少司命》，合爲十一首：

一　「帝高陽之苗裔兮」至「來吾道乎先路」。高陽人帝，離騷即離絶世俗，騷爲逍遥之合音。

二　「昔三后之純粹兮」至「傷靈脩之數化」。

三　「余既滋蘭之九畹兮」至「願依彭咸之遺則」。

四　「長太息以掩涕」至「及行迷之未遠」。真人至人絶世離俗，故篇中屢以世俗標目。

五　「步余馬於蘭皋兮」至「豈余心之可懲」。

六　「女嬃之嬋媛兮」至「相觀民之計極」。

七　「夫孰非義而可用兮」至「結幽蘭而延佇」。

八　「世溷濁而不分兮」至「恐導言之不固」。篇中美惡香臭相反，指人大不同，又如《莊子》之迷國。

九　「世溷濁而嫉賢兮」至「百艸爲之不芳」。

附一　「荷瓊佩之偃蹇兮」至「周流觀乎上下」。

附二　「靈氛既告余以吉占兮」至「吾將從彭咸之所居」。

九歌以九名見十一篇方位圖

禮魂	雲中君	國殤		二	三	四
河伯	大司命 東皇太一 少司命	湘君		一	九 十一 十	五
山鬼	東君	湘夫人		八	七	六

靈讀作「巫」，修讀作「長」。

帝高陽之苗裔。《秦本紀》首句，《楚世家》亦同。

正則　《周禮》地則。或疑秦諱始皇名政，不當有「正」字，嫌名不諱。

靈均　《周禮》土均，又鈞尺。

游仙歸咎黨人，讒言用《論語》「遠佞人」、《小雅》四「讒」師說。

楚詞新解

廖平　撰
楊世文　校點

校點説明

《楚辭新解》作於光緒三十二年（一九零六）四月。廖平認爲《楚詞》爲孔子天學《詩》之傳記，與道家别爲一派。大約道詳於《易》，《楚詞》詳於《詩》。大旨以《楚辭》詳於上征下浮，專爲《詩》傳，其書在屈子以前，非屈子自作，屈子不過傳之而已。《漁父》、《卜居》二篇指陳切實者，屈子自作，舊説全以爲離憂，皆屬誤解。人學專言六合以内，天學則在本世界以外。在上爲天神，在下爲地祇，居四方者爲人鬼。所謂周游六漠，尤以上征下浮爲大例。《詩》以魚鳥飛沈、山水陟降爲上下之標目，《楚辭》於此例甚詳。《楚詞》天學，已離脱世界，專言諸天。《離騷》篇名不可解，蓋如古緯，爲屈子所傳，非其自作。太史公所傳屈子事，一身一家之私事，與經傳不相干。有民國十年（一九二一）四川存古書局本、民國二十三年（一九三四）《六譯館叢書》本。今據《六譯館叢書》本整理。

目録

楚詞新解敘

《離騷》者，子屈子之所傳也。昔者尼山垂文，以詔後世，六合以內，切於人事。《傳》曰：「書者，如也。」又曰：「《春秋》深切著明。」言皆切實，意不溢辭。後世史臣志紀記傳，蓋仿斯體，所謂無韻謂之筆，六合以外存而不論。詩託物起興，上天下地，意在言表，後世辭賦祖之，所謂有韻謂之文者也。聲歌所謂「存」，與論辨人學事出兩歧。蓋聖門立科，首分志行，《中庸》：「事前定則不困，行前定則不疚。」政事、德行，今之實行家，言語、文學，「言前定則不跲，道前定則不窮。」爲今之哲學。文以載道，故文學爲道家之祖，子游傳大同，莊子爲子夏之門人。道家詳矣。至聖則存而不論者，凡神聖天道，一切閎誕悠渺、玄溟寂寞，未至其時，易滋流蕩。此方內方外之分，聖作賢述之所以別。《易》曰：「其初難知，其上易知。」亦如讖記，當時則顯。故經存其大綱，諸家傳其節目。靈應將啓，兩美牉合，此道非經無所宗主，道不明，而經亦因之不顯。此辭章喜談道，《詩》二千年來無一定解足以饜服人心者與？子屈子傳《詩》，與《列》、《莊》別爲一派。鳶飛魚逃，察乎天地，非顓頊以後絶地天通之聖人所知能。《中庸》發明《詩》之總綱，《楚詞》亦因是而昭顯焉。其曰「上征下浮」，即經之魚鳥，四荒、四極，經例尤詳。若夫「周游六漠」，非即所謂六合與？以俟聖言，皇帝王伯，同屬後生據衰而作，託之遠古。自古在昔，先民有作，傷今思古，長言詠歎，而《大傳》出焉。其發揮經旨，不啻《繫辭》之於《易》，《伏傳》之於《書》。苟能通其旨，《詩》之道思過半矣。三家以《序》説《詩》，班氏譏非本義；九天、九淵、神遊、雲飛，歸宿于泰初爲鄰，乃採《春秋》，録雜事以説之，可謂誣矣。自太史公誤以所傳爲自作，《離騷》指爲「離憂」，沈淵而死，後來承誤，《楚詞》遂爲志士失意發憤之代表。孟堅譏其露才揚己，忿懟自沈，解者甚至以「南夷」爲醜詆君父。按《楚詞》經營四荒，周游六漠，揖讓五帝，造問太微，乘雲御風，駕龍馭螭，且媮娛以自樂，超無爲以至清，乃至高之□，亦至樂之境界，以爲窮愁，失其旨矣。使果爲國爲身憂憤撰述，亦如《漁父》、《卜居》指陳切實，何爲舍切近之墳典，遠據《山經》爲藍本，徵求神靈詭怪於天地之外哉？長卿作《大人賦》，即《易》之「大人」，《中庸》所謂至誠、至聖、至道，《列》、《莊》所謂真人、神人。其文全出《遠遊》，武帝讀之，飄飄有凌雲之志；又如黄帝之夢華胥，秦穆之聞天樂，此人間至樂，借證大人，其爲遊僊，而非失志，稍知文義者固能辨之矣。使果爲愁憤失志，長卿作賦何以襲之？屈子沈淵，本爲私事，可據以解《漁父》、《卜居》，乃附會舊傳，並以彭咸亦枉死；彭咸爲十巫之一，《九章》七見彭咸。《抽思》曰「望三五以爲像兮，指彭咸以爲儀」，何得指爲自沈？他如「遺則」，於三皇五帝後言「彭咸」，皆與自沈淵不類。前人疑之者，乃因《惜往日》「不畢詞而赴淵兮，惜壅君之不識」，及《悲回風》子胥、申徒與介子、伯夷死於山上者相比。而然。考天學，離世獨立，略於人而詳上下。《詩》曰：「鶴聞于天，魚潛于淵。」《悲回風》「回」讀淵，「風」爲上鳥所憑，「淵」爲下魚所居，亦猶「匪鶉匪鳶，翰飛戾天，匪鱣匪鮪，潛逃于淵」。莊子以爲夢鳥、夢魚皆猶上下起例，是也。本篇又曰：「鳥獸鳴以號群兮，草苴比而不芳。魚葺鱗以自別兮，蛟龍①隱其文章。」屈子沈淵，即有其事，若傳文原爲夢魚逃淵，非求死自沈明矣。本爲《詩》傳，故《詩》獨詳。《悲回風》竊賦詩之所明，《惜往日》受命詔以明《詩》，是曾受命學《詩》。《東君》「展②詩兮會舞」，又引詩人「不素餐」之說，其餘名物典訓與《詩》相發明者以百十數，與緯同爲大傳。舊所撰《詩》說專就地球立說，言無方體，或以附會爲嫌。近乃由《楚詞》得明天人之分。《書》結人學之總局，《詩》開天學之初基。惟文義繁賾，蒙蝕已久，恐遭按劍，故藏之匣匱。《楚詞》寥廓無天，崢嶸無地，以視世界，不啻毛粟，神靈詭異如《天問》者，俗亦安之，不足爲怪。今除屈子自作外，別爲新解，以明天學，閱者不斥爲不經，然後《詩》乃可觀。若尚齟齬，則本屬集部，語怪固亦無妨。假此以卜《詩》解之從違，如能借《騷》以通《詩》，則至困之中有至樂，是或一道與！光緒丙午四月望日，則柯軒主人序於中巖雪堂，時年五十四也。

① 蛟龍：原誤作「蛇龍」，據《楚辭·離騷》改。

② 展：原作「原」，據《楚辭·東君》改。

凡例

《楚詞》爲孔子天學《詩》之傳記，與道家別爲一派。大約道詳於《易》，《楚詞》詳於《詩》。《離騷》亦如《繁露》，繫辭爲屈子所傳，惟有屈原明文者乃爲其自撰。如《九歌》之同於《左氏》，九秋之比於《九夏》，《招魂》之「一人在下」當指孔子，爲《詩》而作，《漁父》、《卜居》乃爲屈子自作，亦如《管子》、《繁露》之有管子、董子，乃爲本書。□□古子多非自作，□□古書多爲七十遺。如《吕覽》之《月令》，《董子》之《爵國》，《賈子》之《保傅》，《管子》之《弟子職》、《五行》，《荀子・禮三本篇》、《樂説》①尤多。

《離騷》舊本下有經。大約《離騷》爲經正文，以下各篇皆爲傳記。比於《尚書》，《離騷》爲《帝典》，以下各篇亦如《帝典》之傳記。考《離騷》言《九辯》、《九章》、《九歌》，後三題皆別爲一篇，「啓九辯與九歌兮」。此當引三篇以注於經文之下。經「四荒」以後言遠游，當引《遠游》篇附注於下。既已出游，故言返，故思歸故鄉。蓋其神游其下，即《招魂》；因上帝使人招之，故思返故鄉，故鄉即謂上天也。《卜居》爲屈子自撰學。經之靈氛，以《卜居》借作靈氛之傳，《漁父》借作巫咸之傳，《天問》一篇又經中天體人事之傳。以經爲主，舉各篇附注經下，而後經傳相

---

① 禮三本篇：指《荀子・禮論》。樂説：《荀子》作「樂論」。

合，彼此互相發明。其分篇各行，則如大傳，在經外單行。

《楚詞》全據《山海經》立説，周遊全爲神遊，夢想爲《周禮》掌夢，皆不在本世界之内。《山海經》五《山經》下《海内》四經、《海外》四經、《大荒》四經，本經言四荒，即大荒，言四極，即四宫。《吕覽》以四海爲本世界，四荒當即四宫列宿。然則海内爲本世界，海外爲四行星，四荒爲四宫，四海外爲四極，五山則三垣矣。考《山海經》海内、海外、大荒、五山，共分四等，大約八行星爲□□，十日繞昴星爲□□，西方七宿爲□□，三垣九宫爲□□，故錢氏補傳全據《山經》立説。《爾雅》四荒、四極皆不在本地球。《吕氏春秋·有始覽》：「凡四極之内，東西五億有九萬七千里，南北亦五億有九萬七千里。」《淮南·地形訓》：「禹乃使大章步自東極，至于西極，二億三萬三千五百里七十五步；使豎亥步自北極，至于南極，二億三萬三千五百里七十五步。」

《周禮》所言皇帝之制，以三、五、六、八、九、十二爲起例，《九章》、《九歌》、《九辯》以九州起例。《九歌》西皇爲素統，九州、九辯、九秋亦同，《九章》則爲人皇。《詩》曰：「狐裘黄黄，出言有章。」三九二十七，爲三皇三統，外如九天、九死、九折肱、九迴，諸「九」字皆以九服、九畿爲起例。以下三、五、六、八、十二，皆倣此例推之。

人學專言六合以内，天學則在本世界以外。在上爲天神，在下爲地祇，居四方者爲人鬼。所謂周游六漠，尤以上征下浮爲大例。《詩》以魚鳥飛沈、山水陟降爲上下之標目，《楚辭》於此例甚詳。今倣《詩》之例考之。

《詩經》以地比車、輪，所謂皇輿、轂輻。《易》曰：「黄帝垂衣裳而天下治①。」《書》曰：「弼成五服。」故又以衣服比版土。冠、衣、帶、裳、屨，《詩》以爲五服。《楚詞》所言服飾，亦如《詩》之衣裳，爲五服之起例。故於《楚詞》衣服仿《詩》例作疆域推之。

《詩》多詳鳥獸草木，蓋借木之根本、條幹、枝葉以喻疆域。《楚詞》以花草爲衣裳，則衣裳非衣裳，花草非花草，皆借以比疆域。《周南》言灌木、樛木、喬木，與條幹、枝葉，緯書言「皇帝得其根本，王得其幹，伯得其枝葉」，皆借草木以立説。

《詩》以鳥名官，主西皇之意。《楚詞》於四靈詳於鳥，即以鳥名官之義。今故就西皇之例推之。

天人之學，自顓頊而分。《楚詞》首言高陽，明其本爲帝之人學，由高陽上推，所以爲天學。《周禮》藩以外世一見，指本地球而言。經由上招，天有九重、三十二重等説，各有時代風俗之不同。《楚詞》屢言世俗與時俗，皆所經之境。如陳文子棄而違之，至於他邦，曰：「猶吾大夫崔子也。」故每段皆有世俗褊狹之説。

《尚書》「皇省維歲」，故大同之説詳於曆法。年歲爲皇，陰陽爲二伯，四時爲四岳，一日爲千里，東方諸侯爲朝，西方諸侯爲夕，所居即爲日中，背服即爲夜。「懸象著明，莫大乎日月」，

① 天下治：原作「治天下」，據《易・繫辭下》改。

日月即陰陽。《論語》：「天不言，四時行，萬物生。」天學用就天文起例。《詩經》爲天學，非本世界之事，所言古之帝皇卿相，時人名號。《詩》曰《大雅》、《小雅》，則其爲繙譯，非世界人名。《楚詞》所引古人名，自當與《詩》同例。又《山經》所言□神名號，如堯、舜、帝嚳、鯀、益、文王之類，其事迹亦相同，乃以人名繙譯天神。《左》、《國》詳鬼神、宗族、姓氏，人神混雜，其書既爲天學，自不與本世界相嫌。又由五帝下及堯舜三代，并及齊桓、甯戚，蓋以皇帝王伯爲次序。《尚書》以堯舜爲二后，夏殷文武爲四岳，《楚詞》則借人名以譯天神地祇。

《大雅》前二十八篇配車轃列宿。

《小雅》前三十篇配車輻三十。

變雅屢言讒言嫉妬，所謂小言邇謀，不必爲奸邪。經以上帝西皇爲主，故周游各天，皆不滿其意，臨去必指其病，亦猶「吾大夫崔子」之意。

經中言反顧、回車、歸者共若干見，因上有《招魂》，故故鄉反在上，非謂楚國，并非謂世界。聖人天生屬星辰，生有自來，没有所歸，故反以上天爲故鄉。

主西皇，即佛之西天，爲素統。西方美人，以鳥名官之義，故《詩》詳於鳥官。《楚詞》以西皇爲歸宿，凡此皆以孔子爲主。以孔爲主出於《詩》傳，爲屈子所傳，初非發其自作爲一家一人之私書，故彭咸即大彭、巫咸，爲殷之二伯。《論語》「竊比于我老彭」，即大彭，爲二老。巫咸即豕韋，在天爲十巫之彭咸，在人則爲殷之二老。大彭、巫咸二伯，非一人，又無自沈之事。

《楚詞》天學，已離脱世界，專言諸天矣。考諸天典故，釋藏與道藏最詳。故西皇如兜率天，上下四荒則如欲界色界天，厭棄凡近即白詩願生兜率天之意。故《楚詞》之飲食、衣服多取《法苑珠林》等書爲之詳注。以天言天，不用人間之説，爲游于六合以外、游于無何有之鄉之師説也。

《遠游》一篇，司馬本之爲《大人賦》，武帝讀之，有凌雲之志，可知其本意。故其中多道家言，爲游仙之所本。故詳引《列》、《莊》爲之解釋。諸家所言天人平等快樂詳矣，而經猶以褊狹爲譏者，志在西皇宗□上天，故於諸天皆有不足之詞，所以爲至聖。

《詩》爲孔子思志，一人在下，即指孔子而言。「周游六漠」，即《詩》之上下四旁。《楚詞》既爲《詩》作傳，則一人自屬孔子。曾皙云「詠而歸」，褰裳而去。聖人不死，如傳説騎箕上天之説。

《詩》爲魂游夢魂。《卷耳》之「云何吁矣」，《東門》「聊樂我云」，「云」皆爲古「魂」字。二南「周」爲「周游」，「召」即「招魂」之「招」。《瓠葉》「招招舟子」，一游一招，故以歸來爲大例。

《離騷》篇名不可解，蓋如古緯，爲屈子所傳，非其自作。《離騷》爲經作，亦如諸緯爲弟子所傳。太史公所傳屈子事，一身一家之私事，與經傳不相干。亦如董子之書，有傳本，有自作。蓋其本傳事實與自作書賦爲一類，與相傳之傳記不相干。屈子縱有悲憤沈淵事，與師傳授受之傳記則不相干涉，不能因其私事附會古之傳記。「擇九州而翱翔兮，何必懷此故鄉」，此爲屈子一人言，與《楚詞》之旨不相合矣。

編楚詞釋例多與詩例相同

蕭艾　衣服　草木　走獸　鳥官　男女　昏媾　寇仇　讒妬　忌諱

四方例

東　木蘭　蕙

南　江蘺　蘭　桂

中　芷　荃

西　瓊　秋蘭　辛夷　椒

北　幽蘭

反易變易

上下顛倒　木上罾魚　水中有鳥

香反爲臭　臭反爲香

國風十五國

十二月十二支

二南中邶在邊舜南

九歌《左氏》六府三事皆可歌也，謂《九歌》，《離騷》「啓《九辯》與《九歌》」。此爲孔門相傳之辭，非屈子作。

吉日兮日謂甲乙十干。辰良，辰謂寅卯外州。穆天子穆穆，東昭西穆。將迎。愉兮上皇。即《招魂》上帝、經之西皇。《莊子·天運篇》：「天有六極五常，帝王順之則治，逆之則凶。九洛之事，治成德備，天下戴之。此謂上皇。」撫長劍兮司馬，《少司命》。玉珥，西主金玉。璆鏘鳴兮司空，《大司命》。琳琅。《禹貢》璆琳琅玕。瑤席兮玉瑱，西司聽，故言瑱。盍將把兮瓊芳。《詩》瓊、瑤、玉、金爲西方之起文。金玉琳琅、玉瑱瓊芳，皆西方質素之物，故知東當爲西。蕙肴蒸兮蘭藉，奠桂酒兮椒漿。二句由西到東。蕙如麑裘，幽蘭屬北，桂酒南。有酒椒辛，西本味，此以食起西方，如《論語》四飯，爲四岳。揚枹兮拊鼓，東方革音。疏緩節兮安歌，《九歌》之中。陳竽北。瑟南。兮浩倡。三句音技。靈神。○十巫。偃蹇兮姣《詩·十月之交》，《書》曰「南交」。服，姣服，讀作「交服」。《周官》地中交會合和，服八千、十二支，《詩》「無思不服」。芳四方指諸侯。菲菲兮滿堂。交服，故滿堂。五音旋相爲宮。紛兮五方八風，六合以內。繁會，交會。繁即「藩」之代字。《周官》九州以外之藩服，《詩》「采蘩」、「正月繁霜」，皆以起外荒。君主人。欣欣兮樂康。大同。小康。《詩》。

東皇「東皇」當作「西皇」。西皇見經，爲素統例，與《詩》以鳥名官同。以西爲主，爲六藝通例。

太一地中。○天皇屬東，即泰皇。緇衣、羔裘，太一天之貴神，可謂玉皇，中央之帝。

浴蘭南。湯兮沐芳華，采衣兮若英。靈連蜷兮既留，《詩·丘中有麻》：「彼留子嗟。」下「蹇誰留兮中州」。爛昭昭兮未央。《詩》「夜未央」，央即夬卦之夬，于文爲壯，故卦之大畜之外有小畜，大壯之外無小壯者，以夬即小壯也。未壯則尚未滿足，一盈則消，一中則是，故央與夬形似，與壯音近，中央亦即中壯。蹇將憺兮壽宮，與日月二后。兮齊光。龍駕兮四靈物。帝至尊爲皇，則帝爲四岳矣。服，龍本東方神物，在東方之左，今以素爲主，則東反居西，崑崙之中乃反在左，故駕。聊翱游兮周章。周與九同音。九爲數之窮，周章即九章，大九州以帝分統之。靈皇東皇。皇中皇。兮三統有當運之皇，即有二皇后①爲賓。如帝爲四岳，則二后二公皆得稱皇矣。猋遠舉遐方。兮雲中。雲師雲名。覽冀州《地形訓》：大九州中一州爲冀。兮有餘，橫四海兮橫被四表。焉窮。思夫君兮「既見君子」。大息，《詩·民勞》小康、小息，反對爲大康、大息，與大同同義，謂天下太平，爲極樂世界。舊誤以爲愁歎。極以□□有五極。勞心兮皇、帝同思。㤝㤝。一作忡忡，即《雲中君》。《書》作「沖」，謂「沖人」、「沖子」。六合爲沖和。

---

① 后：原作「後」，據文意擬改。下「二后」之「后」同。

雲中君

甲。○崑崙在中，故黄帝以雲名官。今東皇爲主，故中變爲西。

君不行神行。兮夷夷服。猶，蹇誰留兮形留。中洲。南，中央。美要要服。眇兮宜修，沛吾乘兮桂舟。艄。令沅湘兮無波，邊鄙。使江水兮安流。流沙。望夫君兮未來，《詩》與《騷》以望未來爲大例。《詩》「求之不得」。吹參差兮《詩》「參差荇菜」。誰思。「思」字乃《騷》之標目，經只一見「思」字。駕飛龍兮鯤。北征，北溟。邅吾道兮日月之行。洞庭。當作「同庭」，「以討不庭」。「同庭」與「同寅」義同。薜白。荔柏兮蕙綢，蓀孫。橈兮蘭男。旌。望岑陽兮極皇極。浦，父。橫大江兮揚靈。揚州。靈兮未極，若已極則難乎爲。經「未極」猶「未央」，言可進化。女十二女。嬋媛兮外牧。「柔遠能邇」。爲余太息。太息即太平、太康。由戰國紛争預言百世，皇帝極盛，則當樂而不當憂，固已明矣。橫流涕兮「左右流之」。潺湲，海不揚波。隱思君兮陫側。桂櫂兮蘭枻，斲冰兮積雪。冰洋。采薜荔兮水中①，猶「鳥何萃兮蘋中」。搴芙蓉兮非陸花。木末。猶「罾何爲兮木上」，是謂拂人之性，災必逮夫身。心乾坤各二心。不同兮「無二爾心」。媒勞，道不同不相爲謀。恩不甚兮輕絶。絶猶□絶之義。□不絶者均，而多若一綫之輕，孤則必絶無疑。「輕絶」與「民勞」同義。石瀨兮淺淺，飛龍兮《易》之「飛龍」，由鯤而化。翩翩。交地中交會。不忠兮忠恕。怨長，民之好惡。期「秋以爲期」。不信兮告余以不閒。渝盟。鼂騁騖兮江皋，山高。夕朝夕有二例，京師爲日中，左邊爲朝，右邊爲夕，背居夜

---

① 水中：原衍「水中」二字，據《楚辭·九歌·湘君》删。

中，日中主極。由日中以東至朝，以西至夕，此土圭測景之法。紀行從朝起至暮，止一日之事，紀遠近而已。弭節兮北渚。水低。鳥次兮鶉鳥之精，鶉火之次。室上，離離共室。水坎。周圍。兮堂下。七舍室堂。捐余玦兮江中，遺余佩兮澧浦。采芳洲兮四方，九州。杜若，將以遺兮下女。夫人。時不可兮再得，《湘夫人》作「驟得」。日不再中。聊逍遥兮即「騷」字合意。容與。

湘君 丙。○《論語》：舜無爲而治，其君也哉！帝爲君正稱。雲中君、東君、湘君，以君稱者三焉。

帝子高陽八才子。降兮北渚，南降北爲葛屨履霜，癸與丁合。目眇眇兮《書》①「眇眇余小子」。愁余。嫋嫋兮秋風，素統以秋爲主。洞庭義如同寅。波兮皮革皆外服。木葉下。下當爲上，蓋此句應「罾木上」，下句應「鳥萃蘋中」，「洞庭波」在「木葉」之下，無罾緣木以求魚，若木葉下，則與下不類，無所取義。登白蘋②兮西采蘋。○履虚不墜，入水不濡。蘋附水而生，不可登，登之則可入水。騁望，人不能，化鳥則可，故下曰「鳥何萃兮蘋中」。與佳當脱「人」字。期兮《詩》「昏以爲期」。夕張。鳥飛。何萃兮蘋中，罾何爲兮木上③。《詩》曰「魚網之設，鴻則離之」，又曰衆爲魚矣。室家爲三才例，中爲人，上爲魚，下爲鳥之次序也。從人至上則人變爲鳥，從人至下人又變爲魚，所謂

① 書：原作「詩」，所引語見《尚書·顧命》，因據改。
② 蘋：《九歌·湘夫人》作「薠」，當據改。注語二「蘋」字亦然。
③ 罾何爲兮木上：原脱，據《楚辭·九歌·湘夫人》補。

「匪鶉戾天，匪鱣潛淵」，上以魚至，則在我之木上；下以鳥來，則在我之水中。沅有芷止。兮澧有蘭，讀作「南」。思詩志。公子兮公子、公孫。未敢言。荒四荒。忽北帝名。兮遠望，登蘋。〇十五伯爲望。觀流水坎。兮潺湲。「洞庭」、「木上」句。麋東麑。何食兮庭中？□□。蛟當爲「羔」，聲之誤。何爲兮水裔？水裔，當爲「木裔」，皆反言之。朝馳余馬兮江皋，東。如「鶴鳴九皋，聲聞于天」。夕濟兮西澨。在下。聞佳人兮召余，如《招魂》。將騰駕兮偕逝。築室兮「王室如燬」。水中，日北極。葺之兮荷「何天之休」。蓋。蓀同孫。壁兮紫音同「子」。壇，播芳椒兮盈堂。桂圭。棟兮蘭南。橑，辛夷楣兮药房。正房，明堂。罔薜白。荔兮爲帷，擗蕙東。櫋兮既張。白玉兮爲鎮，鎮。疏石蘭兮爲防。芷止。葺兮荷屋，衛。繚之兮杜土。衡。合六合。百伯。草召。兮實室。庭，建芳馨兮廡門。九疑州。繽賓。兮並迎，靈之來兮如雲。九州所致動物。捐余袂兮短右袂。江中，遺余褋兮童子佩褋。澧浦。搴汀洲兮杜若，將以遺兮遠者。「百世以俟聖人而不惑」。時不可兮世界。驟得，皇帝大同，至今未至其時。聊逍遥兮如隱逸、高士傳。容與！如《靈》、《素》以道寓於身。

湘夫人

丁。〇支十二，六合八伯，亦爲八合。

廣開兮卯開門。天門，門左右是天門。紛吾乘兮玄「禹錫玄圭」。雲。令飄風兮詩。先驅，上巢居。使凍雨兮灑塵。下穴居。君回翔兮沈淵。以下，伯會諸侯，代天子巡。踰空桑兮《山經·北山經》。從女。紛分。總總兮九州，九阿、九阬、九河，皆比九州。何壽夭兮五福、六極。在予。天命五德。兵事司馬主之，司空主封建開田。高飛兮「飛龍在天」。安翔，乘清氣兮天氣清。御陰陽。吾與君兮齋速，禮，見辛者齋速。道帝之兮中央猶南北，中分天下，河中鉞星，以北爲北，以南爲南。九阬。靈東。衣兮依京。披披，玉佩西背。兮陸離。六服。壹陰兮壹陽，陰陽二后，一陰一陽之謂道。衆莫知兮余所爲。泰伯至德，民無得而稱。折疏麻兮瑤西。華，枝葉。將以遺兮離居。地中京師，皇極。老冉冉二后。兮既極，極。不寖近兮愈疏。柔遠能邇。乘龍以□爲正，鯤魚。兮轔轔，高馳兮鴻飛。沖天。在天。結桂少司命。枝南服喬木之枝。兮延竚，羌愈思兮無思不服。愁人。九辯，九秋。愁人兮奈何，願若今兮無虧。「不騫不崩」。固人命兮有當，天命有德。孰離合兮地中交合。可爲？作「詑」。《詩》「式詑爾心」。

大司命

戊。○北海之帝，禹爲司空，《文侯之命》。○《論語》「大師摯」，《史記》作疵。○立春。

秋蘭西南。兮麋蕪，麗裘。羅生兮《多方》、《多士》。堂下。下方。綠東。葉兮生於枝上。素枝，素統，枝葉。芳方。菲菲兮襲予。下襲水土。夫人母。自有兮美子①，八才子。蓀公孫。乙丙丁庚爲子，巳午未申酉戌爲六孫。何以兮《詩》「不我以」。愁秋。苦！南方味苦。穐蘭兮青青，子衿，花色。綠葉兮紫赤。莖。干。滿堂兮言堂滿堂，言室滿室。美人，乙丙丁庚。忽獨與余兮目離爲目。成。大成。入朝南。不言不告。兮出不辭，別北不言南。□□二伯、諸侯交相見，往來朝聘，無所顧忌。乘回風兮旋風如淵。載雲旗。悲莫悲

① 夫人自有兮美子：原作「夫人兮自有美子」，據《楚辭・九歌・少司命》改。

兮「哀哀父母」。生別離，離合、別離皆就離言。地中會合爲離，「之子于歸」爲別離。樂莫樂兮「樂土樂土」。新相知。北生南死，司馬主兵，爲新民。荷衣兮侯服。蕙帶，要服。儵北帝。而來兮忽南帝。而逝。夕少司命即西南□夕□□。宿西七宿。兮帝郊，南交，地中，六合。君誰須《詩》「卬須我友」。兮雲中央黃帝，雲中君。之際。《詩》五際，唐虞之際。與女大司命。游兮形游，巡狩内九州。九河，九州以河爲界。衝風上。至兮天氣下降。水下。揚波。地氣上騰。與女沐兮咸池，西南。晞女髮兮在元首上以啓天道。一説司馬九伐，與髮同音。陽一陰一陽。之阿。東北。望美人兮西方美人。未來，來者可追，未見君子。臨風乘風。怳兮浩歌。孔蓋兮以天爲蓋，列宿象。翠旍，登九天兮《遠游》天有九重。撫彗星。彗所以除舊布新。《大學》「在新民」。司馬公司九伐。竦長劍兮主兵司伐。擁幼幼官後生。艾，采蕭、采艾以比疆域。荃大一統爲全，與分方不同。獨宜兮「宜爾室家」。爲民正。正鵠標示，二十五民取則。

少司命己。〇春分。〇司馬公主兵，新民。南極之帝忽奉王命討有罪。〇《論語》「少師陽」，《史記》一作「強」，在徐。以少師附大師，爲東岳。

暾甲日。將未至其時，故曰將。出兮東方，《詩》「日居月諸」，出自東方。照吾檻兮照臨下土。檻當讀爲「監」。《詩》「監觀四方」。扶桑。東西相對，如剛柔金木。撫余馬兮日景爲白駒。安驅，日夕。夜月。皎皎兮《詩》「月出皎兮」。既明。《詩》「昏以爲期」，「明星煌煌」。駕龍輈兮《考工記》：輈人以車輪比地。舟與州同音。《詩》「乘舟」多當作□□。龍，鱗蟲之長。乘雷，震卦。載雲「雲從龍」。旗兮委蛇。長太息兮《樂記》言詩長言之不足，故咏歎之。將上，鳶飛。〇西鳥。心低回兮即下沈淵。顧懷。懷，服懷遠人。羌色四目，目所觸。聲四聰，耳所聞。兮《詩》「上天之載，無聲無臭」。聲色之於化民，末也。娱人，騷乃樂境，非愁苦。觀者憺兮忘歸。黄帝夢游。〇《論語》「樂以忘憂，不知老之將至」。緪瑟兮交鼓，簫鐘兮瑶簴。鳴鷈兮吹竽，思未來思之爲詩。靈保兮賢姱。夸父追日事。翾飛兮翠曾，當作𡾊嶒。展詩兮會舞。應律兮合節，以十二律配二十四氣、七十二候。靈之來兮以神來喻後生嗣王。蔽日。青雲衣兮白霓裳，即「緇衣羔裘」。霓與麑同音。舉長矢弧矢。兮《詩》「舍矢如破」。射天狼。操余弧《詩》作「胡」，「狼跋其胡」。兮反東與西對，狼弧與房、心、尾對沖。東□本爲西方，故以西爲東，以酉當卯。淪降，援北右。斗兮酌桂南左。漿。撰余轡兮高駝翔，杳冥冥兮鴻飛上。以東行。

東君

乙。〇東北方伯如乙。《詩》「宜君宜王」，君尊於王。〇西皇爲主，則東乃中也。

與女游兮九河，《禹貢》□州。九河、九曲、九州。衝風鳶飛。起兮往來。水横波。魚潛。乘水北水德。車兮「水車」不辭。湘夫人築室水中，葺以荷蓋，「乘水車」當作「築水中」。荷蓋，用北蓋天。駕兩龍兮風泉皆以如。驂螭。東蓋。登由此。崑崙兮中。四望，即離。心皇□心君。飛揚兮浩蕩。南徙。日將暮兮西方。悵忘歸，司北陸，招魂。惟極北極。浦兮寤懷。《詩》「寤歌懷人」，《莊子》海若、大方。魚鱗屋兮龍堂，紫貝闕兮朱宫，宫室堂闕，各有所宜。水德，故以水族言之，不必定以爲飾。靈何爲兮水中。「宛在水中央」。乘白黿兮逐文魚，湘夫人築室水中。與女游兮河之渚，流澌紛兮《詩》「北流活活」。將來下。「彪池北流，浸彼稻田」，言南極流，北極流，至下二流往來，以調寒暑。子交手兮二泉交於黃道，溫帶。東行，送美人兮南浦。《詩》「之子于歸」，遠送于南。波滔滔兮中央。《詩》「毖彼泉水，亦流于淇」。來迎，日所迎及。魚河伯。鱗鱗兮媵予。《詩》「齊子歸止，其從如雲」。

河伯

壬。○北方伯。○《莊子·秋水篇》河如王伯，海則皇帝。

若有人兮在彼本爲人。山之阿，山林與川澤對，一高一下，皆爲魚所居，而有陰陽之别。被衣被，上服。薜荔兮帶女蘿。要服。既含睇兮「顧我則笑」。又宜笑，《詩》「巧笑倩兮，美目盼兮」。子慕予兮善窈窕。《關雎》「窈窕淑女」。以十二牧爲十二女，以配律呂。律爲窈，呂爲窕，所居皆在荒遠之地，故窈窕又有幽遠之意。乘赤豹兮從文貍，《詩》「赤豹黃皮」。《周禮》□與南交爲文。辛金。夷車兮結桂旗。被石蘭兮帶杜衡，《詩》「有杕之杜」，又「衡門之下」。杜與土同音，衡爲南岳，又爲七星之中。折芳馨兮遺所思。聖門知行二派，天學爲思想，與實行家不同。《尚書》與《春秋》，六合以内，共見共聞，民物製作，炎炎蒸上。六合以外，鬼神之事，目不可見，耳不可聞，惟以心通之，以精神相感召。余處幽篁兮終不見天，上下之分。《遠游》曰「下臨無地」，《詩》曰「明明在下」，明當作冥。《左傳》所謂黃泉，佛書所謂地獄，暗不見日。路險難兮地獄，不似天堂。獨後來。□□享鬼神，鬼神來格，先神後鬼。表獨立兮《山鬼》自成一局，如今獨立國，不依傍。山之上，山鬼。雲容容兮而在下。《莊子》「風斯下矣」。大地周游圓氣之中，上有風雲，下亦有風雲。天學以在上星辰爲天，在下星辰爲地，上下無常，雖至遠之星辰，其下仍有風雲焉。杳冥冥兮《詩》「覃及鬼方」。羌晝晦，以地獄言之，長此幽冥，無晝夜之分。然星辰既爲世界，則亦當有日月，日系八行星，本世界居第三，以繞日分上下，則金水在地球之上，即可爲天，火、木、土、天王、海王在地之下，即可爲地，彼此并無分別。雖極之大千世界，實亦相同。今之所謂天地，不過立一名目以相別異，名雖異而實同。然其名既已異，若從其實言之，彼此更何所分別，固不得不就幽明、陰陽、人鬼立説，故以山鬼所居□書□□□□□□□。東風飄飄兮谷風。神靈雨。留靈修兮形留。憺忘歸，歲歲星。既晏兮衰去□□。孰華予。采三秀兮於山間，三公。石磊磊兮葛蔓蔓。《采葛》之詩，以葛與蕭艾并舉，以爲内外之分。葛與國同音，爲天下之本。角、亢、氐又爲鈞天之星。□□□□□□□□□□□□□□□□□□□□□□□□□□□□□。○「節彼南山，維石巖巖」，山爲國，石音同室，即所謂家。積家以成國，如積石以成山。石磊磊所以成爲山之高，葛蔓蔓所以見天下之大。怨公子兮悵忘歸，湘夫人稱帝子，皇之公爲帝。《麟趾》「振振公子」，即高陽、高辛八才子。君思我兮不得閒。山中人兮芳杜若，顓頊以後絶地天通，上下隔絶，凡各星辰幽明異途，無路可通，故老死不相往來，必至天學之世，精爽不貳，乃能□□□□□□□□□□□□□。飲石泉兮蔭松柏，松柏墳墓所樹，體魄所憑依。君思我兮然疑作。靁填填兮雨冥冥，□□□□□□□□爲陰陽交感。□□□□□。蝯啾啾兮狖夜鳴。風颯颯兮木蕭蕭，思公子兮徒離憂！

山鬼癸。○《周禮》言三才，曰天神、地示、人鬼，省文則爲神鬼。《中庸》曰：「如在其上，如在左右。」言上即以包下五土例。山林爲西方，分言之則山陽而林陰，山鬼即招魂之鬼王也。

操吴戈兮《檀弓》孔子曰：「執干戈以衛。」被犀甲，車錯轂兮車已覆。短兵接。如巷戰。旌蔽日兮鬼方，故不見日。《詩》、《易》皆言鬼方，《詩》「内奰于中國，覃及鬼方」，既濟、未濟「高宗伐鬼方」。《九歌》後四篇《山鬼》、《國殤》、《禮魂》、《河伯》皆爲死鬼。《論語》「未知生，焉知死」，「未能事人，焉能事鬼」。以陰陽晝夜而分，如東半球則爲生人，西半球則爲死鬼。若《楚詞》，則升天爲神人，降地爲死鬼。 敵若雲，《詩》「有女如雲」。 矢交墜兮士争先。不避丸雨。 陵余陣兮躐余行，敗。 左驂殪兮右刃傷。 霾兩輪兮縶四馬，援玉枹兮擊鳴鼓。如郤克事。 天時墜兮威靈怒，嚴殺盡兮棄原壄。肝腦塗地。 出不入兮往不返，《穀梁》作「出不必入，往不必反」，《公羊》必作正，誤。 平原忽兮路超遠。 帶長劍兮挾秦弓，衽金革。 首雖離兮心不懲。死而不厭。○雖無國君忠孝等字，卻非《刺客傳》代人報仇匹夫之勇可比。 誠既勇兮始一鼓作氣。 又以武，再不衰。 終剛強兮終不竭。 不可陵。《中庸》「北方之強」。 身雖死兮神以靈，靈魂學，神雖去而形留。 魂魄毅兮剛德不屈。 爲鬼雄。鬼方，載鬼一車，亦爲雄長。

國殤庚。○此篇如日本武士道尚武精神。○《國殤》以見忠君愛國，爲國而死，勇于公戰，非私鬥。

盛禮兮會鼓，交合。 傳芭兮代舞，以侑。 姱女倡兮容與。女樂。 春蘭兮秋菊，東西對。 長無絶兮終古。言春祠以蘭，秋祠以菊，爲芬芳長相繼承，無絶於終古之道也。

禮魂辛。○《九歌》共十一篇，《太乙》以外別爲十，亦如《周南》之十有一篇，

一皇、二伯、八伯也。天有十日，故以十日記之。

雲中君甲

湘　君丙

湘夫人丁

大司命戊

少司命己

太一

東　君乙

河　伯壬

山　鬼癸

國　殤庚

禮　魂辛

會試硃卷

廖平 撰
楊世文 校點

校點説明

廖平於光緒十五年己丑(一八八九)恩科會試,大挑二等,中式第三十二名,成進士。此書一册,即己丑會試硃卷。雖屬八股經義之作,而獨抒己見,自鑄偉詞,非流俗可比。此卷共文八篇,詩一章,其文題多屬五經,均有關經傳考據之大題。《續修四庫全書總目提要・集部・别集類》(稿本)云:「惟平深通六藝,據典引經,發前人所未發,雖於八股中,於古代典制,考證綦詳,洵傑作也。而五考官中,於平經學,皆備極稱許,推爲宿儒。又批其經策淹通,洞明古訓,足證所謂八股考試,凡眞具才識者,必能中選。且此數篇,雖皆經義,然考之其他著述,如《書經地理考》等,皆可互相發明者也。」有光緒十五年刊本,收入《新訂六譯館叢書》,兹據此本整理。

目録

會試硃卷 光緒己丑科

爻也者效此者也象也者像此者也

以效像釋爻象，音訓之通例也。夫古無效像，晚出之字，但以爻象解爻象耳，改爻象爲效像，不可據別本以明其例乎？且《春秋》立二伯統八伯、千七百國，以奉王法，天下雖大，馭以齊晉而不繁，孔子之推桓文是也。《周易》立乾坤統六子、三百六爻，以衍大素，萬變雖殊，歸之乾坤而就緒，《大傳》之説爻象是也。齊、晉無不順之部屬，乾、坤皆克肖之子孫，《易》所以通於《春秋》，而爻象亦無待煩言而立解。爻象何以名？因其爻象而爻象之也。爻爲兆形，象陰陽相交錯，由母生子，乃卜筮之專名；象入圖畫，想牙鼻之離奇，由文生情，考説林之確證。爻者爻也，方言存其通義，聞聲可喻，何必偏旁之加；象者象也，五家本有明文，晚俗可嗤，不如舊本之善。爻與效，義分虛實。好好惡惡，同其字猶易其音，苟仍而不改，恐反似重言之形況；然賢賢親親、貴貴賤賤，不異讀而人亦不疑，事本易明，則讀若、當爲皆可省。象與像，迹類引伸。仁人義我，依其聲特減其筆，苟連彙而書，恐誤作形似之衍文；然父父子子、君君臣臣，雖累言而人亦能解，理無二致，則省形、省聲不必言，乃未幾而易爻爲效矣；謂伐者爲主，伐者爲客，終嫌齊語之未明，莫贊其辭，特謂史文之筆削。又久之而變象爲像矣；謂道者自道，齊之言齊，原非詁訓之□□，已意屬讀，庶免後人之疑難。古無孳生之晚字，鐘鼎彝器，多借同聲，通人續增，書契乃能大備。改籀篆而爲隸古，此經傳所以稱今文也。不然，《三倉》數止三千，而何以帝典、王謨已多形聲之體？蟲旁加虫，水族著魚，其所由來者久矣。古無一定之經文，金馬書刀，隨人自寫，學官刊定，傳字乃有準繩。賂蘭臺以求合己，此師弟所以分門户也。不然，三傳同出一源，而何以姓氏、地名不勝互異之事？音近相通，義同相借，其所變更者廣矣。於此而欲改效爲爻，改像爲象，易通行而爲古本者，泥也。先師首重授受，縱筆畫小有異同，不敢因文而害意。師説簡直，正可藉異本以搜求。苟拘成例而變更，則信心之流弊，未可勝言。於此而欲以效定爻，以像定象，左新説而右舊義者，亦過也。訓故不用言詮，即讀法標其緩急，亦可聞聲而得本。妙悟無方，正可即本文而啓發。苟循枝節而貴解説，則不盡之精微，誰復探討？《公羊》存口繫之條，黑肱加邾，孟子氏吴，且以師讀補經之闕。《戴記》有旁識之語，畝録東田，冠言昭帝，更有以晚事坿記而行。是在學者好學深思，心知其意而已矣。

立身修身以道

□□□於以道由淺以進於深焉。夫以身以道，析言雖□□□□□□則爲淺深也，哀公志在得人，故徐引之以進於道歟！今夫□□者勞於得人，而逸於自治，故知其道者，急求賢以自代，則終身皆暇豫之境，即使稍自逸焉，識者猶曲爲諒之，以爲道在則然也。然自其後以觀，固無事乎艱苦卓絶之行，爲之探厥本，溯厥源，而其相反相成者，其道固自不易也。爲政在於得人，而人自有高下純駁之别，不可以一端求。中才以上之主，則早知其本之在身矣。知志士之自重，不可挾貴以相臨，則下其氣以結之，厚貌深情，要之以禮，於是尚廉恥、重節義者不遠而來。知任賢之必專，不可中斷以相制，則虚其心以委之，計從言聽，任之以權，於是急功名、見才技者趨之若渴。是可謂巧於取人，而能左右其身者矣。君子未嘗不嘉其能，知所本，而轉惜乎未盡其道也。帝王之事業，非淺薄所能勝。故巫咸非不象賢，而版築賚良，尚切高宗之夢寐；名世之襟期，非智術所能致，故鎬京久蒙就養，而蕨薇守志，不屑尚父之鷹揚。彼固有道之士也，我無道以感之，其可乎至於此？人主之求於身者愈重，人臣之慕其道者愈殷矣。人才之衆多，起於閨門之雅化。故西京鐘鼓，表雎麟之詠歌，而壽考作人，端由修德，此小心所以爲大業之本也。夫立辟雍，興靈臺，建學造士，已具規模，則聖躬小有晏安，當亦爲外廷所共諒。然詎知禮陶樂淑，不過虚文，而豪傑之奮興，則有在此不在彼者？臣也賦詩見志，亦云肄業及之耳。群材之消長，胥由片念之轉圜。故中天臣鄰，極賡颺之盛事，而彛倫惇敘，首重修身，此一本所以爲萬事之原也。夫修五教，明九德，興賢舉能，不遺側陋，則宸衷偶疏防檢，當亦於選舉無所關。然詎知酒醴笙簧，悉沿成例，而明良之遇合，乃有不盡出其中者？臣也讀書有閒，敢爲吾君誦之耳。修身以道，其斯爲求人之急務乎！然而道之宜修，猶與身有並重者焉。

眉壽保魯居常與許

與許是爲壽徵，故爲魯侯頌焉。夫居常猶言平常，與許即舒遲之異字也。美壽者平素之容，誠爲善頌善禱矣。且《春秋》之書居也，一則曰「天王出居于鄭」，再則曰「公居于鄆」，凡此皆播遷於外，失守宗祧，君子存而内之，書曰居者，下不敢有，不外天子與公之辭也。外邑非諸侯之常居，奔走爲國家之變故，此非善事，其不可入頌禱之辭也審矣。《閟宫》之詩有曰「眉壽保魯，居常與許」，即「保彼東方，魯邦是常」之義也。而説者以常、許爲地名，以許當許田，而常不能指實。或以爲嘗爲唐爲祊，謂魯舊失二地，欲僖公恢復之。按易許田，大惡也。《春秋》不敢直斥許，而書曰許田。田可易，許不可易，爲内諱也。今欲頌其子孫，而暴揚其先君大惡，毋乃非臣子所敢出乎？失地國之大恥，諱莫如深，未有播之歌詠，獻之時君，以觸其怒者。循考經義，方頌其眉壽，而忽責以恢復，雖曰頌不忘規，何其不類。且上言「淮夷蠻貊，及彼南夷，莫不率從」，即「東征西怨，南征北怨」，二伯專征，四海會同之説也。區區二邑，其細已甚，乃反託之天錫，以邀非分乎？聞之人生壽夭，緣於性情，性情之發，見於容貌。凡夫輕狂躁急者，傷生之具。若夫寬厚和平，忠實凱悌，景福所歸，壽考之□。故《天保》首言單厚，《假樂》特重穆皇。優游伴奐，極肖彌性之容，昭明静嘉，侈陳錫類之告。純嘏維祺，雖託天命，爲此詩者，固有心摹手追不能自已者乎！徵之古訓，「居常」猶云居閒，「與許」則盛德之形容。《禮》曰「燕居告温温」，其有申夭之意乎！《羔羊》美大夫曰「委佗」，《南山》祝君子曰「樂只」，重言形況，皆此例也。《玉藻》「君子之容舒遲」，則尤爲音近義通。其重言别見，如《楚茨》之「與與」，《伐木》之「許許」是也。蓋駢字不拘本文，轉音初無定字，故如「密勿」、「蠠没」與「黽勉」非殊，「踟躕」、「躊躇」視「峙躇」不異。貍伯禡皆禱牲之用，褧絅檾總枲布之名，此詩人詠歌之恒情，亦學者詁訓之通例，未可以望文生義，失經文本旨也。又經云「大啓爾宇，爲周室輔」，下云「乃命魯侯，俾侯于東」。竊以爲山川土田，魯公之封也。至周公啓宇，則謂輔相成王，與夫身爲二伯，化行周、召之事也。下文「復宇」，蓋勉魯侯勤修德政，天子肇錫秬鬯、弓矢、斧鉞，得專征伐，如周公故事，不謂疆土也。侵地不屬周公，祝嘏難暴國恥。使二地果有明證，而言各有當，識者猶且疑之。況其實地既無徵驗，即使恢復，亦不得言居，諸多疑難，全無依據乎！

春齊高偃帥師納北燕伯于陽 昭公十二年

以燕伯爲陽生，傳誤可證矣。夫以伯于陽爲疑，弟子之誤問，以爲陽生，則弟子誤記先師之答辭也。是均不可以不正。且《春秋》有傳疑一例，所謂「疑以傳疑，信以傳信」是也。蓋筆削加損，變動不居，惡其近於詭也，則於舊史闕文，特留舊迹，以示不敢改作之意，如「夏五」、「郭公」之類。當時弟子問難，其文别見於傳記，孟子亦存其説，知必不誣。惟以説齊高偃帥師納北燕伯事，則非也。《傳》曰：「伯于陽者何？公子陽生也。子曰：『我乃知之矣。』在側者曰：『子苟知之，何以不革？』曰：『如爾所不知何？』」《春秋》之信史也，其序則齊桓、晉文，其會則主會者爲之，其辭則某有罪焉爾，此非常可駭之論，與祭仲、齊襄同爲世所詬病。今試爲證其誤。一誤於斷伯于陽爲問。夫齊高偃納北燕伯于陽，與晉趙鞅納衛世子蒯聵于戚，文例相同，無可疑者。且襄二十九年經書齊高止出奔北燕，三年書北燕伯款出奔齊，五年書齊侯伐北燕，爲納北燕伯也，其事本末具見，何所疑於「伯于陽」三字，而以爲問？爲出奔名納無名乎？則當曰北燕伯，何以不名？如以納當地國，則當曰國，而曰納，此何以不地國？今斷伯于陽爲問，是不記上有北燕伯出奔之文，而以伯于陽爲人名，故曰此弟子之誤問也。再誤於誤記先師之答辭。公羊家先皆口授，歷數傳始著竹帛，故有以彼經之解移之此經者，他傳於弟子誤問有駁正之條，本傳則弟子誤記師語。蓋於他經指公子陽生者屬之此經，遂連類記子闕疑之旨，以詔來學，而不悟其非也。以伯于陽爲公子陽，而脱生字。不知陽生爲齊公子耶？抑北燕公子也？以爲齊公子，則四十年以後陽生乃見經。且齊公子何爲納之燕？以爲燕公子，則經不書其出，何以書其入？既脱「生」字，又脱「于燕」之文乎？考之《世家》，皆與經合。弟子以公伯義近，子于形似，取先師舊説傅會傳疑，故曰此誤記先師之答辭也。其所引孔子之言何與？曰：此舊傳之文也。昔者子夏傳經，箸爲大傳，與經别行，不爲條説，略如《易大傳》、《禮經記》者，然其佚文可考者如《穀梁傳》之八引「傳曰」，《曲禮》「天子不言出」數節，釋例之文是也。《傳》曰《春秋》有譏父老子代政者，不知其在齊與？在曹與？所引《春秋》舊傳也，引舊傳以答問者，不知其在齊、在曹？故兩存其説，而不敢斷。今所引之傳當以説「夏五」，不當以説「燕伯」。惜其不如説齊、曹之審也。至北燕伯地邑不地國，或據《世家》之説，以爲至陽而卒，例不卒故不書。或又據齊人遷陽，以陽爲齊北境。昔桓公伐山戎，燕君送之踰竟，因割所踰之竟以予燕，即陽是也。「入于陽」者，未能至燕，高偃受賂，因取陽居之，如昭公居鄆故事。書燕事，爲傷昭公也。是説也，頗於比事相合，大抵惡高偃與趙鞅同。《春秋》之例，臣不納君，目高偃之納，亦譏高偃之專也。

是月也命野虞毋伐桑柘鳴鳩拂其羽戴勝降于桑具曲植籧筐

命野虞而記物候，記識不可以亂正文也。夫命野虞，祇「毋伐桑柘、具曲植籧筐」二語，「鳴鳩」、「戴勝」，則記識之文，不可據通例以定之哉！且經注混淆，爲古書之通例，傳記不分，師説旁識，其列證非一端矣。《禮記》一書，其事尤甚。蓋先師箸録，既不如經之尊，簡册混淆，又非復記之舊，苟不分别以觀，而欲因陋就簡，以求通貫，此必不可得之數也。如《月令》「是月也，命野虞毋伐桑柘，鳴鳩拂其羽，戴勝降于桑，具曲植籧筐」之文，可得而説焉。今夫《月令》者，記天子分月布政，順天之教也。王者奉天施政，與時消息，故災害不生，慶致嘉祥，其間服色起居、禁令告飭，兢兢焉不敢出入者，皆聖人畏天之學也。「命野虞毋伐桑柘，具曲植籧筐」者，命官禁令之文，可謂謹嚴，而中有「鳴鳩拂其羽，戴勝降于桑」之文。夫感悵時物，流連禽鳥，此學人文士、怨女征夫即物興懷，發之吟詠，以自寫其不平。不然，則博物君子，考《小正》，徵《爾雅》，多識擅長，見於箋訓。若夫王者不尚辭華，何以告令之文，忽間駢儷之語？且戴勝猶關於桑，鳴鳩之羽，不更爲贅文乎？考《月令》通例，凡記物候，皆在天子居乘服色之前，以下□□□□之文，故不再及物候。至於命官以下，皆禁令告敕之言。□□□□□有按月布令，出禁趨功，忽入以物候之事？「鳴鳩」、「戴勝」二語，與例不合，當非原文，或疑此爲脱簡。按本書記候完備，無脱誤，鷹化爲鳩，文已前見。且古或二十字一簡，或二十五字一簡，今僅十字，不成一簡。况脱簡必上下文之義迴不相蒙，今二語與上下文義相合，知不然也。蓋先師傳授，未有訓注，己意所得，記於左方，因「毋伐桑柘」記文，感觸物候，旁誌二鳥，在當時舊文新義各有別識，檢牘可知。後來編録，不復存其舊式，故參差若此耳。或又據季夏「是月也，木方盛，命虞人入山行木，毋有斬伐」之例，謂「鳴鳩」二語舊在「命」字上，誤入下文耳。不知季夏專禁伐木，故言木之方盛。至於桑柘不言其盛，何須更及二鳥？况《月令》之記物候，文字簡略，與此全異，後增之與本文易識也。若夫桑柘異材，鳩鵟異稱，與夫曲植籧筐，舊説甚明，故不贅焉。

子曰行夏之時乘殷之輅服周之冕樂則韶舞

綜四代以擇其善，因郊事以示例焉。夫時、輅、冕、韶，魯郊之文物也。孔子定制法古，豈僅此數事乎？亦因所見以示例耳。今夫郅治之道，觀法在帝王，而本原歸郊社。苟明其説，則典謨之昭垂，悉於壇壝間見之矣。故禮詳樂備，既擇善而定尊，目擊道存，因即事以見例。藉大祀之儀節，示改制之旨歸。萬善本於四端，而言近者不自覺其旨之遠矣。昔言偃從蜡賓而問禮，禹、湯、文、武，慨想三代之英；顔子因魯郊而問邦，時、輅、冕、韶，復覩四朝之盛。

夫子蓋於此有深感矣。仰思待旦，元公先四事之施；繼往開來，因監所以合中也。統列代以定指歸，於用舍行藏之外，别衍心傳。祖述憲章，六藝定一王之統；因端見委，文物所以大隆也。舉數端以發凡例，於因革損益之原，獨抉精藴。子曰「周監二代」、「吾之從周者」多，然夏正得天，不可失也。羲和授時，《豳風》陳俗，吾悉行之魯郊，孟春所以避王，《春秋》仍而不改者，史例也。殷人質實，輅實肖之。魯之大路，即是物也。《詩》、《書》所言，不敢異焉。周尚文，冕其尤也。魯旂亦以十二旒，見冕之外餘□從同，聞之夏之不變虞時之類，皆本帝治。惟韶則虞所獨有□樂四代亦此意也。既列三代，復舉虞者，王法歸本於帝，《尚書》□□□□先三代而後虞者，文質以三而易，尊賢不過二代□□也。吾之取法於古者如此。禮樂可以意起，原不拘乎因襲。然庶德無徵，後世將何以取信？典制皆極精純，更何須乎節取？惟時移勢易，古法難可以盡行，或欲説以三統者，非也。古帝王法地效天，列朝各自爲制作，若時、輅、冕、韶者，推類以考，萬變而不離其宗。今則彙累朝獨善之端，以成一代全善之制。夏用時，時之外不必同；殷用輅，輅之外不必同；周用冕，冕之外不必同。推之於韶，皆此意也。故松、柏與栗，三統有循環之代更；時輅冕韶，百世無參差之一日。五味異和而相成，八音諧奏而相濟。多聞以擇其善，運會可乘，王與帝其揖讓一堂乎？或欲盡括四代者，非也。古帝王宏綱巨領，斯世尚多所存留。若時、輅、冕、韶者，斷代以求佚聞，不必賡其緒。今則聊因一隅之見端，以期反三之實效。行以時，時之外不必言；乘以輅，輅之外不必言；服以冕，冕之外不必言；舞之於韶，可例推矣。故心、首、肝、胇祭先，多四代之佚文；時、輅、冕、韶略舉，非一朝之全制。《禮經》多互見之文，《春秋》以比事爲主。聞一知乎十，遭逢不偶，吾與子其抱此終古乎！

帝曰咨汝二十有二人

不明師説者，不能知二十二人也。夫舜所咨二十二人，皆外諸侯也，説在《大傳》，學者未審耳。今夫《王制》一篇，《春秋》家説也。《帝典》遠在千有餘歲，不惟巡守朝聘之文偶同，其他制度亦無沿革參差之迹，《大傳》據此以説《尚書》，宜其無不合也。試以二十二人之説徵之，古今説者無慮數十家，人各異言，其失易見。竊以其説不誤在二十二人，一誤於四岳，一誤於十二州。四岳者何？八州之方伯與天子之二老，本經再稱群牧，《春秋》統言諸侯是也。四岳乃諸侯統稱，合二伯、方伯共十人。或云一人、四人者，非也。《王制》八州八伯，泰、衡、恒、華四山，皆三千里内，天子居中，四方兩伯共主一岳。天子巡守，每岳兩伯覲朝。經云「東至岱宗，肆覲東后」，《大傳》「元祀代泰山，貢兩伯之樂」是也。合之四岳，故有八伯。經變諸侯稱四岳者，爲有巡岳明文。且又云「乃覲四岳、群牧」，是四岳爲山名，群牧乃其君稱，變文稱四岳耳。二伯、方伯合之，當得十人。十人統稱四岳，如《春秋》詳録言齊、晉、魯、衛、陳、蔡、鄭、秦、吴、楚，省文但言諸侯，此四岳爲十人之舊説也。十二州者，要、荒之外州也。九州方三千里，爲侯、綏之地，加以要、荒二服之十二州，合計共五千里。經云「弼成五服，至于五千」是也。緣九州而計外州當得十六，青、兖、徐、揚境已至海，東方不立外州，故數祇十二也。舊説以九州、十二州爲沿革，可疑者六。禹改堯制，地當益廣，乃少三州，一也。《臯陶謨》在平水土、決九川之後，猶言州十有二師，則堯、禹皆有十二州，二也。如十二州即九州，地祇三千，不得云五千，又不得云「外薄四海」，三也。四岳即十二州，既詢四岳，何以又咨十二牧？四也。考《禹貢》與《堯典》符合，《大傳》同以《王制》説之，本無革更之事，五也。前人以幽、并、交合九州爲十二州，不合畫井方千里一州之制，六也。今説亦有六長：雍、梁、黑水、三危，人疑其地太遠，今知《禹貢》九州兼説要、荒，華夷之界方明，一也。要、荒制度，諸書不詳，得此可以補證；或以爲《尚書》有沿革，據此爲斷，其誤乃明，二也。以十二牧爲外州，四岳方有地以容之，且與下文「蠻夷率服」之言相合，三也。經有幽州，在九州外，不知爲何制，今乃知即十二州之一，四也。古説封四罪以化四裔，幽州、崇山、羽山、三危皆在四裔，不在中國，五也。據此爲説，則《堯典》、《臯陶謨》、《禹貢》無不與《王制》切合，六也。此十二州爲要、荒外州之説也。二十有二人者何？二伯、八伯與十二牧，皆外諸侯也。禹以下十三人，皆内臣也。内臣分命之，外臣則總命之。故初言「詢四岳，咨十有二牧」，皆總也。詢咨之後，乃命岳牧先内後外，詳内略外，一定之理。不然，内臣已命，乃并岳牧共成二十二人之數，于内爲緟復，于外毋乃太簡乎！

曰子不通功易事以羡補不足則農有餘粟女有餘布子如通之則梓匠輪輿皆得食於子

爲貴粟者言通功，其説有交窮者焉。夫不通則不得食，通則皆得食，貴粟之説，有不立見其窮者乎？昔孟子辨並耕之説，引衣冠陶冶以折之，誠以百工之事，固不可耕且爲也。於此而欲驅天下盡歸於農，則農之途反苦，勢不得不有所更計，特其後來之所改，欲不與初心相反也，勢必不能。士無事而食不可更，其欲孟子改士爲農，而自食其力乎？欲去通易之事，而不爲有餘不足地乎？更誤矣。天道不能有舒而無慘，陰陽消長，各乘除以彌其憾，而萬物咸亨。人事不能有缺而無盈，刑賞科條，互增減以劑其平，而百王莫易。然則以羡補不足，古今自然之理，而子欲不通之。子之意不過欲驅天下之儒以歸於農，吾恐儒未歸農之先，而農已逃而歸儒也。蓋人之所貴乎農者，以天下食粟者多，己得以糶其餘粟，以易其所不足。今子曰不通，亦曾即農與女計之乎？一國之中，有農女焉，寒不可衣粟，饑不可食布，凍餒不能終朝。一家之中有農女焉，農不食其婦，女不衣其夫，倫常因之大苦。子欲化成天下，當不如此之偏，變本加厲。或局外之過於推求，子説義本前人，或有補救之法，設身處地，知局中不能無改計。子於此果悔前説，將聽人之交易自便，以與之相休息乎？如是，則不惟女得以布易農之食□其室。見夫審曲面勢者，則梓人也；引繩削墨者，則匠人也；斂材就範者，則輪人也；負技呈能者，則輿人也。相與敬業樂群，以日糜農人之粟，而農人亦顧而樂之，恣其啖食。夫工非女之比，而衆且多於女。今乃食粟如此，子又必曰吾過矣，吾始以爲功可通，今而知功固不可通也。然人不可無衣，亦不能不有居室，不有衡廬以蔽風雨，則粟將無以蓋藏。彼梓匠將援女布之例以争，而不能以相拒。然布必資於女，而車駕不能不資乎輪輿。不有車載以任轉輸，則粟將何以運供？彼輪輿將借女布以爲質，而居奇以角能。通乎？不通乎？吾久爲子計矣。

賦得馬飲春泉踏淺沙 得泉字五言八韻

走馬沙隄淺，春流正漲泉。飲酣紅磴雨，踏破緑郊煙。薄潤泥霑腹，輕澌石露拳。珠跳螺點活，篆散鳥紋圓。渴意奔雲疾，行蹤印雪連。魚驚花片唼，鷗避草根眠。鏡影晴漪上，塵香夕照邊。玉驄墀下立，驅策奮先鞭。